AF887626

Dr. Miriam Schleipen (Hrsg.)

Praxishandbuch OPC UA

Grundlagen · Implementierung · Nachrüstung · Praxisbeispiele

2., aktualisierte und überarbeitete Auflage

VOGEL COMMUNICATIONS GROUP

Die Herausgeberin:
Dr.-Ing. Dipl.-Inform. Miriam Schleipen, Siemens AG (ehem. Fraunhofer IOSB, Karlsruhe)

Die Autoren:
MScTech Jouni Aro, Prosys OPC Ltd.
Dipl.-Wirtsch.-Ing. Jan Bajorat, Siemens AG
M.Sc. Christoph Berger, Fraunhofer IGCV, Augsburg
Dr.-Ing. Reinhold Dix, IT-Systemberatung R. Dix
Dr.-Ing. Dipl.-Inform. Sören Finster, Wibu-Systems AG
Dr.-Ing. Dipl.-Inform. Andreas Graf Gatterburg, geb. Gössling, Hilscher Gesellschaft für Systemautomation mbH (ehem. Festo AG & Co. KG)
Dr.-Ing. Dipl.-Inform. Christian Haas, Fraunhofer IOSB, Karlsruhe
Dipl.-Inform. Robert Henßen, Fraunhofer IOSB, Karlsruhe
Dipl.-Ing. Stefan Hoppe, OPC Foundation
Dipl.-Ing. Chris Paul Iatrou, TU Dresden
M.Sc. Mirco Masa, CEFRIEL
Dr.-Ing. Dipl.-Inform. Henning Mersch, Beckhoff Automation GmbH & Co. KG
Chris M. Münch, C-Labs Corporation
Dipl.-Wirtsch.-Inform. Daniel Pagnozzi, MHP GmbH (ehem. Voith GmbH)
M.Sc. Martin Plank, Festo AG & Co. KG
Dipl.-Wirtsch.-Ing. Julius Pfrommer, Fraunhofer IOSB, Karlsruhe
Dr.-Ing. Dipl.-Wirtsch.-Ing. Olaf Sauer, Fraunhofer IOSB, Karlsruhe
M.Sc. Nadia Scandelli, CEFRIEL
Dr.-Ing. Dipl.-Inform. Miriam Schleipen, Siemens AG (ehem. Fraunhofer IOSB, Karlsruhe)
Dipl.-Ing. (FH) Uwe Steinkrauss, Unified Automation GmbH
Dr. rer. pol. Ljiljana Stojanovic, Fraunhofer IOSB, Karlsruhe
MScTech Heikki Tahvanainen, Prosys OPC Ltd.
M.Sc. John Traynor, C-Labs Corporation
Prof. Dr.-Ing. Leon Urbas, TU Dresden
Dr.-Ing. Dipl.-Inform. Thomas Usländer, Fraunhofer IOSB, Karlsruhe
Dipl.-Ing. (FH) Robert Winter, Siemens AG

Weitere Informationen:
www.vogel-fachbuch.de
http://twitter.com/vogelfachbuch
www.facebook.com/vogelfachbuch

Unified Automation, UaModeler, UaGateway und UaExpert sind eingetragene Wortmarken der Unified Automation GmbH.

Die Übersetzung der Beiträge «Wie Altgeräte und neue Applikationen und Services von den Vorzügen von OPC UA profitieren», Autor John Traynor (Abschnitt 3.3), und «Prosys OPC UA Tools», Autoren: Jouni Aro und Heikki Tahvanainen (Abschnitt 4.3), erfolgte vom Englischen ins Deutsche durch:
Frau **Sabine Pagler**.

ISBN 978-3-8343-3454-1
2. Auflage. 2020
Alle Rechte, auch der Übersetzung, vorbehalten. Kein Teil des Werkes darf in irgendeiner Form (Druck, Fotokopie, Mikrofilm oder einem anderen Verfahren) ohne schriftliche Genehmigung des Verlages reproduziert oder unter Verwendung elektronischer Systeme verarbeitet, vervielfältigt oder verbreitet werden. Hiervon sind die in §§ 53, 54 UrhG ausdrücklich genannten Ausnahmefälle nicht berührt.
Printed in Germany
Copyright 2018 by Vogel Communications Group GmbH & Co. KG, Würzburg

Vorwort

Die OPC Unified Architecture als Technologie bietet für den Anwender häufig viele Möglichkeiten, die für Einsteiger in dieses Thema meist nicht direkt erfassbar sind. Beim «Erstkontakt» mit OPC UA werden viele Schlagwörter aufgeschnappt, häufig ist vielen Anwendern aber nicht klar, welche «Teile» von OPC UA für sie tatsächlich relevant sind. Die Komplexität und der Umfang sind Fluch und Segen zugleich. Einerseits sind alle Details in den Spezifikationen, Beispielen und zahlreichen Artikeln dokumentiert. Andererseits ist gerade diese Fülle an Informationen die größte Hürde, da der «normale» Anwender gar nicht weiß, wo er beginnen soll. Häufig wird dann extern Beratung angefordert oder ein externes Schulungsangebot wahrgenommen oder aber der Anwender gräbt sich selbst in das Thema ein, oft mit viel Aufwand.

Seit 2006 habe ich in vielen verschiedenen Projekten mit OPC UA gearbeitet – von der ersten Beta-Spezifikation bis hin zur heutigen großen Auswahl an Produkten und Implementierungsunterstützung – und dabei immer wieder neue Details dieser großartigen Technologie kennen gelernt. Dennoch muss auch ich häufig das gewonnene Wissen anhand von aktualisierten Spezifikationen und in der Anwendung up-to-date halten. Während der Zeit am Fraunhofer IOSB haben wir viele Anwender beim Einstieg in OPC UA unterstützt und dabei gesehen, worauf es ankommt. Meist sind dies nicht die Implementierungsdetails, sondern häufig erst einmal ein grober Überblick, was dort am Markt verfügbar ist, welche Tools und Unterstützung es bei der Umsetzung gibt und nicht zuletzt, wie es andere realisieren.

Ein grober Überblick ist hier meist mehr wert als die Vertiefung in die komplexen Details. So ist es beispielsweise wichtig zu wissen, dass OPC UA nicht gleich OPC UA ist, wenn ein Hersteller oder Anbieter als Marketing-Botschaft verkündet, dass OPC UA nun unterstützt wird. Der zweite Blick ist entscheidend. Um aber genau solche Dinge beurteilen zu können, benötigt man ein gewisses Grundverständnis. Das hier vorliegende Buch soll genau dieses Grundverständnis für OPC UA in der Anwendung vermitteln, aber auch Use Cases, Lessonslearned und Best Practices aufzeigen, wie mit dieser zukunftsträchtigen Technologie umzugehen ist. Davon können sowohl Entwickler als auch Manager profitieren. Es kann von vorne nach hinten gelesen werden oder aber auch als Nachschlagwerk zu einzelnen Themen dienen. Es entbindet nicht davon, die Spezifikationen aufmerksam zu sichten, wenn es «ins Detail» geht, soll aber in wenigen Tagen einen Blick für die essenziellen Dinge schaffen.

Ich hätte mir zu Beginn der Arbeit mit OPC UA ein solches Buch gewünscht und danke allen Autoren, die daran mitgewirkt haben!

Dr. Miriam Schleipen

Die Herausgeberin:
Dr.-Ing. Dipl.-Inform. **Miriam Schleipen**

Dr.-Ing. Dipl.-Inform. Miriam Schleipen (* 1983)
Frau Dr.-Ing. Miriam Schleipen studierte an der Universität Karlsruhe (TH) – heute das Karlsruher Institut für Technologie (KIT) – von 2002 bis 2007 Informatik. Sie war als wissenschaftliche Mitarbeiterin von 2007 bis 2011 am KIT und promovierte dort zum Thema «Adaptivität und semantische Interoperabilität für Manufacturing-Execution-Systeme (MES)» im Jahr 2012.

Seit 2005 war sie am Fraunhofer IOSB (ehem. IITB) tätig und leitete dort von 2009 bis 2011 das Themenfeld «Engineering und Interoperabilität» und von 2012 bis 2016 die Gruppe «Leitsysteme und Anlagenmodellierung». Von 2016 bis 2017 war sie als leitender Wissenschaftler «Industrie 4.0 und Interoperabilität» am IOSB tätig. Sie befasste sich unter anderem mit der Entwicklung von Konzepten und Methoden zur Verbesserung und Automatisierung des Engineerings von Leitsystemen / Manufacturing Execution Systems (MES) und der Interoperabilität in der Produktion allgemein (Stichwort: Industrie 4.0, AutomationML und OPC UA) und war in diesem Bereich mit der Projektleitung und Mitarbeit in industriellen Entwicklungs- und Forschungsprojekten tätig.

Miriam Schleipen ist aktives Mitglied in nationalen und internationalen (Standardisierungs-) Gremien und mit mehr als 80 wissenschaftlichen Veröffentlichungen sowie zahlreichen Teilnahmen an Vorträgen und Podiumsdiskussionen als Fachexpertin für Industrie 4.0 anerkannt.

Seit 2017 ist sie als Software-Architektin bei der Siemens AG in der Division Digital Industry tätig.

OPC UA

The Industrial Interoperability Standard

www.opcfoundation.org

Interoperabilität für Industrie 4.0 und IIoT

OPC UA ist eine offene Kommunikationsplattform

- → Skalierbar vom Sensor bis in die IT Cloud
- → Modellierung von Daten und Schnittstellen für Geräte und Dienste
- → Integrierte Security für Zugriff auf Daten & Dienste
- → Transport über Client/Server und Publisher/Subscriber
- → Unabhängig von Herstellern, Betriebssystemen, Sprachen, vertikalen Märkten
- → International: OPC UA ist IEC62541

Die OPC Foundation kooperiert mit anderen Organisationen in verschiedenen Märkten, um deren Informationsmodelle mit OPC UA umzusetzen, interoperabel und mit integrierter Security.

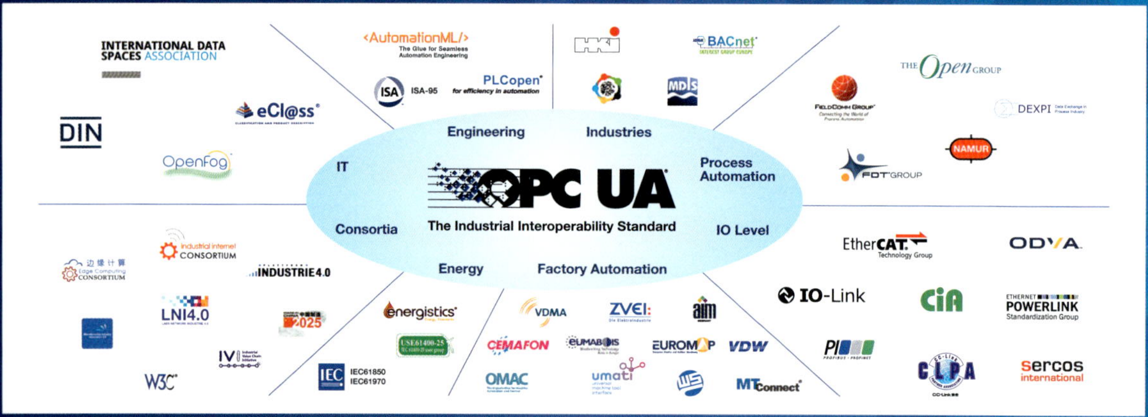

Deutsche und englische Version
https://opcfoundation.org/resources/brochures/

Security Broschüre
https://opcfoundation.org/security

FLC Broschüre
https://opcfoundation.org/flc-pdf

OPC Foundation Videos
https://www.youtube.com/user/TheOPCfoundation/videos

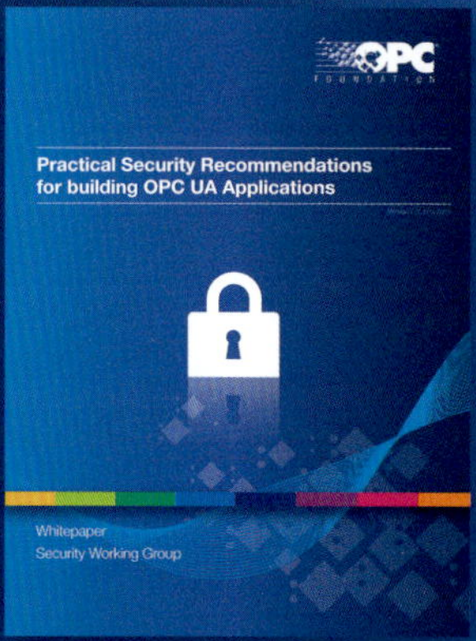

YouTube

Inhaltsverzeichnis

1 Keine Industrie 4.0 ohne OPC UA

Eine zentrale Herausforderung von Industrie 4.0 und dem IIoT (**I**ndustrial **I**nternet **o**f **T**hings) ist der sichere, standardisierte Daten- und Informationsaustausch zwischen Geräten, Maschinen und Diensten auch aus verschiedenen Branchen. Bereits im April 2015 hat das RAMI 4.0 (**R**eference **A**rchitecture **M**odel for **I**ndustry 4.0) [RAMI4.0] den IEC-62541-Standard OPC **U**nified **A**rchitecture (OPC UA) [IEC62541] als einzige Empfehlung für die Umsetzung des Kommunikationslayers gelistet. Im November 2016 hat die Plattform Industrie 4.0 einen Leitfaden veröffentlicht: «Welche Kriterien müssen Industrie-4.0-Produkte erfüllen?» [ZVEI4.0]. Produkthersteller können anhand einer Checkliste prüfen, ob ihre Produkte die Kriterien der Kategorien Industrie 4.0 «Basic», «Ready» oder «Full» erfüllen: Bereits die niedrigste Stufe listet bei dem Kriterium «I4.0-Kommunikation» die Anforderung, dass das Produkt im Netzwerk online per TCP / UDP oder IP mit mindestens dem Informationsmodell von OPC UA ansprechbar sein muss. Wer also mit dem Produktstempel «Industrie 4.0 enabled» werben will, muss OPC-UA-fähig sein (integriert oder per Gateway). Explizit wird auch die Eigenschaft der Informationsmodellierung von OPC UA hervorgehoben.

1.1 OPC UA ist kein Protokoll – sondern viel mehr

Informationsmodellierung? Viele kleinere und mittlere Unternehmen schalten hier bereits ab – schnell wird dann OPC UA mit anderen Protokollen wie MQTT verglichen, und vermeintliche Einschränkungen in Einsatzszenarien werden festgestellt: «OPC UA direkt in die Cloud geht nicht – oder?» Was also ist OPC UA?

OPC UA ist ein Framework für industrielle Interoperabilität: Geräte- und Maschinenbauer beschreiben die objektorientierten Informationen ihres Systems und definieren auch die Zugriffsrechte mit integrierter IT Security dazu. Das deutsche BSI hat die Ergebnisse der OPC-UA-Sicherheitsanalyse [BSI] auf seinem Web veröffentlicht und sich dabei sehr positiv über OPC UA geäußert. Der Maschinenbauer bleibt damit Herr seiner Daten bzw. er kann sie gezielt und kontrolliert verteilen und somit auch an Big Data und der Analyse seiner Daten monetär teilhaben.

Um diese Daten nun auszutauschen, vereinigt OPC UA zwei Mechanismen für die Umsetzung unterschiedlicher Szenarien:

1. ein Client-Server-Modell, in dem OPC UA Clients die dedizierten Dienste des OPC UA Servers nutzen (siehe Kapitel 2). Dieser Peer-to-peer-Kontext wird genutzt für den sicheren, bestätigten Informationsaustausch – aber mit Einschränkungen in der Anzahl der Verbindungen;
2. ein Publisher-Subscriber-Modell, bei dem ein OPC UA Server konfigurierbare Untermengen von Informationen an eine beliebige Anzahl Zuhörer verfügbar macht (siehe Abschnitt 3.1). Diese

Broadcast-Verteilung an viele agiert unter dem Aspekt «Fire and forget» als unbestätigter Informationsaustausch.

OPC UA bietet beide Mechanismen – wichtig aber: Sie sind losgelöst vom eigentlichen Protokoll umgesetzt! So stehen TCP und HTTPS für die Client Server und UDP und AMQP und MQTT für das Subscriber Model zur Verfügung.

Die Frage «OPC UA oder MQTT» stellt sich somit aus OPC-Foundation-Sicht nicht.

Der eigentliche Schlüssel für Industrie 4.0 liegt jedoch auf der Bedeutung und der Beschreibung der Daten – der sogenannten Informationsmodellierung.

Unbewusst liefert jeder Geräte- und Maschinenbauer bereits heute ein Informationsmodell: Daten und Schnittstellen sind bereits (über diverse Protokolle) verfügbar. Wir Menschen haben uns an die Denkweise der Computer angepasst und haben in Dokumentationen festgehalten, welche Bedeutung sich hinter den Bits & Bytes & Hexcodes verbergen. Die neue Welt der SoA-fähigen Geräte unterstützt uns Menschen nun schneller und einfacher, die «Things» zu verstehen, da diese «Dienste», aber noch wichtiger, deren Bedeutung anbieten. Gar nicht neu ist das Thema SoA (**S**ervice-**o**rientierte **A**rchitektur) in der IT-Welt – nun wandert aber diese SoA bis in die «Things» selber vor.

1.2 Migrationsschritte zur Einführung von OPC UA

Die Einführung von SoA in den Maschinen und Geräten, basierend auf OPC UA, kann schrittweise erfolgen (siehe dazu auch Abschnitt 2.6). Erste notwendige Voraussetzung ist ein auf dem **I**nternet-**P**rotokoll (IP) basierendes Netzwerk. Bestehende Geräte mit einer seriellen Schnittstelle benötigen somit ggf. ein Gateway, um im Netz als IP-fähiges Gerät erkannt zu werden. OPC UA kann dann bereits als einheitliche Schnittstelle für den Maschinen-übergreifenden Informationszugriff genutzt werden. Jedes Gerät und jede Maschine bietet dann seine / ihre Daten und Dienste per OPC UA an – bereits dieser erste Schritt bedeutet einen großen Vorteil: Viele unterschiedliche Kommunikationslösungen sind somit auf einen Mechanismus vereinigt – dieser eine Standard OPC UA liefert auch noch deutlich bessere Security (siehe Abschnitt 2.3).

1.3 Das war's? Daten- und Interface-Standards für Branchen

In einem nächsten Schritt wäre es doch angenehm, wenn unterschiedliche Hersteller, die aber gleiche Geräte liefern, sich auch auf die gleichen Daten und Dienste einigten. Die Integration dieser Geräte wäre viel einfacher und würde ein Plug & Play liefern. Genau das liefert die OPC Foundation mit vielen Partnern bei der gemeinsamen Erstellung von standardisierten Informationsmodellen (Companion Specifications). Bevor also ein Geräte- und Maschinenbauer startet, sollte geprüft werden, ob es nicht schon ein standarisiertes Informationsmodell gibt. Diese Interoperabilität wird von mehr und mehr Betreibern aus verschiedenen Bereichen der Factory- und Prozess-Industrie, aber auch der Energie- oder Logistikbranche gefordert (siehe Abschnitt 2.2). Sogar in industriellen Großküchengeräten (Verband HKI) ist OPC UA inzwischen in industriellen Kaffeemaschinen angekommen.

Verbände (siehe Bild 1.1) wie z.B. PLCopen, AutomationML, AIM für die AutoID-Industrie (RFID Reader, Scanner usw.), VDMA-Fachgruppen wie Spritzgussmaschinen, Robotik oder Machine Vision (und 35 weitere VDMA-Branchen) definieren bereits ihre Informationen in OPC UA Servern – einer sogenannten OPC-UA-Companion-Spezifikation.

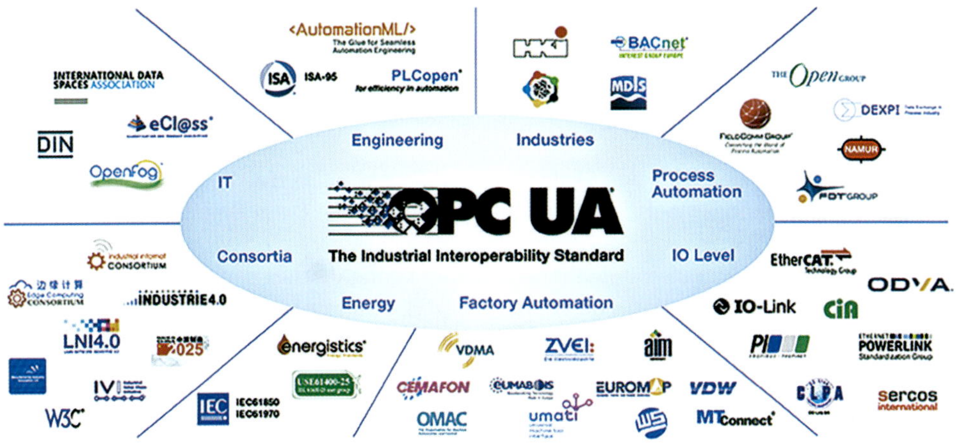

Bild 1.1 Kooperationspartner der OPC Foundation

1.4 Differenzierung!

Als Anbieter einen Branchenstandard zu erfüllen, bedeutet nicht direkt austauschbar zu sein: Jeder Hersteller kann seine eigenen speziellen Dienste weiterhin parallel zum Standard anbieten. Dafür bietet OPC UA die Erweiterung mit sogenannten Hersteller-spezifischen Informationsmodellen. Intelligente Geräte sollten also unbedingt parallel mehrere Informationsmodelle unterstützen können: neben der dedizierten Funktionalität z.B. der Spritzgussmaschine oder des Roboters eben auch die Modelle für Energiedaten oder MES-Schnittstellen usw. Zur Reduzierung des Engineerings wird die Bedeutung dieser Branchen- und Cross-Branchen- Informationsmodelle in Zukunft stark steigen: Mit OPC UA wird man gegebenenfalls nicht mehr Geräte verkaufen – aber Hersteller, die hier nicht den OPC-UA-Standard unterstützen, werden in Zukunft deutlich weniger verkaufen können. Die Wünsche nach einem Daten- und Schnittstellenstandard (der dann über verschiedene Protokolle ausgetauscht werden kann) haben letztendlich gleiche Motivationen zur Reduzierung von Aufwänden: Betreiber und Integratoren wünschen ein Plug&Produce für die Reduzierung von Engineering für Systeme unterschiedlicher Hersteller – Maschinenanbieter wollen sich auf ihre Kernkompetenz konzentrieren und nicht in verschiedene Konnektoren für verschiedene Eco-Systeme der Endkunden oder ERP & Cloud investieren.

1.5 Ausblick

1.5.1 Trend: SoA und PubSub

Die Welten ticken unterschiedlich: Während die IT schon immer service-orientiert (SoA) betrieben hat, ist in der Automatisierung auf unterster IO-Ebene die zyklische PubSub-Verarbeitung gefordert. OPC UA bietet beides – die OPC-UA-Architektur ist erweiterbar angelegt. Die bisher entstandenen branchenspezifischen Informationsmodelle fokussieren auf die Anbindung zur IT und bieten ihre Daten meistens nicht mehr per Bit/Byte-Property-Austausch, sondern per SoA-Diensten mit komplexen Parametern an. Ein OPC UA Client, der keine Methoden oder komplexe Parameter unterstützt, wird mit OPC UA Servern zunehmend wenig kommunizieren können. Service-basierte Ansätze mit OPC UA beleuchtet Abschnitt 5.5.

1.5.2 Trend: «Service to Service»

OPC UA bietet eine durchgängige Skalierung vom Sensor bis in die IT-Enterprise-Ebene – mit erheblichen Auswirkungen auf die Automatisierungspyramide: Diese Pyramide bleibt sicherlich weiterhin bestehen für die organisatorische Struktur einer Fabrik – die Kommunikationspyramide ist mit OPC UA aber komplett aufgehoben: Geräte können Daten direkt oder parallel an die SPS, das MES, die ERP oder die Cloud-Ebene liefern. Hier wittern viele Anbieter neue Geschäftsmodelle – die gesicherte Verteilung von Informationen macht's möglich. Mit möglichen Architekturen befasst sich Abschnitt 2.1.

1.5.3 Trend: OPC UA im Chip

OPC UA wird in immer kleinere Geräte und Sensoren «wachsen». Kleinste OPC-UA-Softwarelösungen benötigen heute mit limitierter (aber auslesbarer) Funktionalität 35 kb RAM und 240 kb Flash. Die ersten Chips mit integriertem OPC UA sind am Markt verfügbar, und so wächst OPC UA weiter in die Sensorwelt hinein. Schon jetzt wachsen die Anwendungen von OPC UA aus dem Kernbereich der Automatisierung in andere Branchen wie z.B. industriellen Großküchengeräten. Um OPC in eingebetteten Systemen geht es in Abschnitt 3.4.

1.5.4 Zukunft: OPC UA via TSN

In Zukunft wird mit der Kombination OPC UA via TSN (**T**ime-**S**ensitive **N**etworking) [TSN] auch die Echtzeitfähigkeit garantiert werden. OPC UA liefert dabei weiterhin die sichere Interoperabilität – TSN und 5G liefern den echtzeitfähigen Layer 2, um OPC UA zu tunneln. Die OPC Foundation hat dazu im November 2018 die Initiative «Field Level Communications» gegründet. Die Vision der Initiative ist es, eine offene einheitliche, sichere und standardbasierte IIoT-Kommunikationslösung zwischen Sensoren, Aktoren, Controllern und Cloud anzustreben, die alle Anforderungen der industriellen Automatisierung erfüllt. Explizit sind damit auch deterministische Kommunikation, funktionale Safety und Motion als optionale Eigenschaft adressiert – OPC UA würde so die Möglichkeit schaffen, «die Option TSN einzuschalten», wenn eine deterministische Übertragung notwendig ist, z.B. zur horizontalen Kommunikation zwischen Controllern oder auch vertikal in die Feldebene. Aktuell müssen allerdings zunächst die TSN-Spezifikationen unter dem Dach IEEE weiter entwickelt werden, um ein Netzwerk von mehreren TSN-Knoten von verschiedenen Herstellern konfigurieren zu können.

1.5.5 Cross-Domain-Harmonisierung

Die Standardisierung der Daten und Interfaces inklusive der Bedeutung ist ein großes Bestreben von Industrie 4.0 – aktuell definieren 50+-Gruppen weltweit OPC UA Companion Specifications für ihre Branchen im Bereich Fabrik- und Prozessautomation, Energie, Öl & Gas, Pharmazie, industrielle Großküchengeräte usw. Die wirkliche Herausforderung der OPC Foundation liegt indes in der Cross-Domain-Harmonisierung der Informationsmodelle, um dort keine «Konflikte der Informationsmodelle» entstehen zu lassen und mehrere Definitionen für OEE-Daten, MES- und Powermanagement-Schnittstellen usw. zu vermeiden oder wenigstens zu minimieren. Die OPC Foundation hat das erkannt und bereits eine «Cross-Domain Harmonization»-Arbeitsgruppe gestartet.

In Kürze

OPC UA ist bereits als De-facto-Standard im Automatisierungsbereich und für Industrie 4.0 gesetzt. OPC UA deckt immer weitere Szenarien der Kommunikation ab und es wird für Anbieter schwieriger, eigene Lösungen zu erklären. Eine Differenzierung wird zunehmend nicht mehr an der Schnittstelle, sondern durch Faktoren im Gerät oder Diensten außerhalb erfolgen – nicht aber an der Schnittstelle selbst. Für die Zukunft ist mit einem rasanten Anwachsen der weiteren Informationsmodelle in anderen Branchen zu rechnen: OPC UA ist die Plattform des weltweit größten Eco-Systems für Interoperabilität.

2 Grundlagen

2.1 Architekturen im Einsatz

Die OPC Unified Architecture bietet Mechanismen zur standardisierten, synchronen oder asynchronen, verteilten Kommunikation. OPC UA ermöglicht den Zugriff auf Daten unterschiedlichster Art in vertikaler als auch horizontaler Richtung. Dies ermöglicht ein breites Anwendungsspektrum, schließt aber auch unterschiedliche Architekturvarianten und die Betrachtung der zugrunde liegenden Netzinfrastruktur ein. OPC-UA-Komponenten können in unterschiedlichsten Varianten, Plattformen, von verschiedenen Herstellern kombiniert werden. Das Spektrum reicht von OPC-UA-Komponenten direkt integriert auf den Geräten und Steuerungen bzw. Maschinen und Anlagen über sogenannte Gateways bis hin zu aggregierenden Servern. Daher sollen nachfolgend mögliche Architekturvarianten mit einigen Beispielen vorgestellt werden, an denen sich zukünftige Anwender orientieren können.

DEFINITION

Unter dem Begriff Architektur versteht man die «Kombination von Elementen eines Modells, aufbauend auf Prinzipien und Regeln zum Zweck seiner Konstruktion, Weiterentwicklung und Nutzung». [I40Statusreport]

Im Fall von OPC UA handelt es sich um die IT-Architektur (System- und teilweise Software-Architektur), die diverse Einflussfaktoren zur Ermittlung möglicher Realisierungsvarianten einbeziehen muss. Dies können beispielsweise sein: Produktionskomponenten und deren Schnittstellen sowie weitere vorhandene Infrastruktur, Hardware, Software, Schnittstellen, Netzwerke oder Standorte.

Die Definition einer Architektur ermöglicht die ganzheitliche Sicht auf ein System mit OPC-UA-Komponenten und sollte vor Beginn der Realisierung in jedem Fall (wenn auch nur rudimentär) erstellt und diskutiert worden sein.

OPC-UA-Server- und auch -Client-Funktionalität wird normalerweise aufgrund der Komplexität nicht von Grund auf implementiert, sondern auf Basis sogenannter Software Development Kits (SDKs) erstellt. Hier gibt es sowohl kommerzielle Varianten (siehe Abschnitte 4.1 und 4.2) als auch Open-Source-Lösungen (siehe Abschnitt 4.3), die abhängig von der Prozessorarchitektur, vom Betriebssystem, aber auch von der Programmiersprache einzusetzen sind.

Prinzipiell sollten sich Anwender vor der Nutzung von OPC UA über den Einsatz und Nutzen von OPC UA sowie die vorhandene Infrastruktur und Umgebung im Klaren sein.

- Ist OPC UA als Brücke zwischen verschiedenen Komponenten und Stationen auf der Feldebene geplant, können alle Komponenten innerhalb des Fabriknetzes betrieben werden (siehe Abschnitt 2.3).

- Ist ein überwachender und steuernder Eingriff auf Basis von berechneten Kennzahlen, zentralen Arbeitszeitmodellen oder anderen MES-Funktionalitäten angedacht, wird die MES-Funktionalität sicherlich von der zentralen IT bzw. im Rechenzentrum betrieben. Ein Übergang zwischen Fabriknetz und Office-IT, beispielsweise unter Nutzung einer DMZ (**dem**ilitarisierte **Z**one) sollte diskutiert werden (siehe Abschnitt 2.3).
- Soll das Ganze dem Zweck der Fernwartung dienen, ist sicherlich eine Verbindung zu beispielsweise Clients in externen Netzen über verschiedene Netzgrenzen hinweg nötig. Auch hier sind nochmals Diskussionen über eine DMZ zwischen zentraler IT und dem Internet bzw. externen Firmennetzen sinnvoll (siehe Abschnitt 2.3).
- Für die Überwachung einer bestimmten Gerätegruppe ist vielleicht kein schreibender Zugriff nötig, sondern alle Werte werden nur lesend bereitgestellt. Dies senkt das Risiko der Beeinflussung des Produktionsprozesses und reduziert die zu betrachtenden Bedrohungen.
- Aber auch die Anzahl an zu erwartenden Kommunikationspartnern sollte vorab eingegrenzt werden. Es muss geklärt werden, welche der möglichen Realisierungsvarianten das Mengengerüst (nicht nur hinsichtlich der zu übertragenden bzw. verwalteten Informationen) überhaupt abdecken können.
- Sofern selbst implementiert und kein fertiges Produkt gekauft werden soll, ist die einzusetzende Programmiersprache ebenfalls ein zu berücksichtigender Faktor, der die möglichen Programmierhilfen (SDKs, siehe Abschnitte 4.1, 4.2 und Abschnitt 4.3) einschränkt.
- Eventuell gibt es verschiedene Realisierungsvarianten, beispielsweise mit einem in die Steuerung integrierten OPC UA Server, der Werte des Geräts für den lesenden Zugriff bereitstellt, oder einem OPC UA Client, der aktiv diese Werte in einen zentralen OPC UA Server schreibt. Diese müssen mit all ihren Vor- und Nachteilen bezüglich Kosten, Wartungsaufwand, Erweiterbarkeit und vielen anderen Zielkriterien gegenübergestellt werden, bevor strategische Entscheidungen getroffen werden.
- Außerdem muss geklärt werden, wo die einzelnen OPC-UA-Komponenten lokalisiert sind. Sind diese im eigenen Produktionsnetz, direkt an der Maschine, laufen sie im Rechenzentrum des Unternehmens oder sind sie gar beim Hersteller der Komponenten (außerhalb des Firmennetzes) zu finden? Der Einsatzort beeinflusst die Realisierbarkeit ebenso wie die vorhandene Infrastruktur und Implementierungsumgebung. Hiermit hängt eng das Konzept zur IT-Sicherheit (siehe Abschnitt 2.3) zusammen.
- Schließlich beeinflusst der Einsatzzweck auch das zugrunde liegende Informationsmodell (siehe Abschnitt 2.5), die zu realisierende Funktionalität (siehe Abschnitt 2.4), die Nutzung möglicher Companion Specifications (siehe Abschnitt 2.2) und damit auch die Realisierungsvarianten, die diese Rahmenbedingungen umsetzen können.

Zusammenfassend lässt sich die Zielarchitektur nicht planen, ohne unter anderem die genannten Einflussfaktoren zu kennen und zu berücksichtigen. Eine mögliche Strategie für den Einführungsprozess ist in Abschnitt 2.6 beschrieben. Zunächst müssen also die Anforderungen definiert und dann mit den möglichen Realisierungsvarianten abgeglichen werden (siehe Abschnitt 5.5).

OPC UA bietet mit den Möglichkeiten zur Konformitätsüberprüfung praktische Unterstützung, um die geforderte Funktionalität zu gewährleisten bzw. zu prüfen. Diese werden in Abschnitt 2.4 näher erläutert.

Die meisten OPC-UA-Anwendungen basieren auf dem Client-Server-Modell für verteilte Anwendungen. Der Server stellt Daten und Dienste bereit, die der Client anfordern und konsumieren kann. Die bidirektionale Kommunikation zwischen Client und Server folgt dem Request-Response-Modell. Der Client fordert, der Server antwortet. Dies bedeutet im Umkehrschluss, dass der Server in letzter Instanz die Hoheit über die Daten besitzt.

Anmerkung: Zur Unterstützung von verbindungsloser Kommunikation, beispielsweise in Anwendungsfällen des Industrial Internet of Things (IIoT), unterstützt OPC UA mit der neuesten PubSub-Spezifikation [pubsub] ebenfalls das verbindungslose Publish-Subscribe-Modell. Dieses Kapitel fokussiert allerdings die zuvor genannten Client-Server-Anwendungen.

2.1.1 Fall 1: 1 OPC UA Server je Asset

Jede SPS, jedes Gerät, jede Maschine und Anlage erhält in diesem Fall einen eigenen OPC UA Server mit individuellem (vom Hersteller des Servers vorgegebenem) Informationsmodell.

Hierbei sind unterschiedliche Ausprägungen für die einzelnen Assets möglich.

1. Die naheliegende Variante ist ein OPC UA Server des Geräte-, Maschinen- oder Steuerungsherstellers selbst, der auf dem Gerät / der SPS / der Maschine integriert ist (Bild 2.1, links unten). Beispiele finden sich in den Abschnitten 3.1, 3.2 und 3.4.
2. Diese OPC UA Server müssen nicht zwingend auf dem Gerät / der SPS / der Maschine direkt lokalisiert sein, sondern können auch in Software auf einem anderen Rechner ablaufen (Bild 2.1, Mitte unten).
3. Aber auch Adapter (Bild 2.1, rechts unten), z.B. für bestimmte Steuerungstypen, sind heute in der Praxis häufig im Einsatz. In Tabelle 2.1 sind einige aufgeführt, allerdings ohne Wertung oder Anspruch auf Vollständigkeit.

Tabelle 2.1 *Adapter zur Nachrüstung von OPC UA*

Hersteller	Produkt
Bosch Rexroth	IoT Gateway
CERTEC EDV	atvise scada + box
Contec	Comprosys
eWON (HMS)	eWON Flexy
Harting	MICA Base
HB-Softsolution e.U.	HB-DataHub
Hilscher	netIoT Edge
HMS	OPC UaGateway
IBHsoftec	IBH Link UA
softing	echocollect
SOFTING Industrial	dataFEED uaGate
SOTEC	CloudPlug
Spectra	Spectra PowerBox 100-IOT

In einigen Fällen kann die OPC-UA-Funktionalität auch nachträglich auf bestehenden Geräten nachgerüstet werden (siehe Abschnitt 5.3).

Hierbei besteht die Herausforderung beim Anwender häufig darin, anhand definierter Anforderungen und Rahmenbedingungen die richten Produkte auf dem Markt zu finden (siehe Abschnitt 5.2) oder aber die geeigneten Entwicklungsarbeiten anzustoßen.

Diese Architekturvariante wird häufig für den Zugriff auf aktuelle Prozesswerte per OPC UA genutzt.

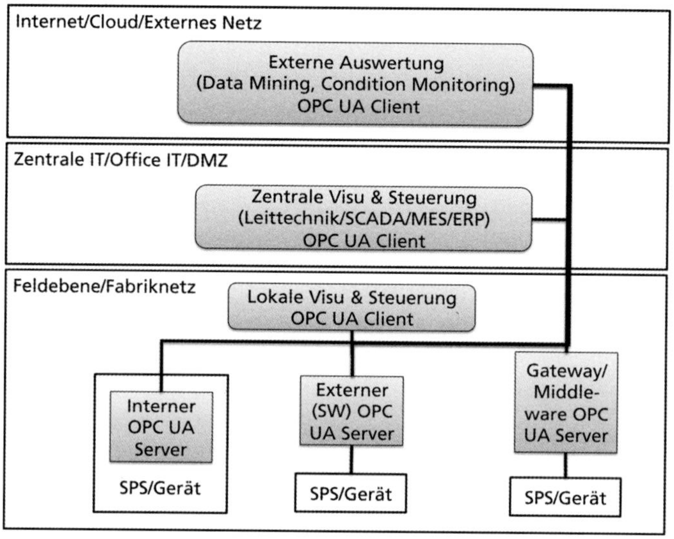

Bild 2.1 *Fall 1*

OPC UA Clients können in diesem Fall sowohl lokale OPC UA Clients beispielsweise in einer anlagennahen Visualisierung sein, aber auch zentrale SCADA- oder MES-Systeme, die von der zentralen IT betrieben werden, oder sogar externe Anwendungen, die beispielsweise zum Condition Monitoring genutzt werden.

2.1.2 Fall 2: 1 externer Software OPC UA Server für alle Assets

Ein externer Software OPC UA Server (Bild 2.2) bündelt in diesem Fall die Informationen mehrerer Assets, z.B. ein OPC UA Server für einen bestimmten SPS-Typ, der für mehrere SPSen des gleichen Typs zuständig ist. Meist sind dies OPC UA Server des Steuerungsherstellers selbst oder OPC UA Server, die von den Herstellern der SDKs angeboten werden. Dies kann aber auch ein in Software realisierter OPC UA Server sein, der eine bestimmte Funktionalität realisiert, wie z.B. das Qualitätsmanagement (Candy Hoover Use case). Dadurch, dass meist ein SPS-Typ oder eine bestimmte Anwendung unterstützt wird, ist auch die Grundstruktur des Informationsmodells vorgegeben.

Mögliche OPC UA Clients sind in diesem Fall identisch zu Fall 1.

2.1.3 Fall 3: 1 externer Middleware OPC UA Server / externes Gateway für alle Assets

Ein externes Gateway bzw. ein externer Middleware OPC UA Server (Bild 2.3) integriert in diesem Fall die Informationen aller Assets. Dies kann sowohl ein Gateway für einen bestimmten Steuerungstyp sein, aber auch eine Middleware, die neben OPC UA als Kommunikationskanal noch einen oder mehrere weitere Kommunikationsprotokolle unterstützt, z.B. CANopen oder ModbusTCP, und deren Variablen auf OPC-UA-Variablen «umsetzt». Voraussetzung hier ist die Einigung auf eine einheitliche Grundstruktur des Informationsmodells, die meist vom Hersteller des Gateways / der Middleware vorgegeben ist.

Mögliche OPC UA Clients sind in diesem Fall identisch zu Fall 1.

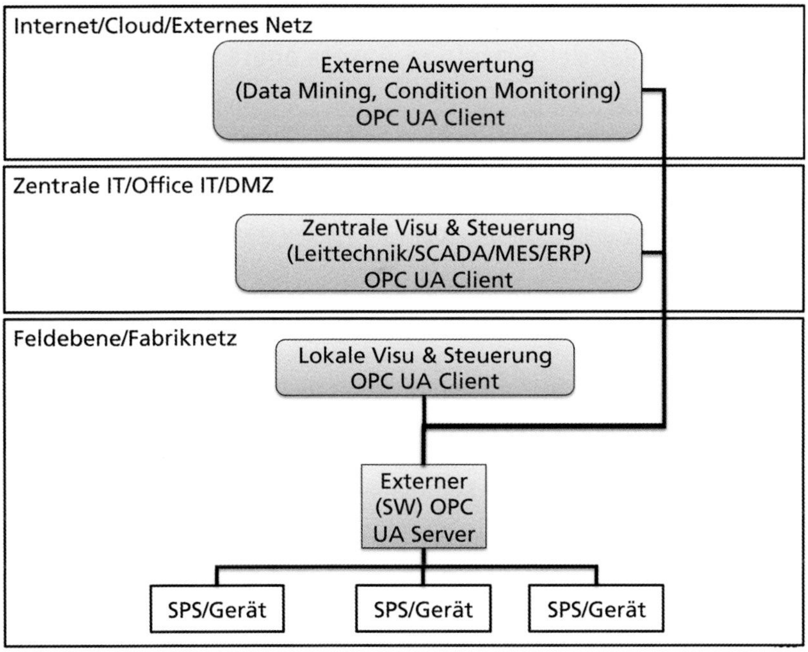

Bild 2.2 *Fall 2*

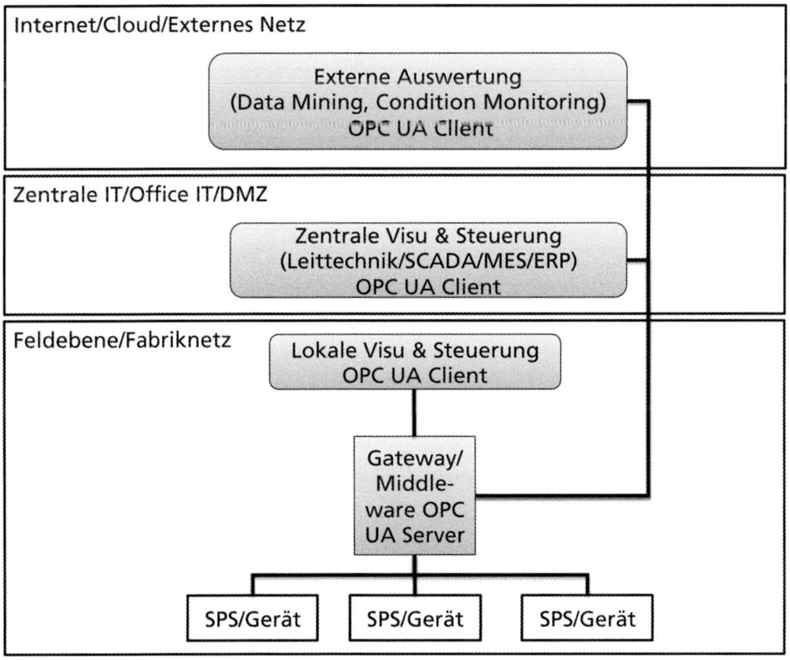

Bild 2.3 *Fall 3*

2.1.4 Fall 4: Externer aggregierender Software OPC UA Server, der die OPC UA Server der einzelnen Assets aggregiert

Ein externer aggregierender OPC UA Server (siehe Bild 2.4) vereint hier die OPC UA Server der einzelnen Assets. Vorteil eines aggregierenden Servers ist, dass die unterlagerten Server alle eigene Informationsmodelle «mitbringen» können und diese auf der aggregierenden Ebene integriert werden. Dies kann beispielsweise genutzt werden, wenn ein bestimmtes Informationsmodell, z.B. die Companion Specification «OPC UA for AutomationML», als Basis-Informationsmodell dient und die unterlagerten OPC UA Server dort ihre Prozessinformationen integrieren (siehe Abschnitt 5.4). Weiterhin können durch aggregierende Server auch Anwendungen räumlich getrennt werden.

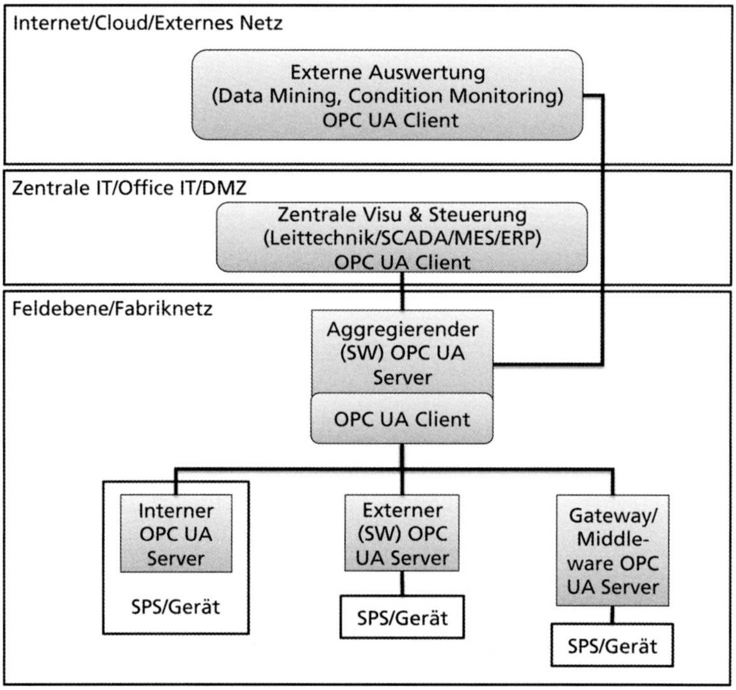

Bild 2.4 *Fall 4*

Diese Architekturvariante wird häufig für die Kopplung mit MES(Manufacturing Execution System)- oder ERP(Enterprise Resource Planning)-Systemen, aber auch zur Entkopplung der Produktionssysteme von nachgeschalteten Analysen (Data Mining) oder vorausschauende Planungen genutzt. OPC UA (OPC Unified Architecture) Clients können in diesem Fall zentrale MES-, ERP-Systeme oder auch die zentrale Leittechnik sein, die von der zentralen IT betrieben werden. OPC UA Clients können in diesem Fall sowohl lokale OPC UA Clients z.B. in einer anlagennahen Visualisierung sein, aber auch zentrale SCADA(Supervisory Control and Data Acquisition)- oder MES-Systeme, die von der zentralen IT betrieben werden. Aber auch externe Anwendungen für die vorausschauende Wartung oder langfristigen Qualitätsanalysen und Optimierungen durch den Hersteller können hier als Client «andocken».

2.1.5 Fall 5: Externer aggregierender Software OPC UA Server (in anderem Netz), der die OPC UA Server der einzelnen Assets aggregiert

Fall 5 unterscheidet sich zu Fall 4 nur darin, dass der aggregierende OPC UA Server in einem entfernten Netz (Bild 2.5) läuft. Dies bringt Unterschiede bei der Konfiguration und z.B. den Anforderungen an die IT-Sicherheit mit sich und kann Änderungen in den Zugriffsrechten o.Ä. bedingen.

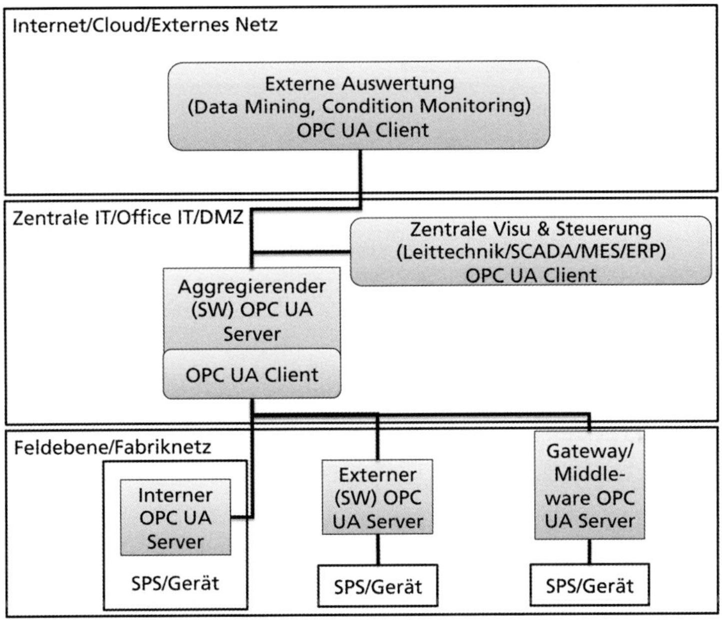

Bild 2.5 *Fall 5*

Mögliche OPC UA Clients sind in diesem Fall identisch zu Fall 4.

2.1.6 Fall 6: Externer aggregierender Software OPC UA Server (in externem Netz), der mehrere externe aggregierende Software OPC UA Server (in anderem Netz) aggregiert

Um auch Anwendungen zu realisieren, bei denen die Vorteile aggregierender Server mehrfach genutzt werden, z.B. zur Lastverteilung oder für einen sicheren Zugriff aus einem externen Netz, beispielsweise für das DataMining in der Cloud, können im vorliegenden Fall aggregierende Server (Bild 2.6 Mitte) nochmals aggregiert werden (Bild 2.6 oben).

Diese Architekturvariante kann besonders im Hinblick auf den Zugriff von außen bevorzugt eingesetzt werden. Hier können zahlreiche IT-Sicherheitsmechanismen dediziert eingesetzt werden. Externe Anwendungen für die vorausschauende Wartung oder langfristige Qualitätsanalysen und Optimierungen durch den Hersteller können hier als OPC UA Client an den aggregierenden OPC UA Server im externen Netz angekoppelt werden.

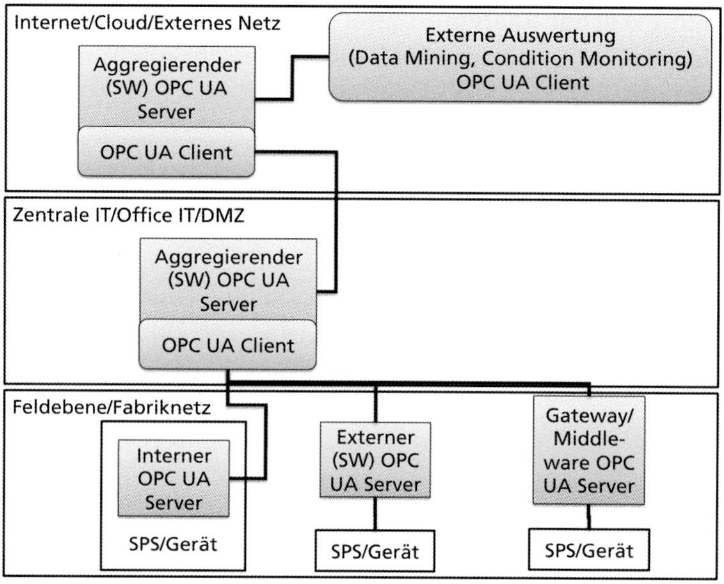

Bild 2.6 *Fall 6*

2.1.7 Fall 7: Externer aggregierender Software OPC UA Server (in externem Netz), der die OPC UA Server der einzelnen Assets aggregiert

Sollen Informationen bzw. OPC-UA-Funktionalitäten in der Cloud genutzt werden, kann es nötig sein, den aggregierenden OPC UA Server (siehe Fall 4: Externer aggregierender Software OPC UA Server, der die OPC UA Server der einzelnen Assets aggregiert) nicht nur in einem entfernten Netz, z.B. im Rechenzentrum, zu betreiben, sondern ihn komplett unabhängig, z.B. in einer zentralen Cloud oder an einem anderen Standort oder beim Hersteller von Condition-Monitoring-Funktionalität, zu betreiben und die Informationen aus dem Prozess ausschließlich über diesen aggregierenden Server zu erhalten (Bild 2.7).

Mögliche OPC UA Clients sind in diesem Fall identisch zu Fall 6.

Die hier aufgeführten Varianten sind nicht umfassend und stellen nicht alle möglichen Varianten dar; weitere Mischformen und Kombinationen der zuvor genannten Fälle sind denkbar, wenn auch nicht immer sinnvoll.

In Kürze

OPC UA erschließt mit den mannigfaltigen Architekturvarianten ein breites Spektrum an Anwendungen, die einen Informationsaustausch zwischen verschiedenen Komponenten von Produktionssystemen, auch über Unternehmensgrenzen hinweg, erfordern. Für jede geplante Anwendung der Technologie sollte daher gesondert über die geeignete Architekturlösung nachgedacht werden, die den Anforderungen gerecht werden kann.

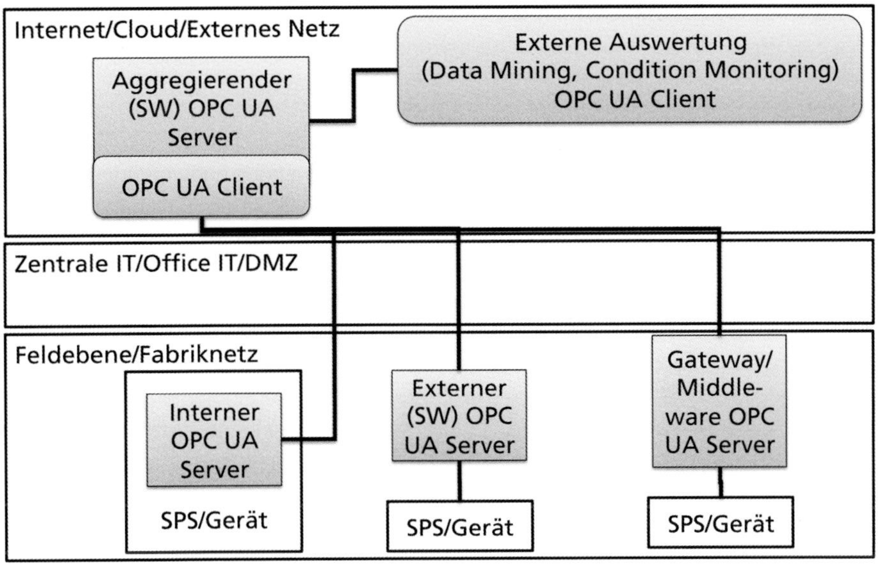

Bild 2.7 *Fall 7*

2.2 OPC UA Companion Specifications

Einer der Hauptbestandteile der OPC Unified Architecture, der diese Technologie so attraktiv für zahlreiche Industrieanwendungen macht, ist das Informationsmodell, das beschreibt, wie Daten und Informationen im Adressraum der OPC UA Server verwaltet werden. Jeder OPC UA Server enthält ein Informationsmodell, das es Nutzern erlaubt, ihre Daten und deren Semantik in strukturierter Art und Weise zu definieren. Dieses Informationsmodell kann je nach Anwendung und OPC UA Server individuell strukturiert werden (siehe Abschnitt 2.5).

Die OPC Foundation definiert Basistypen, von denen neue Objekte und Typen abgeleitet werden können (Bild 2.8 unten). Darauf aufbauend können zusätzliche Typen, Relationen und Objekte erstellt werden.

Wenn die Informationsmodelle weiteren Regeln folgen und von bestimmten Interessensgruppen definiert werden, nennt man diese Companion Specifications (siehe UA Capabilities [OPCCapab], Companion Specifications finden sich unter Industry Standard Models). Diese nutzen die Objekte, Objekttypen und Eigenschaften der OPC UA, ihre Möglichkeiten zur Strukturierung (z.B. Folder objects) und ihre Definition von Beziehungen zwischen den Objekten (Relationen). Um eine möglichst breite Akzeptanz und einen hohen Nutzungsgrad zu erreichen, kooperiert die OPC Foundation mit zahlreichen anderen Organisationen (siehe [Markets]), wie zum Beispiel ISA, MIMOSA, VDMA oder OMAC. Diesen wird durch das Informationsmodell ermöglicht, eine Harmonisierung mit dem eigenen Standard durchzuführen. Dadurch entstehen die in Bild 2.8 genannten Industry Standards Information Models.

Dabei wird in gemeinsamen Arbeitsgruppen zusammengearbeitet. Mitglieder der Arbeitsgruppe müssen nur Mitglied in einer der beiden beteiligten Organisationen (OPC Foundation und Kooperationspartner) sein, um aktiv mitzuarbeiten. Zu Beginn einer neuen Companion Specification wird über den Newsletter und die weiteren Informationskanäle der OPC Foundation zur Mitarbeit aufgerufen. Ein Abonnement des Newsletters ist für interessierte Anwender sehr zu empfehlen.

Ein Beispiel ist die Zusammenarbeit der OPC Foundation mit dem AutomationML e.V. (siehe [AMLUA]. Die Verwendung beider Standards in Kombination schafft Synergien und führt zu einer breiten Akzeptanz und Nutzbarkeit. Die gemeinsame Arbeitsgruppe des AutomationML e.V. und der OPC Foundation [AMLUA-IOSB] hat im Februar 2016 die Companion Specification «OPC UA for AutomationML» [AMLCompSpec] veröffentlicht. Sie beschreibt Regeln, wie AutomationML-Modelle verketteter Produktionssysteme in OPC-UA-Informationsmodelle überführt werden können, um beispielsweise aggregierende OPC UA Server für verkettete Produktionssysteme zu realisieren. Darauf aufbauend hat diese Arbeitsgruppe im Dezember 2016 die DIN SPEC 16 592 «Combining OPC Unified Architecture and Automation Markup Language» veröffentlicht (siehe [16592]). Sie erweitert und detailliert das ursprüngliche Mapping der Companion Specification und definiert darüber hinaus, wie OPC-UA-Konfigurationsinformationen in ein AutomationML-Modell integriert werden können. Außerdem werden mögliche Anwendungsfälle für die Kombination beider Standards beschrieben und Hilfestellung für die Einbindung weiterer externer Standards, z.B. CANopen und STEP, gegeben. Informationen über beide Technologien und deren Kombination finden sich auf den Webseiten der Organisationen ([AMLeV] und [OPCF]) oder auch in deren YouTube-Kanälen ([AMLYoutube] und [OPCFYoutube]).

Jeder Anwender von OPC UA hat darüber hinaus die Möglichkeit zur Definition eigener Informationsmodelle und herstellerspezifischer Informationen (Bild 2.8 oben).

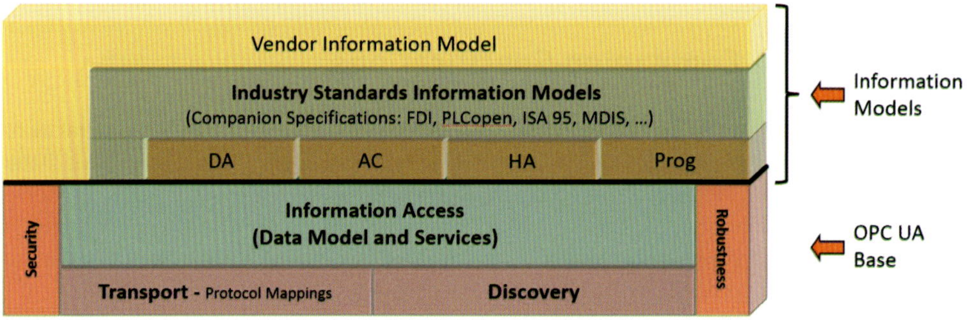

Bild 2.8 *Service-oriented Architecture der OPC UA [Architektur]*

In Zeiten von Industrie 4.0 und dem Industrial Internet werden Standards für Interoperabilität zum Erfolgsfaktor. Allerdings wird es nicht **den einen** allumfassenden Standard geben, da die Heterogenität der Domänen, Anwendungen, Protokolle usw. in der Produktion zu groß ist. Daher müssen die existierenden Standards harmonisiert werden. Die Companion Specifications bieten die Möglichkeit, unterschiedliche Standards zu kombinieren.

Die heute bestehenden Companion Specifications sind so vielfältig wie die Arbeitsgruppen, die diese erarbeiten, und abhängig von den Domänen, Anwendungen und Protokollen, die dort zur Anwendung kommen. Neben den heute bereits existierenden Companion Specifications sind viele weitere in Arbeit, die nach den Kriterien der OPC Foundation erarbeitet, geprüft und veröffentlicht werden. Sie lassen sich in verschiedene Kategorien aufteilen.

Zum einen existiert eine ganze Reihe an Companion Specifications, die strukturelle Aspekte, z.B. die Beschreibungen von Netzwerken oder hierarchischen Organisationsstrukturen, widerspiegeln. Diese geben einen Einblick in den logischen oder physischen Aufbau der Produktionssysteme. Hierzu zählen unter anderem folgende Companion Specifications:

- AutomationML
  Zweck: Abbildung von Anlagen-Engineering-Daten. Diese umfassen u.a. die Aspekte Geometrie, Kinematik, Logik, Verhalten, Topologie und Topographie sowie Kommunikation und den Aufbau von Automatisierungssystemen.
- FDI
  Zweck: Beschreibung der Feldgeräte mit ihren Parametern und vor allem deren Kommunikationsbeziehungen. FDI entstand aus der Kombination von EDDL (**E**lectronic **D**evice **D**escription **L**anguage) und FDT (**F**ield **D**evice **T**ool).
- IEC 61 850
  Zweck: Beschreibung von Energiedaten.
- ISA 95
  Zweck: Beschreibung von hierarchischen Organisationsebenen und MES-Daten.
- BacNET
  Zweck: Datenmodell der Gebäude-Automatisierung.

Zum Anderen existiert eine Reihe von Companion Specifications, die Geräteprofile/-beschreibungen als Sicht auf diese Geräte. Diese Companion Specifications basieren fast allesamt auf der Companion Specification OPC UA for devices, die die grundlegende Struktur zur Beschreibung von Geräten und deren funktionell gegliederten Parameter- und Methodenmengen usw. vorgibt und somit einen Weg beschreibt, wie Komponenten, Parameter und Methoden in Funktionen (Konfiguration, Wartung, Diagnose) gruppiert werden. Beispiele für solche Companion Specifications sind unter anderem:

- Analyzer devices (ADI)
  Zweck: Informationsmodell für spezielle Analysegeräte, wie z.B. Spektrometer.
- Euromap77
  Zweck: Informationsmodell für Spritzgussmaschinen.
- AutoID
  Zweck: Informationsmodell für AutoID-Geräte, z.B. optische / OCR/RFID-Leser.
- PackML
  Zweck: Informationsmodell für Verpackungsmaschinen.
- CNC systems
  Zweck: Informationsmodell zum Austausch mit CNC(Computerized Numerical Control)-Systemen (Steuerungen z.B. von Werkzeugmaschinen).
- PLCopen (PLC device model)
  Zweck: Abbildung des Software-Modells der IEC 61 131-3 auf ein OPC-UA-Informationsmodell. Dabei werden auch die Funktionsblöcke (**F**unction **B**locks – FB) für eine OPC-UA-Client-Funktionalität in einer IEC-61131-3-basierten Steuerung definiert.

In Kürze

Companion Specifications, die in der Vergangenheit und auch aktuell durch viele Kooperationen der OPC Foundation mit anderen Interessensgruppen entwickelt wurden und werden, gewährleisten, dass der Vielzahl an Einsatzmöglichkeiten kein Riegel vorgeschoben wird.

Die Offenheit der OPC Foundation gegenüber der domänenspezifischen oder branchenspezifischen Semantik in Verbindung mit OPC UA ist einer der Hauptfaktoren für den Erfolg von OPC UA als Technologie.

Sollte das gesuchte Informationsmodell aktuell noch nicht öffentlich zugänglich sein, lohnt sich in jedem Fall eine direkte Anfrage bei der OPC Foundation. Diese leitet die Anfragen an die jeweiligen Kontaktpersonen aus den Arbeitsgruppen weiter; so gelangt man direkt zu den richtigen Personen und Informationen.

In Zukunft soll im Conformance Test Tool (CTT, siehe Abschnitt 2.4) der OPC Foundation auch die korrekte Nutzung von Companion Specifications abgeprüft werden können; diese Funktionalität ist aktuell aber noch nicht verfügbar.

2.3 Best practices OPC UA Security

Zukünftige Produktionsanlagen werden im Vergleich zu heute einen deutlich höheren Vernetzungsgrad aufweisen. Beispielsweise ist abzusehen, dass Steuerungen und eingebettete Systeme in Zukunft häufiger und deutlich selbstständiger miteinander kommunizieren, Planungssysteme aus der Cloud angeschlossen werden, um Auftragsschritte und Maschinenbelegungen zu überwachen und zu planen, sowie vermehrt externe (Fern-)Zugänge existieren werden, um Wartungspersonal weltweiten Zugriff zu ermöglichen. Ein höherer Vernetzungsgrad sowie eine Öffnung der ehemals abgeschotteten Produktionsnetze sorgen zwangsläufig für ein höheres Risiko, Ziel eines Cyberangriffs zu werden. IT-Sicherheit (im Sinne von Security – Sicherheit gegen Angriffe) ist daher eines der erfolgskritischen Themen, das als Voraussetzung für funktionierende und umfassende Industrie-4.0-Lösungen beachtet und sichergestellt werden muss. OPC UA bietet Mechanismen, um sowohl die Kommunikation zwischen Systemen und Anwendungen als auch den Zugriff auf diese abzusichern. Dennoch zeigt der Alltag in heutigen Produktionsanlagen, dass in vielen Fällen die vorhandenen Sicherheitsmechanismen nicht konsequent genutzt werden.

2.3.1 Grundlagen IT-Sicherheit

Im Rahmen von IT-Sicherheit werden typischerweise Schutzziele definiert, die dann mit Hilfe von technischen oder organisatorischen Sicherheitsmechanismen erreicht bzw. eingehalten werden.

Klassische Schutzziele sind:

- **Vertraulichkeit** der übertragenen Daten: Die übertragenen Daten dürfen lediglich für berechtigte Personen, Systeme oder Prozesse lesbar sein.
- **Integrität** und **Authentizität** der übertragenen Daten: Die übertragenen Daten dürfen nicht unbemerkt veränderbar sein (Integrität) sowie der Ursprung der Daten muss überprüfbar sein (Authentizität).
- **Authentizität** von Systemen und Nutzern: Die Identität von Systemen und Nutzern muss nachweisbar und überprüfbar sein.
- **Autorisierung** für den Zugriff auf Daten und Systeme: Der Zugriff (Lesen, Schreiben oder Verändern) auf Daten und Systeme darf nur für Nutzer und Systeme möglich sein, die hierfür berechtigt sind.

OPC UA bietet die Möglichkeit, sowohl Kommunikationssicherheit (Vertraulichkeit, Integrität und Authentizität der übertragenen Daten) als auch den Zugriff auf Daten und Systeme (Authentizität von Systemen und Nutzern, Autorisierung) zu gewährleisten.

Um die Identität überprüfbar zu machen, werden klassischerweise digitale Zertifikate eingesetzt. Ein Zertifikat bindet im Normalfall die Identität eines Nutzers oder Systems an den öffentlichen Schlüssel eines dazugehörigen Schlüsselpaars (vgl. Public-Key-Kryptografie). Die Identität kann hierbei der Name eines Nutzers, aber auch beispielsweise die IP-Adresse eines Systems sein. Die Überprüfung der Identität kann mit Hilfe von kryptografischen Funktionen durchgeführt werden: Um die Identität zu beweisen, ist es notwendig, den zum öffentlichen Schlüssel gehörenden privaten Schlüssel einzusetzen. Unter der Annahme, dass als kryptografische Funktion ein sicherer Algorithmus gewählt bzw. dieser sicher eingesetzt wird (vgl. Empfehlungen des BSI [BSI]), ist es ohne Kenntnis des privaten Schlüssels auch für einen bösartigen Angreifer nicht möglich, die Identität eines Nutzers oder eines Systems anzunehmen.

Zertifikate können darüber hinaus noch weitere Eigenschaften haben: So kann (und sollte) der Gültigkeitszeitraum von Zertifikaten begrenzt werden. Nach einer gewissen Nutzungszeit muss das zugrunde liegende Schlüsselpaar erneuert werden, da ein Angreifer sonst unter Umständen in der Lage ist, den der Authentifikation zugrunde liegenden kryptografischen Algorithmus zu brechen.

Eine weitere Fragestellung bei der Nutzung von Zertifikaten ist die Ausstellung und Verwaltung von Zertifikaten:

Innerhalb von OPC UA werden digitale Zertifikate (X.509-Zertifikate) [X509] eingesetzt, um die Authentizität von Systemen und Nutzern zu überprüfen. Hierfür ist vorgesehen, dass Systeme und Nutzer jeweils ein eigenes X.509-Zertifikat sowie den zugehörigen privaten Schlüssel besitzen. Die Zertifikate können entweder mit oder ohne Anbindung an eine Zertifikatsverwaltungs-Infrastruktur (PKI) ausgestellt sein. Existiert keine PKI, muss bei der ersten Vorlage eines Zertifikats das entsprechende Zertifikat als «vertrauensvoll» markiert und gegebenenfalls gespeichert werden. Es wird ein Eintrag für dieses Zertifikat in der sogenannten **TrustList** angelegt. Existiert eine nutzbare PKI, die auch Zertifikate ausstellt und verwaltet, kann die Gültigkeit eines vorgelegten Zertifikats automatisch auch ohne Eingriff des Nutzers überprüft werden. In diesem Fall ist das Wurzelzertifikat der PKI in der TrustList eingetragen.

Im konkreten Anwendungsfall ist jeweils zu entscheiden:

1. Welche Schutzziele sollen oder müssen eingehalten werden?
2. Wie kann dies im konkreten Anwendungsfall umgesetzt werden?
3. Welcher Aufwand kann zur Einhaltung der Schutzziele gerechtfertigt werden?

2.3.2 Sicherheitsmechanismen in OPC UA

OPC UA bietet Sicherheitsmechanismen, um sowohl Kommunikationssicherheit als auch den Zugriff auf Daten, Anwendungen und Systeme sicherzustellen. Eine grobe Darstellung der Sicherheitsarchitektur sowie der Auswahlmöglichkeiten als OPC-UA-Nutzer ist in Bild 2.9 verdeutlicht (vgl. OPC UA Standard, Part 2 [62541-2]).

Als Anwender von OPC UA gibt es die Möglichkeit, über die ausgewählte *Security Policy* auszuwählen, welche Schutzziele bei der Datenübertragung gewährleistet werden sollen. Es gibt insgesamt drei Security Policies:

- ***None***: Durch die Auswahl der Security Policy *none* wird keines der Schutzziele Vertraulichkeit, Integrität und Authentizität gewährleistet. Bei der Datenübertragung zwischen Client und

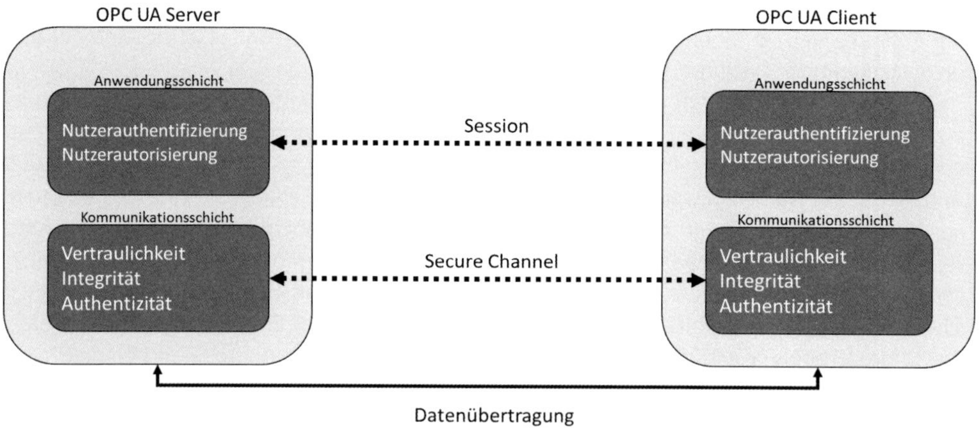

Bild 2.9 *Sicherheitsarchitektur in OPC UA*

Server kann also jeder mit Zugriff auf das genutzte Übertragungsmedium (z.B. das Firmennetzwerk) Nachrichten und Informationen abhören, einspielen oder verändern.

- ***Sign***: Durch die Auswahl der Security Policy *sign* werden die Schutzziele Integrität und Authentizität der Daten sichergestellt. Bei der Datenübertragung zwischen Client und Server kann also jeder mit Zugriff auf das genutzte Übertragungsmedium Nachrichten und Informationen abhören, jedoch nicht gültige Nachrichten einspielen oder verändern.
- ***Signandencrypt***: Durch die Auswahl der Security Policy *signandencrypt* werden die Schutzziele Vertraulichkeit, Integrität und Authentizität der Daten sichergestellt. Bei der Datenübertragung zwischen Client und Server können also trotz Zugriff auf das genutzte Übertragungsmedium Nachrichten und Informationen nicht abgehört, eingespielt oder verändert werden.

Die ausgewählte Security Policy wird genutzt, um einen sogenannten *Secure Channel* zwischen Client und Server aufzubauen, der die entsprechenden Sicherheitseigenschaften besitzt.

Zum Aufbau einer Session und damit letztendlich zum Zugriff auf OPC-UA-Dienste ist es notwendig, den zugreifenden Nutzer (oder die Anwendung) zu authentifizieren und zu autorisieren. Hierfür gibt es verschiedene Identifikationsmöglichkeiten:

- **Anonym**: Der Zugriff auf Dienste soll anonym erfolgen. Somit ist es auch nicht möglich, den zugreifenden Benutzer zu identifizieren.
- **UserName und Passwort**: Für den Zugriff auf Dienste sind ein Nutzername und ein Passwort notwendig. Es ist also möglich, den zugreifenden Nutzer zu identifizieren und gegebenenfalls den Zugriff nur für berechtigte Nutzer freizuschalten. Es ist notwendig und möglich, Nutzern Berechtigungen für den Zugriff zuzuweisen.
- **X.509-Zertifikat**: Die Identifikation des Nutzers erfolgt über ein dem Nutzer ausgestelltes Zertifikat. Die Gültigkeit des Zertifikats kann überprüft und der Zugriff unter Umständen nur berechtigten Nutzern freigeschaltet werden.

Die verschiedenen Identifikationsmöglichkeiten werden in OPC UA genutzt, um Nutzer oder Anwender zu authentifizieren und zu autorisieren und daraufhin eine Session zur Nutzung von OPC-UA-Diensten freizuschalten.

Bild 2.10 zeigt exemplarisch eine abstrakte Netzarchitektur mit verschiedenen OPC UA Servern und Clients, wie sie in Abschnitt 2.1 beschrieben ist. Als Nutzer von OPC UA besteht die Möglichkeit, die unterschiedlichen Sicherheitsmechanismen (sinnvoll) zu kombinieren. Betrachtet man in der Beispielarchitektur etwa den Zugriff der lokalen Steuerung bzw. Visu auf einen internen OPC UA Server in einer SPS, so ergibt sich gegebenenfalls eine andere Kombination von ausgewählter Security Policy und Identifikationsmechanismus als bei einem Zugriff von beispielsweise einem Condition Monitoring System, das in der Cloud angesiedelt ist. So mag beim Zugriff aus dem internen Netz bzw. dem Fabriknetz auf den OPC UA Server ein Schutz der Vertraulichkeit der übertragenen Daten nicht notwendig sein, bei einer Übertragung über das Internet in ein Cloudbasiertes System hingegen schon. Ebenso ist ein Zugriff mit Nutzername und Passwort fabrikintern administrierbar und ausreichend, für externe Nutzer ist hingegen eine nachvollziehbare Identifizierung über Nutzerzertifikate dringend anzuraten.

Generell ist von der Nutzung der Security Policy *none* abzuraten, da dies schon für einen wenig begabten Angreifer weitreichende Manipulations- und Eingriffsmöglichkeiten bietet.

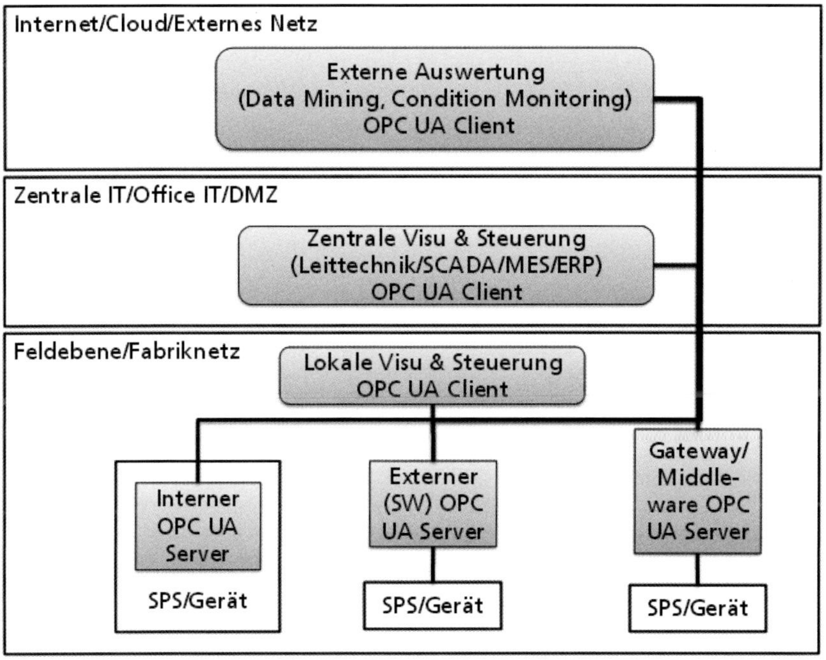

Bild 2.10 *Beispielarchitektur mit OPC UA Servern und Clients*

2.3.3 Best practices und bekannte Herausforderungen

Management der Vertrauensbeziehungen

Beim Aufbau einer OPC-UA-Installation ergibt sich die Fragestellung nach der Verwaltung der digitalen Zertifikate. Im Wesentlichen sind hier drei verschiedene Verwaltungsarten möglich:

- selbst signierte Zertifikate und manuelle Pflege der TrustList,
- PKI mit manueller Pflege der TrustList,
- automatisiert mittels **G**lobal **D**iscovery **S**erver (GDS).

Mit selbst signierten Zertifikaten und dem TrustList-Mechanismus ist eine einfache und flexible Möglichkeit der Verwaltung von Zertifikaten gegeben. Neue Zertifikate werden bei der Inbetriebnahme von neuen OPC-UA-Endpunkten automatisch generiert. Durch zunächst erfolglose Verbindungsversuche werden die neuen Zertifikate bei bestehenden OPC-UA-Endpunkten bekannt gemacht. In vielen OPC UA Stacks sind diese Zertifikate dann unter einem speziellen «Rejected»-Ordner verfügbar. Mittels manueller Konfiguration der Einträge in den Trust-Listen der betroffenen bestehenden OPC-UA-Endpunkte können die gewünschten Vertrauensbeziehungen hergestellt werden.

ACHTUNG

Bei diesem Vorgehen ist besonderes Augenmerk darauf zu legen, dass in der Liste der abgelehnten Verbindungsversuche auch nicht gewünschte Zertifikate auftauchen können. Ein Abgleich der Zertifikate, bevor diese in die TrustList übernommen werden, ist aus Sicherheitsgründen unumgänglich.

Dieses Vorgehen bietet sich jedoch nur in sehr kleinen OPC-UA-Installationen an. Wenn beispielsweise nur eine Maschine als Server und wenige Clients im Einsatz sind, so kann mit dieser Methode schnell und mit guter Sicherheit eine OPC-UA-Vernetzung hergestellt werden.

Ist die OPC-UA-Installation jedoch von größerem Umfang, so kann diese Methode schnell zu erheblichem Aufwand führen. Jeder neue Server muss mit entsprechenden Trust-Listen versorgt werden. Jeder neue Client (oder das Entfernen eines Clients) führt zu manuellem Bearbeiten der Trust-Listen aller Server.

Insbesondere, wenn eine OPC-UA-Installation schnell wächst, kann dieser manuelle Aufwand zu einem Sicherheitsproblem werden. Um schnell den Betrieb sicherzustellen, werden in der Eile Trust-Listen zwischen Servern kopiert, ganze «Rejected»-Ordner zu Trust-Listen hinzugefügt und möglicherweise sogar Zertifikate doppelt verwendet. Das resultierende Chaos an Vertrauensbeziehungen wird unüberschaubar, und die geordnete Rückkehr zu einem kontrollierten System erscheint als ein Ding der Unmöglichkeit. Weiterhin führt ein solches Vorgehen aufgrund der fehlenden Übersicht häufig zu Fehlkonfigurationen und gegebenenfalls Sicherheitslücken.

Selbstsignierte Zertifikate und Einträge in Trust-Listen bieten eine schnelle und einfache Realisierung von Vertrauensbeziehungen. Dieses Vorgehen ist aber wirklich nur dann anzuraten, wenn die OPC-UA-Installation sehr klein ist und auch auf lange Sicht nur ein mäßiges Wachstum erwartet wird. In allen anderen Fällen sollte eine der folgenden Lösungen bevorzugt werden.

Eine Verwaltung der digitalen Zertifikate mittels PKI vereinfacht den Prozess der Pflege der Trust-Listen deutlich. Auf den Trust-Listen muss lediglich das Wurzelzertifikat der PKI eingetragen werden. Zertifikate, die vom Wurzelzertifikat unterschrieben sind oder die sich über eine Kette von Zertifikaten bis hin zum Wurzelzertifikat verifizieren lassen, sind automatisch vertrauenswürdig.

Mittels dieser Technik muss lediglich für jeden neuen OPC UA Client oder Server ein entsprechendes Zertifikat von der PKI bezogen werden. Bestehende OPC UA Clients und Server müssen nicht angepasst werden.

Der Betrieb einer eigenen PKI für die OPC-UA-Installation erfordert ein wenig Einarbeitung in das Thema und einen disziplinierten Umgang mit dieser sicherheitskritischen Instanz. Diesem Aufwand steht allerdings ein erheblicher Nutzen gegenüber: Der Verwaltungsaufwand auf den einzelnen OPC UA Clients und Servern reduziert sich stark und das Sicherheitsniveau steigt durch die zentrale Sicht auf die Vertrauensbeziehungen.

Letztlich bietet der OPC-UA-Standard selbst eine Möglichkeit der Verwaltung von digitalen Zertifikaten mittels des sogenannten **Certificate Managers** – einer OPC-UA-Komponente, die für gewöhnlich in einen ***Global Discovery Server*** (GDS) integriert ist.

Diese Lösung umfasst dann nicht nur die Bereitstellung von digitalen Zertifikaten, sondern ermöglicht auch die automatisierte Erneuerung von digitalen Zertifikaten oder den koordinierten Rückruf einzelner Zertifikate. Auch eine Integration in bestehende Verwaltungssysteme (z.B. Active Directory) ist für den GDS vorgesehen. Die konkrete Realisierung dieser Funktionalität ist jedoch produktspezifisch und nicht im OPC-UA-Standard definiert.

Generell sollte bei einer OPC-UA-Installation immer ein PKI-Modell in Betracht gezogen werden. Nur bei dauerhaft sehr kleinen Installationen kann der geringe Mehraufwand gemieden und mit selbst signierten Zertifikaten und manuell gepflegten Trust-Listen gearbeitet werden. Bei sehr großen OPC-UA-Installationen rechtfertigt der weitreichende Automatisierungsgrad eines GDS mit integriertem Certificate Manager möglicherweise dessen Beschaffung und Betrieb.

Schutz des privaten Schlüssels eines digitalen Zertifikats

Wer über den privaten Schlüssel eines Zertifikats verfügt, der kann sich mittels des Zertifikats ausweisen. Je nach Verwendung des Zertifikats kann ein Angreifer mit Kenntnis des privaten Schlüssels großen Schaden verursachen. Der private Schlüssel stellt daher den besonders schützenswerten Teil des Zertifikats dar.

Wird das Zertifikat in einem OPC UA Client verwendet, so ist es auf den Trust-Listen der vom Client aus zugegriffenen Server eingetragen (oder wird über den Eintrag einer unterschreibenden CA in die Trust-Liste vertrauenswürdig). Ein Angreifer, der Kenntnis über den privaten Schlüssel des Zertifikats hat, kann sichere Verbindungen zu den betroffenen Servern aufbauen. Insbesondere wenn keine weitere Nutzer-Authentifikation innerhalb einer OPC-UA-Sitzung stattfindet, resultiert aus dem Besitz des privaten Schlüssels also auch unmittelbar der Zugriff auf alle damit verfügbaren Ressourcen.

Um ein hohes Sicherheitsniveau zu gewährleisten, ist eine Betrachtung der Absicherung der privaten Schlüssel unabdingbar. Insbesondere sollte sichergestellt werden, dass private Schlüssel nicht ungeschützt auf den Festplatten der betroffenen Geräte gespeichert sind.

Für OPC-UA-Anwendungen, die interaktiv bedient werden (meist werden dies Clients sein), ist mindestens eine Absicherung des privaten Schlüssels mittels eines Passwortes angebracht. Dieses muss dann vor Verwendung des privaten Schlüssels vom Benutzer eingegeben werden. Einen noch höheren Schutz bietet die Verwendung einer SmartCard, die den privaten Schlüssel speichert. Diese führt die nötigen kryptografischen Operationen in der SmartCard selbst durch und stellt nur die Ergebnisse zur Verfügung. Der private Schlüssel verlässt so den sicheren Speicher der SmartCard nie und kann dadurch auch nicht entwendet oder kopiert werden.

Für nicht interaktive OPC-UA-Anwendungen kann der Schutz des privaten Schlüssels nicht mittels Passworteingabe realisiert werden. Hier ist dennoch der Schutz mittels SmartCard oder eines **H**ardware-**S**ecurity-**M**oduls (HSM) anzuraten. Bei einem Zugriff auf das System durch einen Angreifer kann durch die fehlende Passworteingabe zwar der private Schlüssel verwendet werden, aber ein Entwenden ist ohne physikalischen Diebstahl der SmartCard oder des HSMs nicht möglich.

In Kürze

Im Rahmen dieses Abschnittes wurde erläutert, wie mit Hilfe von OPC UA State-of-the-art-IT-Sicherheitsmechanismen umgesetzt werden können. So ist es möglich, die klassischen Schutzziele Integrität, Authentizität sowie Vertraulichkeit der Kommunikation mittels OPC UA einzuhalten. Hierfür ist es jedoch notwendig, je nach Anwendungsfall die passende Security Policy auszuwählen sowie sicherzustellen, dass notwendige Vertrauensbeziehungen und Zertifikate sicher etabliert bzw. im laufenden Betrieb in einer sicheren Art und Weise genutzt werden.

2.4 Profile, Konformitätstest, Zertifizierung

Die OPC-UA-Profile gehören wohl zu den am meisten vernachlässigten Aspekten von OPC UA – und das, obwohl genau die Profile die Basis zum Erreichen der eigentlichen Mission der OPC Foundation darstellen: die gesicherte und zuverlässige Interoperabilität der unterschiedlichsten Anwendungen, unabhängig von Hersteller und Plattform. Dasselbe gilt leider auch für das Werkzeug zum Konformitätstest (Compliance Test Tool) und auch für die Zertifizierung der OPC-UA-Anwendungen – die Mittel, um Anwendern die Arbeit mit OPC UA zu vereinfachen. Daher werden in diesem Abschnitt die technischen Grundlagen, der aktuelle Stand der Dinge sowie eigene Erkenntnisse zu diesem Thema dargestellt.

2.4.1 Profile

«OPC UA ist nicht gleich OPC UA.» Dies stellt jeder Anwender bereits zu Beginn der Recherche an verfügbaren Produkten fest.

Das Ziel der Spezifikation von Profilen ist es, die gesamten OPC-UA-Merkmale in kleinere und vor allem messbare / prüfbare Einheiten zu organisieren, auf deren Basis OPC-UA-Anwendungen geprüft und validiert werden können.

Prinzipiell gibt es aktuell zwei Arten von OPC-UA-Anwendungen: Client- und Server-Anwendungen. Entsprechend gibt es auch zwei Kategorien von Profilen: für Clients und für Server. Anwendungen, die sowohl Client- als auch Server-Funktionalität enthalten, müssen sowohl die entsprechenden Client- als auch die Server-Profile unterstützen.

i

DEFINITIONEN

Eine **Konformitätseinheit (Conformance unit)** definiert einen bestimmten Satz von OPC-UA-Merkmalen, die gemeinsam mit Hilfe passender **Testfälle (Test cases)** geprüft werden können.

Ein **Profil** bündelt eine Anzahl von OPC-UA-Merkmalen einer Anwendung und wird definiert durch eine Summe von Konformitätseinheiten und / oder anderen, «kleineren» Profilen.

Profile sind entweder Facetten oder voll ausgestattete (Full featured) Profile. Während die **Facette (Facet)** sich auf einen spezifischen Aspekt der OPC-UA-Anwendung bezieht, definiert das **Full-featured-Profil** einen vollständigen Satz von Leistungsmerkmalen einer funktionsfähigen OPC-UA-Anwendung.

OPC-UA-Anwendungen unterstützen gleichzeitig ein oder mehrere Profile; die Summe der unterstützten Profile ergibt den Funktionsumfang und die Leistungsfähigkeit dieser Anwendung aus OPC-UA-Sicht. Profile sind also **das** Mittel zum Bewerten von Anwendungen aus OPC-UA-Sicht.

Bild 2.11 zeigt den Aufbau des kleinsten vollständigen Profils eines Servers mit begrenzten Ressourcen.

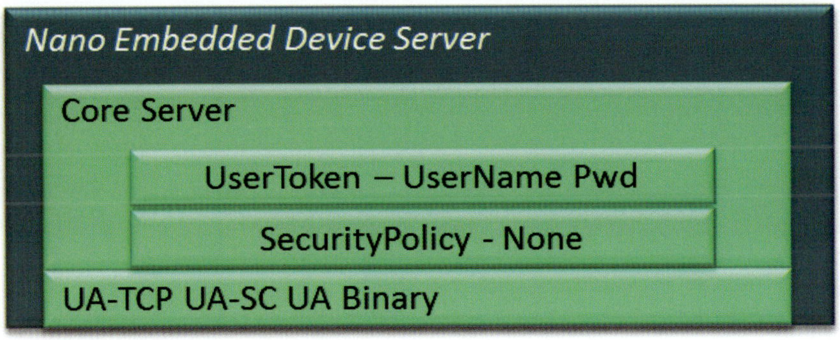

Bild 2.11 *Full-featured-Profil des Nano Embedded Device Servers*

Die hellen Kästen sind Facetten, die dunklen sind Full-featured-Profile. Die darin enthaltenen Konformitätseinheiten werden in der Abbildung nicht dargestellt.

Ein Server mit diesem Profil unterstützt im Wesentlichen folgende Mechanismen:

- Die Facette **UA-TCP UA-SC UA Binary** erfordert die Unterstützung des Netzwerkprotokolls OPC UA TCP, der Sicherheitsmechanismen der OPC UA SecureConversation 1.0 und die binäre Codierung der Nachrichten.
- Die Facette **Core Server** definiert die Basisfunktionalität eines OPC UA Servers: den Aufbau sicherer Kommunikationskanäle, das Auffinden der unterstützten Endpunkte, den Aufbau (mindestens) einer Sitzung (Session), das Server-Objekt, das Explorieren (Browsen) des Adressraums, lesenden und optional auch schreibenden Zugriff auf Elemente des Adressraums.
  - Die Facette **SecurityPolicy – None** definiert den Austausch ungesicherter Nachrichten.
  - Die Facette **UserToken – UserName Password** erfordert die Identifizierung des Benutzers der Client-Anwendung über den Mechanismus Benutzername / Passwort.

    (Anmerkung: Der Übersichtlichkeit halber werden nicht alle Merkmale angegeben.)

Diesem Profil fehlen zwar noch etliche OPC-UA-Mechanismen (z.B. Subskriptionen (Subscriptions), Sicherheitsmechanismen), trotzdem reicht es aus, um eine vollständige, funktionierende Anwendung zu bauen.

Durch Hinzufügen weiterer Facetten zu diesem einfachen Profil entstehen weitere, mächtigere Profile, wie in Bild 2.12 dargestellt.

Zusätzlich zum Nano-Profil unterstützt das Full-featured-Profil des **Micro Embedded Device Servers** mindestens zwei gleichzeitige Sessions, ebenso eine erste, einfache Form von Sub-

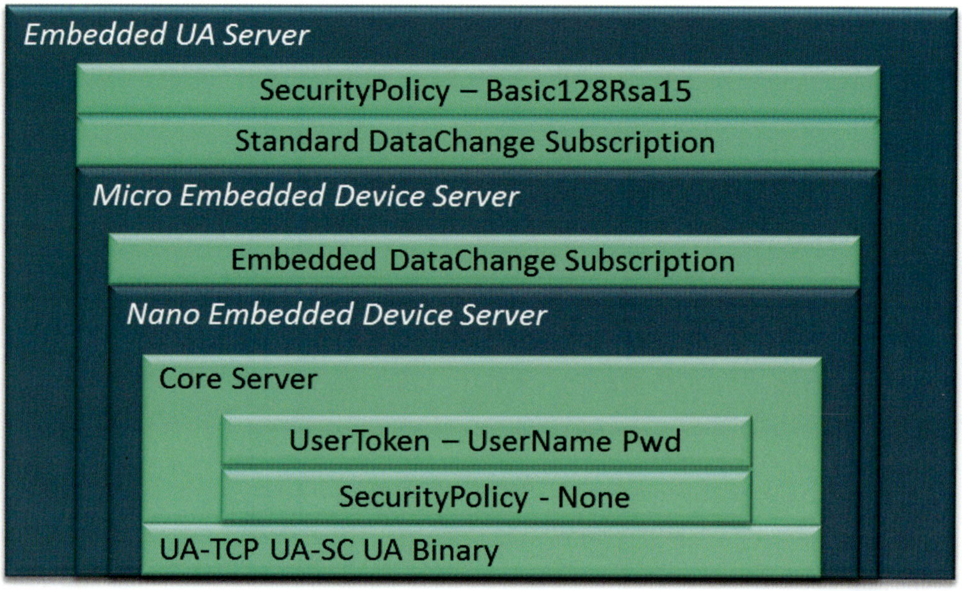

Bild 2.12 *Full-featured-Profile der Embedded Server*

skriptionen auf Datenwerte, definiert in der Facette **Embedded DataChange Subscription**. Auch diese Facette enthält Vorgaben zum Mengengerüst:

- mindestens eine Subskription pro Session, also insgesamt mindestens zwei Subskriptionen;
- jede Subskription muss mindestens zwei Elemente (Items) enthalten können.

Der **Embedded UA Server** erweitert dieses Profil durch Sicherheitsmechanismen, definiert durch die Facette **SecurityPolicy – Basic128Rsa15** (Verschlüsseln / Signieren der Nachrichten). Auch werden höhere Anforderungen an die Funktionalität der Subskriptionen gestellt. Die Facette **Standard DataChange Subscription** erfordert

- eine erweiterte Funktionalität, z.B. den Deadband-Mechanismus,
- ein höheres Mengengerüst: mindestens zwei Subskriptionen mit mindestens 100 Elementen für mindestens die Hälfte der Sessions,
- optional den Zugriff auf Informationen zur Subskription über die Methode GetMonitoredItems.

Aufbauend auf dem Profil des Embedded UA Servers entsteht das Full-featured-Profil des **Standard UA Servers**, das den minimalen Satz an Anforderungen für einen PC-basierten OPC UA Server definiert (Bild 2.13).

Die Facette **Base Server Behaviour** definiert die Anforderungen bezüglich der Anpassung der Konfiguration, die ein Server bei der Installation auf der Zielanlage erfüllen muss: Einstellung der URL des Discovery Servers, Einstellung der Portnummern der Endpunkte, Freigeben oder Sperren bestimmter Sicherheitsprofile und Benutzeridentitäten.

Die Facette **User Token – X509 Certificate** erfordert die Unterstützung von X509-Zertifikaten zur Identifizierung der Benutzer.

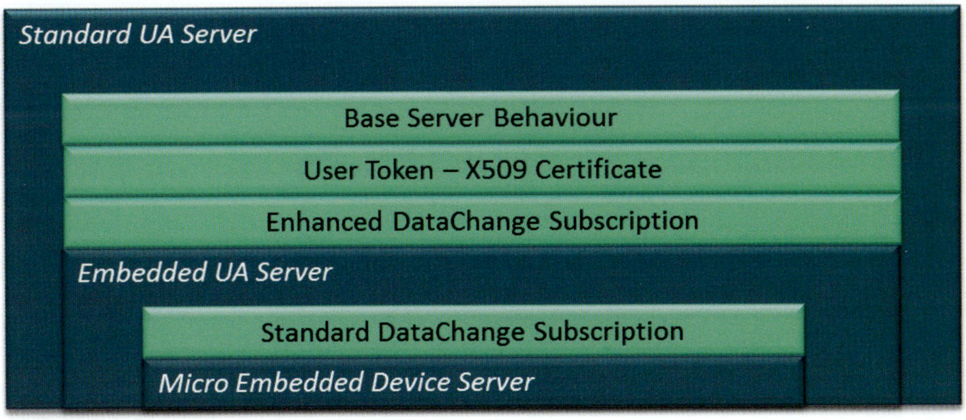

Bild 2.13 *Full-featured-Profil des Standard UA Servers*

Die Facette **Enhanced DataChange Subscription** baut auf der Standard-DataChange Subscription des Embedded Servers auf und erweitert das Mengengerüst: mindestens 5 Subskriptionen pro Session, die Hälfte davon sollte mindestens 500 Elemente unterstützen.

Wie in diesen Beispielen dargestellt, beziehen sich die OPC-UA-Merkmale, genauer gesagt die Konformitätseinheiten der Profile, auf unterschiedliche Aspekte:

- auf eine bestimmte Funktionalität: Die Konformitätseinheit **Protocol UA TCP** der Transport-Facette **UA-TCP UA-SC UA Binary** erfordert beispielsweise die Unterstützung des UA-TCP-Transportprotokolls;
- auf Struktur und Inhalt des Informationsmodells: Die Konformitätseinheit **Address Space Base** der Facette **Core Server** erfordert die Unterstützung der OPC-UA-Knotenklassen (Objekttyp, Objekt, Variablentyp, Variable, Datentyp, Referenztyp) mit den entsprechenden Attributen und Referenzen;
- auf bestimmte Mengenangaben: Die Facette **Core Server** des Nano Embedded Device Servers garantiert die Unterstützung einer Session.

Profile definieren also eine OPC-UA-Anwendung bezüglich des Informationsmodells, der OPC-UA-Funktionalität und geben auch gewisse Hinweise zu den unterstützten Mengengerüsten.

OPC-UA-Server-Anwendungen führen die Liste der unterstützten Profile zur Laufzeit in ihrem Informationsmodell, sie kann also von Clients gelesen werden (Bild 2.14).

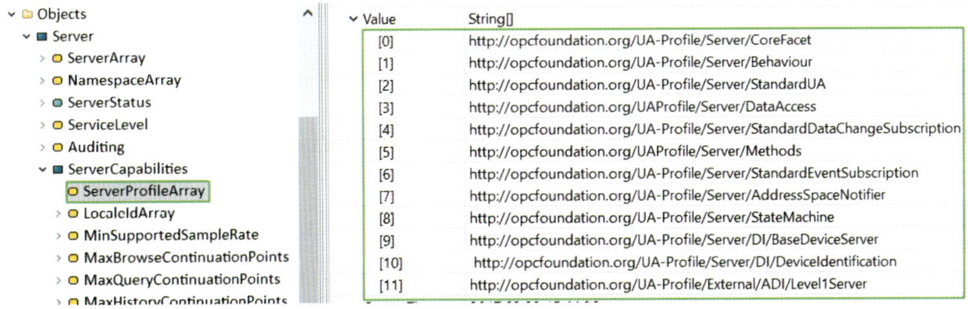

Bild 2.14 *Anzeige der Profile eines Servers in der Benutzeroberfläche eines Clients*

Dadurch können intelligente Clients ihr Verhalten ggf. an die Profile des Servers anpassen.

Die Kategorie der Serverprofile enthält neben diesen allgemeinen Profilen noch weitere Facetten, die jeweils einen spezifischen Aspekt betreffen:

Data Access: Definiert die Variablentypen des erweiterten Informationsmodells für Automation (analoge und diskrete Variablentypen) und die Statuscodes für den Zugriff auf Gerätedaten.
Method: Aufruf von Methoden.
Event Access: Informationsmodell und Übertragung zustandsloser Meldungen.
Alarm & Condition: Informationsmodell und Übertragung zustandsbehafteter Meldungen.
Historical Access: Informationsmodell und Übertragung historischer Variablenwerte und Meldungen.
Node Management: Dienste, durch die Clients den Adressraum des Servers verändern / konfigurieren können, indem sie beispielsweise neue Objekte und Variable hinzufügen oder löschen.
Auditing: Erfordert die Unterstützung für allgemeine Meldungen sowie speziell für die Audit-Meldungen.
Documentation: Legt die Liste von Punkten fest, die in der Benutzerdokumentation eines Servers enthalten sein müssen (z.B. Installation, Profile, Fehlerbehebung).
(Anmerkung: Die Liste ist nicht vollständig.)

Vergleichbar mit der Kategorie der Server-Profile gibt es auch die Kategorie der Client-Profile, die die vergleichbaren OPC-UA-Merkmale auf Client-Seite definieren.

Weitere Profilkategorien sind:

- Transport,
- Security,
- Global Directory Service,
- Companion Standard,
- Publisher,
- Subscriber.

Eine vollständige Liste der freigegebenen Kategorien und Profile findet man hier: [Profile].

Die bisherigen Profile beschreiben eine Anwendung im Wesentlichen aus allgemeiner OPC-UA-Sicht, ohne auf die eigentliche Anwendungsfunktionalität einzugehen.

Companion Standards spezifizieren die Informationsmodelle und das Verhalten der OPC-UA-Anwendungen für bestimmte Anwendungsdomänen. Diese Spezifikationen definieren ebenfalls die entsprechenden Client- und Server-Profile, ausgehend von den allgemeinen OPC-UA-Profilen.

Abschließend wird hier das Full-featured-Profil eines Servers für Analysegeräte beschrieben, der die beiden Companion Standards **Devices** (DI) und **Analyser Devices** (ADI) unterstützt (Bild 2.15).

Die Basis dieses Profils ist das Profil des Embedded UA Servers, das bereits die wichtigsten OPC-UA-Mechanismen enthält (s.o.). Dazu kommen weitere allgemeine Facetten: Enhanced DataChange Subscription, DataAccess, …

Die Facetten **BaseDevice**, **DeviceIdentification** und **BlockDevice**, definiert im Companion Standard DI, erfordern die Unterstützung der Typen DeviceType, FunctionalGroup und BlockType sowie die FunctionalGroup-Instanz **Identification**, die die Parameter zur Identifikation des Gerätes (ManufacturerId, ModelId, …) enthält.

Das Full-featured-Profil des Analyser Servers Level 1 definiert zusätzlich die Unterstützung für die Typen des abstrakten, herstellerunabhängigen Anwendungsmodells eines Analysegeräts (Analyser Device, Spectrometer Device, ParticleSizeMonitor Device, Chromatograph Device, Accessory Slot,

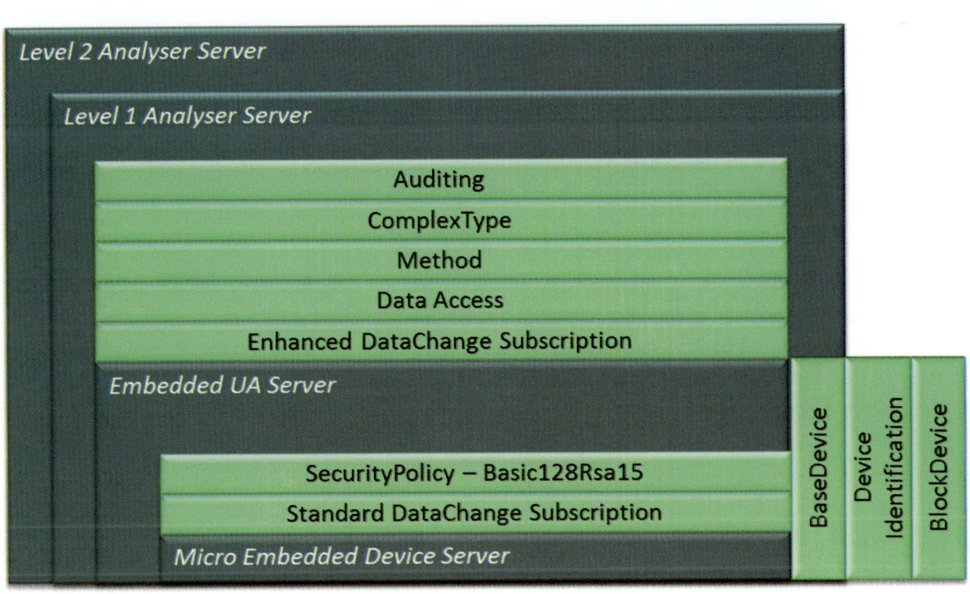

Bild 2.15 *Full-featured-Profil Analyser Server*

Accessory, ...), zusammen mit allen Methoden und Zustandsmaschinen, die für den vollständigen Betrieb des Analysegeräts (Kalibrierung, Validierung, Prüfung, Diagnose, ...) erforderlich sind.

Das Full-featured-Profil Analyser Server Level 2 ergänzt das Profil des Analyser Servers Level 1 um die Anforderung, dass alle Parameter zur Konfiguration des Gerätes im Adressraum des Servers verfügbar sind und dass das Gerät durch OPC-UA-Lese- und Schreibzugriffe konfiguriert werden kann.

2.4.2 Werkzeug zum Konformitätstest (CTT – Unified Architecture Compliance Test Tool)

Das Konformitätstestwerkzeug [CTT] tut genau das, was der Name schon sagt: Es prüft Client- und Server-Anwendungen auf Konformität zur OPC-UA-Spezifikation. Zusätzlich gibt es noch das Werkzeug zum Prüfen der Konformität zur alten DCOM-Data-Access-Spezifikation. Die OPC Foundation pflegt es und stellt es ihren Mitgliedern kostenlos zur Verfügung. Durch seine allgemeine Verfügbarkeit und seine Verwendung bei der Zertifizierung stellt es die Referenz für korrektes OPC-UA-Verhalten dar.

Die in der Spezifikation **Part 7** [Part 7] definierten Profile und Konformitätseinheiten sind in der Benutzeroberfläche des CTT wieder zu finden, sofern vom CTT unterstützt.

Darüber hinaus enthalten die Konformitätseinheiten die jeweiligen Testfälle in Form kommentierter JavaScripts. Diese Skripte enthalten den eigentlichen Testcode. Es gibt die «normalen» Testfälle, die beispielsweise einen Service-Aufruf mit korrekten Werten versorgen und einen «Gut-Code» als positives Ergebnis erwarten. Daneben gibt es die Testfälle, die ein Fehlverhalten enthalten und von der Anwendung die Erkennung des Fehlers erwarten.

Zur Ergänzung der mit dem CTT ausgelieferten Testfälle ist es möglich, weitere eigene Testfälle in JavaScript zu schreiben und zum CTT hinzuzufügen.

Der eigentliche Test kann automatisch auf Knopfdruck ausgeführt werden: nur ein einzelner Testfall oder selektiv mehrere Testfälle, Konformitätseinheiten oder Profile zusammenhängend. Ein Testlauf kann vollständig durchgeführt werden oder nur bis zum Auftritt eines ersten Fehlers.

Zur Untersuchung des Verhaltens der geprüften Anwendung zu einem bestimmten Testfall kann der Test alternativ auch in einem recht komfortablen JavaScript-Debugger durchgeführt werden mit der Möglichkeit, Haltepunkte zu setzen oder lokale Variablenwerte anzuzeigen usw.

Die Testergebnisse werden nach der Durchführung des Tests in einem Ergebnisfenster baumförmig organisiert und farblich gekennzeichnet angezeigt. Falls Fehler aufgetreten sind, wird der obere, dem Testlauf entsprechende Knoten ebenfalls rot angezeigt. Aus der Zeile eines Detailfehlers gelangt man per Doppelklick an die Stelle des Skripts, in der der Fehler aufgetreten ist. Diese Funktion wird von vielen Anwendern als sehr praktisch empfunden.

Alle Einstellungen einschließlich die der ausgewählten Testfälle und die bisherigen Testergebnisse können mit dem CTT-Projekt gespeichert und in einer nächsten Sitzung mit dem Projekt wieder geladen werden.

Servertest

Beim Test einer Server-Anwendung übernimmt das CTT die Rolle des Clients – der Test läuft also vollständig zwischen dem CTT und der geprüften Server-Anwendung ab.

Zum Test eines Servers legt man zunächst ein CTT-Projekt an, das die gesamten Einstellungen für den Test enthalten wird.

Im nächsten Schritt werden die Einstellungen festgelegt: die Adresse (URL), über die der Server angesprochen wird, Grenzwerte für Zeitenkonstanten, Mengengerüste, Angaben zur Benutzeridentifikation, Längen von Zeichenketten, Zertifikate, …

Anschließend werden die im Test zu verwendenden Knoten des Server-Adressraums mit Hilfe des grafischen Browsers des CTT ausgesucht und eingestellt.

Zuletzt werden die zu prüfenden Testfälle ausgesucht und aktiviert – entweder über die Auswahl der Profile, der Konformitätseinheiten oder auch der einzelnen Testfälle.

Der Test selbst kann, wie bereits erwähnt, in unterschiedlichen Granularitätsstufen durchgeführt werden; die Testergebnisse können im Ergebnisfenster geprüft werden.

Clienttest

Anders als vielleicht erwartet, stellt das CTT für den Test von OPC-UA-Client-Anwendungen nicht einen speziellen OPC UA Server für den Test bereit, sondern wird zwischen den geprüften Client und einen passenden OPC-UA-Zielserver geschaltet. Es reicht im Wesentlichen die OPC-UA-Nachrichten des Clients an den OPC-UA-Zielserver und die Antworten des Zielservers an den Client durch. Zum Prüfen der Reaktion des Clients auf Fehlverhalten gibt es Testfälle, die Fehlercodes in die Antwortnachrichten des Zielservers injizieren.

Auch hier beginnt der Test mit dem Anlegen eines neuen CTT-Projektes und dem Einstellen der erforderlichen Parameter.

Anders als im Fall des Tests von Server-Anwendungen sind die Einstellmöglichkeiten eines Client-Projektes äußerst spartanisch gehalten: Es muss praktisch nur die Adresse des Zielservers eingestellt und die des CTT «Zwischenservers» ausgelesen und in der geprüften Client-Anwendung eingestellt werden.

Essenziell ist es, das CTT-Skript **Start-FindServers-Intercept.js** vor dem eigentlichen Test auszuführen, da ansonsten die Discovery-Anfragen des Clients vom CTT nur durchgereicht werden würden, die Services **FindServers** und **GetEndpoints** würden also die Daten des Zielservers zurückliefern, wodurch der Client anschließend seine OPC UA Session direkt mit dem Zielserver aufbauen würde – der Nachrichtenfluss würde nicht mehr durch das CTT durchgereicht.

Die Testfälle müssen hier einzeln getestet werden, eine Bündelung mehrerer Testfälle, Konformitätseinheiten oder Profile wie beim Servertest ist i.d.R. nicht möglich. Die Vorgehensweise ist also immer: Testfall auswählen, das Skript dazu ausführen, das Verhalten der Client-Anwendung prüfen und zuletzt den Testfall wieder deaktivieren.

Hilfreich ist dabei die Protokollierung der OPC-UA-Nachrichten.

Wie schon in der Dokumentation des CTT erwähnt, ist der Test von OPC-UA-Client-Anwendungen zeitaufwendig und stellt hohe Anforderungen an die OPC-UA-Kenntnisse des Testers.

2.4.3 Zertifizierung

Die Zertifizierung ist der Prozess der Prüfung und Validierung einer OPC-UA-Anwendung auf Übereinstimmung mit den spezifizierten OPC-UA-Profilen, der bei erfolgreichem Abschluss die Erteilung des OPC-UA-Zertifikats zur Folge hat. Sie wird nicht beim Hersteller der OPC-UA-Anwendung durchgeführt, sondern im sog. **Zertifizierungslabor** (*Certification Test Lab*), das von der OPC Foundation dazu autorisiert sein muss.

Programmierwerkzeuge zur Entwicklung von OPC-UA-Anwendungen können nicht zertifiziert werden.

Auch der Prozess der Zertifizierung wurde durch entsprechende Spezifikationen festgelegt (s. [CERT]).

Die Zertifizierung eines Produktes ist für die Dauer von drei Jahren gültig und verfällt anschließend. Sie kann auf Antrag verlängert werden, falls sich weder das Produkt noch CTT und Testfälle in dieser Zeit geändert haben. Zumindest die letzten beiden Bedingungen dürften kaum erfüllbar sein ...

Angaben zu den Kosten einer Zertifizierung gibt es hier: [Bene].

Das Zertifikat gilt genau für die geprüfte Versionsnummer des Produktes. Ändert sich die Hauptversionsnummer (*Major version number*), so ist eine Nachprüfung erforderlich. Bei Änderung der Nebenversionsnummer (*Minor version number*) kann eine erneute Prüfung erforderlich sein, abhängig von den konkreten Änderungen im Produkt.

Unabhängig davon, ob es sich um eine Client- oder Server-Anwendung handelt, umfasst die Zertifizierung diese fünf Prüfungen:

- Übereinstimmung / Komplianz (*Compliance*). Diese wird mit dem CTT von den Mitarbeitern des Zertifizierungslabors durchgeführt. Alle Einzeltests müssen erfolgreich sein. Da dieser Test genauso und mit dem gleichen Werkzeug auch schon vom Hersteller des zu zertifizierenden Produktes durchgeführt werden kann, macht eine Anmeldung zur Zertifizierung erst einen Sinn, wenn die Anwendung diesen Test gegen die angestrebten Profile besteht.
- Interoperabilität. Diese wird geprüft, indem die zu zertifizierende Anwendung gegen mindestens fünf Referenzprodukte getestet wird: Verbindungsaufbau, Traversieren des Adressraums (*Browse*), Lese- und Schreibzugriffe, Subskriptionen, Methodenaufrufe usw., wenn diese Mechanismen von der geprüften Anwendung unterstützt werden.
- Zuverlässigkeit / Robustheit (*Robustness*). Hier geht es im Wesentlichen um die Fähigkeit der Anwendung, mit Unterbrechungen der Verbindung zum Kommunikationspartner zurechtzukommen.
- Effizienz (*Efficiency*). Dies ist ein sechsunddreißig Stunden langer Dauertest der Anwendung unter beträchtlicher (*significant*) Belastung, währenddessen der Ressourcenverbrauch (Hauptspeicher, Plattenspeicher, CPU-Bedarf) überwacht wird. Zwischendurch werden Verbindungsabbrüche simuliert.

- Benutzerfreundlichkeit (*Usability*). Geprüft werden dazu Installation bzw. De-Installation der Anwendung, Verfügbarkeit von Dokumentation und Hilfsmitteln zum Einstellen der Konfiguration, zur eigentlichen Benutzung und Fehlerbehebung.

2.4.4 Aktueller Stand, Erfahrungen, Erkenntnisse

Profile

Die neueste freigegebene Spezifikation der Profile ist die Version 1.04 vom November 2017.

Die Spezifikation ist extrem aufwendig und bietet eine sehr gute Abdeckung der einzelnen OPC-UA-Merkmale. Durch die ständig steigende Anzahl an spezifizierten Profilen dürfte es allerdings immer schwieriger werden, den Überblick zu behalten.

Besonders in Bezug auf die Companion Standards stellt sich die Frage, ob der bisherige Ansatz bei der Definition von Profilen – die Vorgabe eines bestimmten Informationsmodells, einer bestimmten OPC-UA-Funktionalität und ggf. eines Mengengerüstes – ausreicht, um das dynamische Verhalten auf der im Companion Standard definierten Anwendungsebene auf Korrektheit zu validieren. Nicht abgedeckt werden so z.B. die verschiedenen Betriebsarten, die Verfügbarkeit einzelner Methoden abhängig von einer bestimmten Betriebsart oder von einem bestimmten Zustand, die korrekte Funktion von Zustandsmaschinen, …

(Anmerkung: Besonders bei mehrstufigen Zustandsmaschinen wäre eine Prüfung sehr hilfreich.)

Auch wenn es durchaus dem aktuellen Trend entspricht, so wird man als Nicht-Jurist durch die Verweise auf amerikanische Gesetze in den Spezifikationen ziemlich verunsichert. Wer keine Rechtsabteilung zur Klärung der juristischen Aspekte zur Seite hat, dürfte kaum wissen, unter welchen Bedingungen die OPC-UA-Ressourcen verwendet werden können.

CTT

Das CTT ist sehr aufwendig, akribisch, durch die Erweiterbarkeit mit eigenen Skripten sehr flexibel. Die Testfälle sind eine gute und notwendige Ergänzung und Präzisierung der Spezifikation. Eine Implementierung der OPC-UA-Mechanismen kann erst dann als korrekt und vollständig betrachtet werden, wenn sie sowohl die positiven als auch die negativen Testfälle richtig behandelt.

Für die Prüfung der Konformität zu den Spezifikationen der Version 1.02 gibt es das CTT 1.02.336 vom Juni 2016, verfügbar für MS Windows und für Linux. Außerdem gibt es eine Betaversion 1.02.335 für historische Zugriffe und Aggregate vom Oktober 2014 für MS Windows. Zur Prüfung der Konformität der OPC-UA-Anwendungen entsprechend der Version 1.03 gibt es ein neueres CTT, Version 1.03.340.380 vom November 2017, das allerdings nur für MS Windows verfügbar ist. Die Funktionalität der beiden Versionen ist vergleichbar.

Durch das CTT werden die Testfälle der Profile Standard OPC UA Server und Client und zusätzlich die der Facette Data Access für Server und Client abgedeckt (und natürlich auch die Testfälle der in diesen Profilen enthaltenen Profile Embedded, Micro und Nano).

Zusätzlich gibt es ein paar rudimentäre Testfälle für den Aufruf von Methoden, den Empfang von Meldungen und für das Node Management, die allerdings in der Praxis kaum verwendbar sind.

Darauf aufbauende Profile wie Complex Type, Auditing, Alarm & Condition, Redundanz … werden nicht vom CTT unterstützt, ebensowenig die Profile der Companion Standards.

Eine strukturelle Prüfung des Informationsmodells fehlt weitestgehend. Es besteht also keine Möglichkeit zu prüfen, ob ein Typknoten der Spezifikation entspricht, ob die Instanzen ihrem Typ entsprechen, ob Modellierungsregeln (*Modeling rules*) eingehalten werden. Gerade dies ist für komplexe Informationsmodelle extrem aufwendig.

Das CTT ist hervorragend für die Entwicklung und Prüfung eines Programmierwerkzeugs (SDK – **S**oftware **D**evelopment **K**it) geeignet, und zwar überall dort, wo die Prüfung kontextfrei auf Service-Ebene gemacht werden kann, sowohl bezüglich der Client-Funktionalität, besonders aber zur Server-Funktionalität. Im Rahmen der Demo-Anwendungen, die i.d.R. zu einem SDK gehören, hat man damit die Möglichkeit, gezielt einzelne Funktionen zu prüfen; bei einer Server-Anwendung kann zusätzlich ein umfassender Test auf Ebene der OPC-UA-Services durchgeführt werden.

Ob der Test einer «Endanwendung» mit dem CTT möglich und sinnvoll ist, dürfte von der konkreten Anwendung abhängig sein.

Eher unproblematisch wird der Fall einer Anwendung sein, die ein einfaches Informationsmodell ohne eigene Semantik enthält und die die OPC-UA-Mechanismen nur zum Datenaustausch mit anderen Anwendungen nutzt.

Allerdings gibt OPC UA sehr viel mehr her. Betrachtet man das gesamte Instrumentarium – das mächtige Metamodell, die bereits im Basismodell vorhandenen allgemeinen Typen, die Möglichkeit der Definition anwendungsspezifischer Typen mit Hilfe komplexer Daten, Methoden, Zustandsmaschinen und Meldungen, Node Management (zusätzlich Query, Zugriff auf historische Daten und Meldungen, Audit, Redundanz, ...) –, so hat man damit alle Mittel zur Entwicklung verteilter komplexer Anwendungen zur Verfügung, und zwar mit den von der Foundation beworbenen Vorteilen wie Interoperabilität, Sicherheit, Performanz, Robustheit bzw. ohne die Nachteile bisheriger Techniken wie CORBA (**C**ommon **O**bject **R**equest Broker **A**rchitecture, eine Spezifikation der **O**bject **M**anagement **G**roup (OMG)) oder DCOM (**D**istributed **C**omponent **O**bject **M**odel, von Microsoft definiertes System zur Entwicklung verteilter Anwendungen).

Die eigene Erfahrung bei der Entwicklung solcher Systeme hat gezeigt, dass der Einsatz des CTT dabei nur in geringem Umfang möglich ist. Betrachtet man beispielsweise ein relativ einfaches Anwendungsszenario, in dem ein oder mehrere komplexe Objekte (zum Beispiel Elemente vom Typ *MaterialDefinition*, die 0...n Subelemente vom Typ *MaterialDefinitionProperty* und eine m:n-Beziehung zu Elementen vom Typ *MaterialClass* haben, siehe [ISA95CS]) innerhalb einer Transaktion angelegt und konfiguriert werden sollen, so könnte dieses mit OPC-UA-Mitteln etwa so umgesetzt werden:

- Aufruf einer Methode zum Starten einer Transaktion,
- Aufruf des Services *AddNodes* zum Anlegen der neuen Elemente,
- Verwendung des Services *TranslateBrowsePathToNodeIds* zur Ermittlung der Adressen neuer Subelemente,
- mehrere Lese- und Schreibzugriffe zum Einstellen der Eigenschaften der neuen Elemente,
- Aufruf des Services *AddReferences,* um die neuen Elemente im Informationsmodell zu verknüpfen,
- Aufruf einer Methode zum Abschließen der Transaktion,
- Empfang der Meldung *ModellChangeEvent* zur Bestätigung der Erweiterung des Informationsmodells, weitere *Browse-/BrowseNext-* und *Read*-Aufrufe, um einen Cache auf Client-Seite zu aktualisieren.

Diese Aktionen laufen teilweise parallel ab, ihre Implementierung liegt im Wesentlichen nicht im Anwendungscode, sondern im verwendeten SDK.

Während der Testfall des CTT zu AddNodes einfache Variablen vom Typ *BaseDataVariable* und Ordner bedingungslos anlegt und löscht, dürfen in diesem konkreten Szenario nur Elemente eines bestimmten Typs (hier Materialdefinition) innerhalb einer Transition und nach Authentifizierung des Benutzers angelegt werden. Auch Schreibzugriffe auf diese Elemente sind nur in diesem Kontext zulässig.

Ähnlich sieht es mit den Testfällen des CTT für die Übertragung von Meldungen aus: Während das CTT eine Variable voraussetzt, die durch einen Schreibzugriff eine Meldung auslöst, werden Meldungen in konkreten Anwendungen durch unterschiedliche Ereignisse ausgelöst.

Abgesehen von der Unterstützung der fehlenden Profile, gibt es einige Erweiterungen, die die Benutzbarkeit des CTT deutlich steigern könnten:

- eine etwas ausführlichere Dokumentation der Testfälle. Es sollte nicht notwendig sein, den Test im Debugger zu verfolgen, um zu verstehen, was genau getestet wird;
- eine einfache Möglichkeit, die nicht unterstützten Facetten und Konformitätseinheiten in der Benutzeroberfläche zu erkennen;
- eine Möglichkeit, die Ergebnisse zweier Testläufe miteinander zu vergleichen;
- für Anwender ohne tiefere OPC-UA-Kenntnisse wäre eine weitgehend automatische Konfiguration wichtig;
- bei der Entwicklung eines OPC UA SDK wäre eine Möglichkeit zur Einbindung des CTT mit Auswertung der Testergebnisse in einen automatisierten Build-Prozess (*Headless build*) sehr hilfreich.

Zertifizierung

Schaut man sich die Liste der zertifizierten OPC-Produkte [Prod] genauer an, so stellt man überrascht fest, dass es (Stand Februar 2019) nur 43 zertifizierte OPC-UA-Produkte gibt. Darunter gibt es etliche Demo-Anwendungen und OPC UA SDKs, die man eher nicht zu den eigentlichen OPC-UA-Anwendungen zählen sollte. Zieht man diese ab, bleibt noch eine sehr überschaubare Anzahl von etwa 35 zertifizierten OPC-UA-Produkten übrig.

Die Gesamtanzahl aller Produkte, die OPC UA unterstützen, dürfte um ein, zwei Größenordnungen höher liegen. Auch wenn die Anzahl der Fehlversuche bei der Zertifizierung nicht bekannt ist, kann man trotzdem davon ausgehen, dass auch die meisten Firmen – auch jene, die offiziell voll hinter OPC stehen – ihre Produkte nicht zertifizieren lassen.

Weshalb also die geringe Anzahl zertifizierter OPC-UA-Produkte? Geht man bei der Zertifizierung einer Server-Anwendung von einem Aufwand von einer Woche aus, dann kann die Zurückhaltung nicht allein finanzielle Gründe haben. Sie dürfte auch nicht auf mangelnde Qualität der Anwendungen zurückzuführen sein – zumindest nicht, wenn man die guten Ergebnisse der OPC-Interoperabilitätsworkshops betrachtet.

Liegt die Messlatte bei Profilen und Zertifizierung möglicherweise zu hoch?

Nicht überraschend sind hingegen die zertifizierten Profile: Bei den Servern stellt der UA Nano Embedded Device Server die untere Untergrenze dar, das mächtigste Profil ist das des Standard-UA-Servers, teilweise findet man zusätzlich die DataAccess-Facette. Bei Clients findet man die Profile UA 1.02 Client, UA Generic Client, UA 1.02 Generic Client und UA 1.02 DataAccess Client. Unklar bleiben die Profilbezeichnungen *UA 1.02 Client, UA Generic Client, UA 1.02 Generic Client*, die nicht in den neueren Spezifikationen (ab Version 1.02) vorkommen.

Es gibt also zurzeit offensichtlich ein größeres Ungleichgewicht zwischen den OPC-UA-Spezifikationen auf der einen Seite und der Prüfbarkeit durch das CTT und der Zertifizierung auf der anderen Seite. Betrachtet man die enormen Anstrengungen, mit denen die Erweiterung der Spezifikationen vorangetrieben wird, während das CTT noch auf der Vorgängerversion 1.02 basiert und gerade einmal die Basisfunktionalität für den Datenaustausch beherrscht und eine Zertifizierung nur in wenigen Ausnahmefällen gemacht wird, so ist zu befürchten, dass diese Schere in Zukunft noch weiter auseinander gehen wird.

Sollte man also in nächster Zukunft nur noch OPC-UA-Anwendungen mit der prüfbaren Basisfunktionalität bauen, also Anwendungen für den Datenaustausch und die Interoperabilität (auf unterster Datenebene) zwischen Produkten, die intern aber andere, proprietäre Techniken einsetzen?

Dann wäre der ganze Aufwand zur Definition aller mächtigeren Mechanismen und Companion-Standards sinnlos gewesen. Die Hoffnung, diese OPC-UA-Mechanismen oder gar die OPC-UA-Informationsmodelle später zu etablieren und in die eigentliche Systementwicklung einbringen zu können, ist eher unrealistisch – die eigene Erfahrung beim Bestreben, OPC Alarms&Events auf ein proprietäres Meldesystem aufzusetzen, war jedenfalls ernüchternd.

In Kürze

Die Absicherung der geforderten Interoperabilität der unterschiedlichsten Anwendungen, unabhängig von Hersteller und Plattform, ist einer der wichtigsten Faktoren bei der Nutzung von OPC UA. Dieser Abschnitt fasst die wichtigsten Fakten und Grundlagen rund um OPC-UA-Client- und -Server-Profile, existierende Konformitätstests sowie Möglichkeiten zur Zertifizierung zusammen.

Profile, Konformitätstest und Zertifizierung sind das Mittel, Funktionalität und Qualität der OPC-UA-Anwendungen messbar zu machen und zu garantieren. Es bleibt zu hoffen, dass der aktuelle Rückstand hier bald aufgeholt wird.

2.5 OPC-UA-Informationsmodelle und deren Modellierung

OPC UA trennt Transportmechanismus und Datenmodellierung. Dieser Abschnitt behandelt ausschließlich das Informationsmodell, also die grundlegenden Möglichkeiten, wie Informationen in OPC UA dargestellt werden können. Die hier behandelten Grundsätze sind daher komplett unabhängig von der Kommunikationstechnologie, von konkreten Implementierungen und damit auch unabhängig von Programmiersprachen oder Plattformen.

Der Adressraum eines OPC UA Servers basiert auf einem Informationsmodell, das als vollvernetzter Graph angesehen werden kann (siehe [UAPart1]) – mit Knoten, deren Eigenschaften und Kanten zwischen diesen Knoten. Zur Darstellung wird oft eine Baumstruktur verwendet, dies ist aber nur eine Vereinfachung, bei OPC UA kann jeder Knoten mit jedem anderen verbunden sein. Die Verbindungen zwischen den Knoten sind typisiert und können hierarchischer oder nicht-hierarchischer Natur sein. An die einzelnen Knoten sind die OPC-UA-Funktionalitäten (Data Access, Historical Data Access, Alarms&Events, Commands) gekoppelt.

Das Informationsmodell ermöglicht eine Datenrepräsentation von Datenquellen, zum Beispiel von Sensoren oder auch ganzen Produktionsanlagen, unter Zuhilfenahme objektorientierter Modellierungsparadigmen. Hierbei wird zwischen Instanzdaten (Representation der Anlage) und Typendaten (Semantik) unterschieden. Dieser objektorientierte Ansatz ist nicht nur auf Objekte beschränkt, sondern kommt auch bei Variablen, Datentypen und Referenzen zur Anwendung. Zurzeit werden Informationsmodelle für OPC UA Server meist manuell während der Implementierung erstellt oder basieren auf herstellerspezifischen Automatismen. Wenn die zu modellierenden Strukturen in standardisierter Form vorliegen, kann die Erstellung eines OPC-UA-Informationsmodells vereinfacht und gegebenenfalls auch standardisiert werden. Dies ist zum Beispiel für AutomationML geschehen.

2.5.1 Knoten

Das Informationsmodell eines Servers ist in verschiedene Knotenmengen (**NodeSets**) unterteilt. Eine Menge von Knoten wird in einem NodeSet gruppiert, und jeder OPC-UA-Knoten gehört genau zu einem NodeSet. Das grundlegende NodeSet, das die Basis für alle anderen NodeSets bildet, wurde von der OPC Foundation bzw. im Standard IEC 62 541 [UAPart 3, UAPart 5] definiert.

Zur Identifizierung besitzt ein NodeSet einen eindeutigen Namespace. Dies ist eine URL, die meist mit der Firma des Autors, der Domäne oder des Projektes verbunden ist. Das OPC-UA-NodeSet, das alle im OPC-UA-Standard definierten Knoten enthält, hat den Namespace «http://opcfoundation.org/UA/» und ist unter http://www.opcfoundation.org/UA/schemas/Opc.Ua.NodeSet2.xml frei verfügbar.

In der OPC-UA-Normenreihe wird auch ein XML-Schema beschrieben [UAPart 6], mit dem Node-Sets in Form von XML-Dateien gespeichert werden können. Alle in der OPC Foundation beschriebenen NodeSets liegen in dieser Form vor, auch die der Companion Specifications (siehe Abschnitt 2.2).

Das in diesem Abschnitt nachfolgend erläuterte relativ einfache Beispiel lässt sich in der grafischen Notation übersichtlicher darstellen als im XML. Dennoch bietet sich das XML-Format an, um OPC-UA-Nodesets effizient austauschen und persistent zu speichern.

Für die Identifizierung der Knoten ist es wichtig zu wissen, zu welchem NodeSet sie gehören. Daher wird die Namespace URL immer mit abgespeichert. Da dies sehr unhandlich ist, speichern OPC UA Server eine Liste aller verwendeter NodeSet Namespace URLs in einem NamespaceArray. Für die Knoten und deren Referenzierung werden dann nur noch die Namespace-Indizes verwendet. Es ist möglich, dass ein Element eines NodeSets in verschiedenen OPC UA Servern zur Verfügung steht, aber jeweils unterschiedliche Namespace-Indizes besitzt. Die einzige Ausnahme ist der Namespaceindex = 0. Dieser ist immer dem Basis NodeSet der OPC Foundation vorbehalten.

Jeder Knoten enthält verschiedene Attribute, die zur Identifizierung, Beschreibung oder der Definition der Zugriffsrechte benötigt werden. Das Attribut **NodeId** enthält einen Bezeichner, der innerhalb des gesamten Server-Informationsmodells, d.h. über mehrere NodeSets, eindeutig sein muss. Daher besteht die NodeId aus der Namespace URL bzw. dem Namespaceindex und einem innerhalb des NodeSets eindeutigen Identifier. Die längere Form der NodeId, mit kompletter Namespace URL statt des kurzen Index, wird manchmal auch als ExpandedNodeId bezeichnet.

Es gibt vier verschiedene Typen von Identifiern:

- Numeric (i) – ganzzahliger, positiver Integer-Wert
- String (s) – maximal 4096 Bytes, Groß- und Kleinschreibung beachten
- Guid (g) – vom Format 00000000-0000-0000-0000-000000000000
- Opac – ein freies Format vom Datentyp ByteString mit maximal 4096 Bytes, muss nicht für Menschen lesbar sein

Beispiele für in Textform ausgeschriebene NodeIds sind: «ns=3;s=Deckel_geoeffnet» oder «ns=2; i=57600». Welche Knoten hier bezeichnet werden, ist natürlich vom jeweiligen Namespace abhängig, wogegen «i=84» immer den «Root»-Knoten des Basis-NodeSets bezeichnet. Der Namespaceindex 0 kann weggelassen werden.

Der **BrowseName** eines Knotens ist ein sprachunabhängiger und menschenlesbarer Name. Auch die BrowseNames sind durch den Namespaceindex eindeutig einem NodeSet zugeordnet. BrowseNames sind nur insofern eindeutig, dass von BrowseName-Pfad eindeutig auf einen Knoten geschlossen werden kann. Es kann also durchaus mehrere Knoten mit gleichem BrowseName in einem NodeSet geben, nicht aber auf gleicher Hierarchie-Ebene. Zur Visualisierung des Knotens sollte der BrowseName nicht verwendet werden, dafür eignet sich der DisplayName besser.

Jeder Knoten kann mehrere **DisplayNamen** besitzen. Diese sind sprachabhängig und können frei gewählt werden, da sie nicht zur Identifizierung benötigt werden. Jeder DisplayName enthält eine optionale Sprachangabe; damit können einfach mehrsprachige Modelle entworfen werden.

Hinzu kommt noch eine optionale, ebenfalls sprachabhängige **Description** für detailliertere Beschreibungen. Hiervon kann jeder Knoten ebenfalls mehrere besitzen.

Die optionale Eigenschaft **WriteMask** bietet die Möglichkeit, Schreibrechte auf die Eigenschaften des Knotens zu modellieren. Hier wird beschrieben, ob zur Laufzeit zum Beispiel die DisplayNames oder die NodeId geändert werden dürfen.

In der verwandten Eigenschaft **UserWriteMask** stellt ein Server die aktuellen Schreibrechte, bezogen auf den verbundenen User / Client, dar. Dies umfasst keine konkrete Nutzerrechteverwaltung, sondern spiegelt nur die Schreibrechte wider, die der Server anbietet oder anbieten soll.

In **RolePermissions** wird ein Array von Zugriffsrechten modelliert. Dies geschieht in Form von Elementen vom Typ RolePermissionType. Diese Strukturen enthalten eine RoleId und die Berechtigungen. Diese beziehen sich nicht auf Knoteneigenschaften wie die WriteMask, sondern auf die Services des Servers, zum Beispiel das Browsen des Knotens, Löschen oder Hinzufügen von Knoten, Lesen oder Schreiben von historischen Daten.

2.5.2 Knotentypen

Das OPC-UA-Informationsmodell besteht aus acht verschiedenen Typen (NodeClass) von Knoten. Bild 2.16 zeigt die grafische Notation der OPC Foundation zur Modellierung von Knoten in Adressräumen (siehe [UAPart3]).

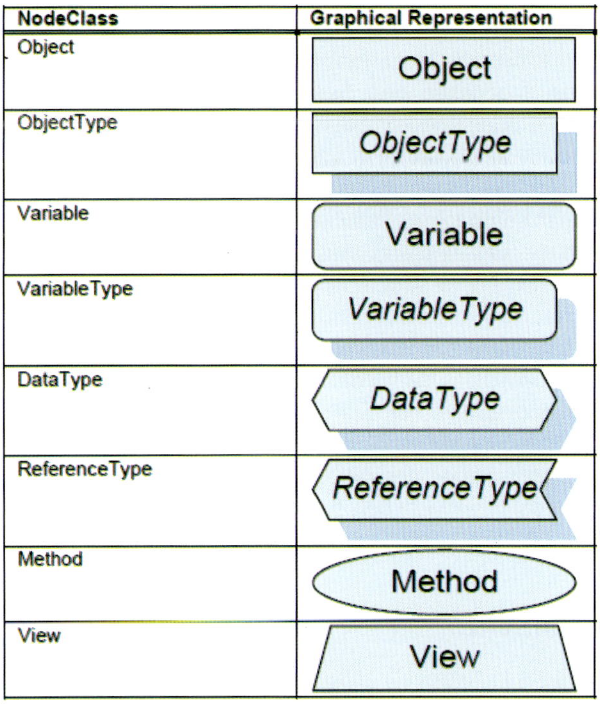

Bild 2.16 *Knotentypen in OPC-UA-Adressräumen* [UAPart3]

Im Folgenden sind die verschiedenen Knotentypen kurz erläutert:

- **Object** (Objekt): ein Knoten, der ein physisches oder abstraktes Element eines Systems oder eines Teils eines Systems repräsentiert. Produktionslinien oder Geräte sind Beispiele für Objekte. Sie werden aber auch dazu verwendet, den Adressraum zu strukturieren. So enthält das Basis NodeSet der OPC Foundation, das die Basis für jeden Server sein sollte, die drei Objekte «Root», «Objects» und «Types». Diese besitzen selbst keine Informationen, definieren aber eine grundlegende Struktur und bieten einen Einstiegspunkt für Anwender, das gesamte Informationsmodell zu erkunden Objekte können als Instanzen eines Objekttyps definiert werden [UAPart3].
- **Variable** (Variable): Eine Variable ist ein Knoten, der einen Wert (Value) enthält. Es gibt zwei verschiedene Arten von Variablen: Properties und DataVariablen. Properties sind charakteristische Eigenschaften eines Knotens, z.B. eine Bestellnummer. Es ist nicht erlaubt, dass Properties weitere Properties besitzen. DataVariablen hingegen können hierarchisch gegliedert sein. Sie repräsentieren den Wert eines Objekts, z.B. eine Reihe von Sensorwerten. Variablen muss immer ein Variablentyp zugewiesen sein.
- **Method** (Methode): Eine Methode repräsentiert eine aufrufbare Softwarefunktion, eines Objekts oder Objekttyps. Das Verhalten oder eine Implementierung ist nicht Teil des Adressraums, sondern liegt alleine in der Verantwortung des OPC UA Servers. Der Methodenknoten beschreibt die Schnittstelle für den Aufruf im Property InputArguments und die zu erwartenden Ergebnisse im Property OutputArguments. Diese zwei Properties bestehen jeweils aus einem Array von Datentypen.
- **ObjectType** (Objekttyp): ein Knoten, der eine Typdefinition für ein Objekt repräsentiert, sie wird auch Instanzdeklaration genannt. Diese definiert das Objekt inklusive Unterstrukturen (Properties, DataVariables und Objekte der Unterstrukturen) sowie deren Modellierungsregeln (siehe Abschnitt 2.5.2).
- **VariableType** (Variablentyp): ein Knoten, der eine Typdefinition für eine Variable repräsentiert. Er definiert den Datentyp, Dimension und Initialwert der Variablen. Die Dimension wird im Property ValueRank angegeben und beschreibt, ob der Wert skalar (–1), ein(1)- oder mehrdimensional (>1) oder eine Kombination dieser Möglichkeiten ist. Bei Arrays kann die Länge bzw. können die Längen in ArrayDimensions angegeben werden.
- **DataType** (Datentyp): Die Datentyp-Knoten definieren den einfachen oder strukturierten Datentyp einer Variablen und ihres Variablentyps. Die in IEC 62 541-3 [UAPart3] definierten Datentypen gelten als bekannt und müssen nicht explizit im Adressraum eines Servers vorhanden sein. Werden eigene strukturierte Datentypen abgeleitet, müssen außerdem noch DataTypeEncodings für die verschiedenen Transportprotokolle bereitgestellt werden.
- **ReferenceType** (Referenztyp): ein Knoten, der eine Typdefinition für eine Referenz repräsentiert. Der Referenztyp legt die Semantik der Referenz fest. Der Name eines Referenztyps legt die Semantik der Verbindung zwischen Start- und Zielknoten fest, z.B. «A enthält B» (siehe Abschnitt 2.5.3).
- **View** (Sicht): eine Untermenge des Adressraums, die für einen bestimmten Benutzer von Bedeutung ist. Eine Sicht vereinfacht den Zugang zum Adressraum des Servers für verschiedene Clients.

2.5.3 Typendefinitionen

Eine Typendefinition, auch Instanzdeklaration genannt, definiert die Attribute, Struktur und Semantik von Instanz-Knoten. Bei der Deklaration der Unterstrukturen von Typen gibt es drei verschiedene Modellierungsregeln. Diese gelten für den ganzen Lebenszyklus des Instanzknotens.

- **Mandatory:** Dieser Teil der Instanzdeklaration muss in jeder Instanz vorhanden sein.
- **Optional:** Es bleibt dem Server überlassen, ob dieses Element in der Instanz vorhanden ist oder nicht. Dies kann von Fall zu Fall unterschiedlich sein.
- **Constraint:** Der BrowseName dieser Instanzdeklaration ist von keiner Bedeutung, es sind aber weitere Einschränkungen modelliert. Es besteht keine Möglichkeit, die BrowseNames der entsprechenden Instanzknoten festzulegen oder zu bestimmen.
  - ExposesItsArray: zeigt an, dass der mindestens eindimensionale Wert des Variablentyps als Liste von Variablen ausmodelliert ist.
  - MandatoryPlaceholder: zeigt an, dass mindestens ein Element dieses Typs in der Instanz vorhanden sein muss.
  - OptionalPlaceholder: zeigt an, dass keines, eines oder mehrere Elemente dieses Typs in der Instanz vorhanden sein können, z.B. Container, die Objekte von einem bestimmten Typ enthalten können.

Beim Ableiten von Typen dürfen Teile der Instanzdeklaration überschrieben werden. So können die Initialwerte überschrieben oder weitere Properties hinzugefügt werden. Die vorgegebenen Modellierungsregeln dürfen allerdings nur weiter eingeschränkt werden. Es ist also nicht zulässig, ein mandatorisches Property durch Vererbung in ein optionales zu ändern.

2.5.4 Referenztypen

Eine Referenz ist eine gerichtete Kante zwischen zwei Knoten des Informationsmodells. Die Bedeutung der Referenz wird durch Referenztypen bestimmt. Jeder Referenz muss genau ein Referenztyp zugeordnet werden. Es ist zu empfehlen, dass jeder Knoten indirekt mit dem Root-Knoten verbunden ist. Damit wird sichergestellt, dass das ganze NodeSet von bekannten Knoten aus gefunden (exploriert) werden kann.

Bild 2.17 zeigt die grafische Notation der OPC Foundation zur Modellierung von Referenzen in Adressräumen (siehe [UAPart3]). Nur ein Teil der im Basis NodeSet definierten Referenztypen besitzen eine spezielle grafische Notation.

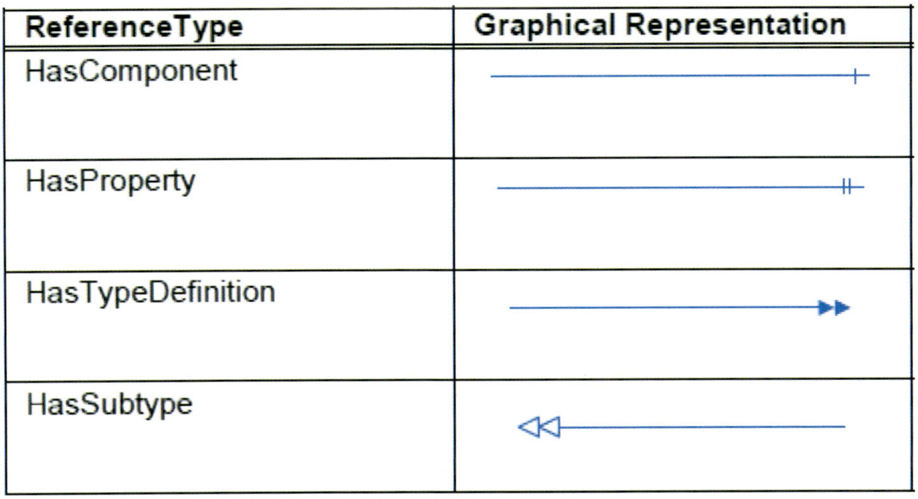

Bild 2.17 *Referenztypen in OPC-UA-Adressräumen* [UAPart3]

Im Folgenden werden einige vordefinierte Referenztypen (siehe [UAPart3]) erläutert:

- **HasComponent:** dient zur Abbildung von Teil-von-Beziehungen. Der Zielknoten der Referenz vom Typ HasComponent ist Teil des Startknotens. Dieser Referenztyp wird genutzt, um Objekte oder Objekttypen mit ihren untergeordneten / enthaltenen Objekten, Datenvariablen, Methoden und Variablen oder Variablentypen mit ihren Datenvariablen zu verbinden.
- **HasProperty:** dient zur Identifikation der Properties (Variablen vom Typ Property) eines Knotens.
- **HasTypeDefinition:** dient zur Verbindung von Objekten oder Variablen mit ihren Typendefinitionen.(Objekttyp oder Variablentyp). Jedes Objekt und jede Variable muss genau eine Referenz von diesem Typ besitzen.
- **HasSubType:** zeigt Vererbungsbeziehungen innerhalb von Typhierarchien. Meistens werden diese Referenzen in umgedrehter Richtung gespeichert, also beim Knoten des Kindtyps und nicht beim Elterntyp.

2.5.5 Beispiel

In einem kleinen Beispiel wird nun ein eigener Objekttyp definiert und anschließend der Adressraum eines Beispielservers modelliert.

Bild 2.18 definiert den Objekttyp RauchmelderTyp mit den zwei binären Properties Batteriebetrieb und Alarm. Er ist abgeleitet von DeviceType und erbt damit dessen Properties und Komponenten, die allerdings hier im Bild nicht alle zu sehen sind.

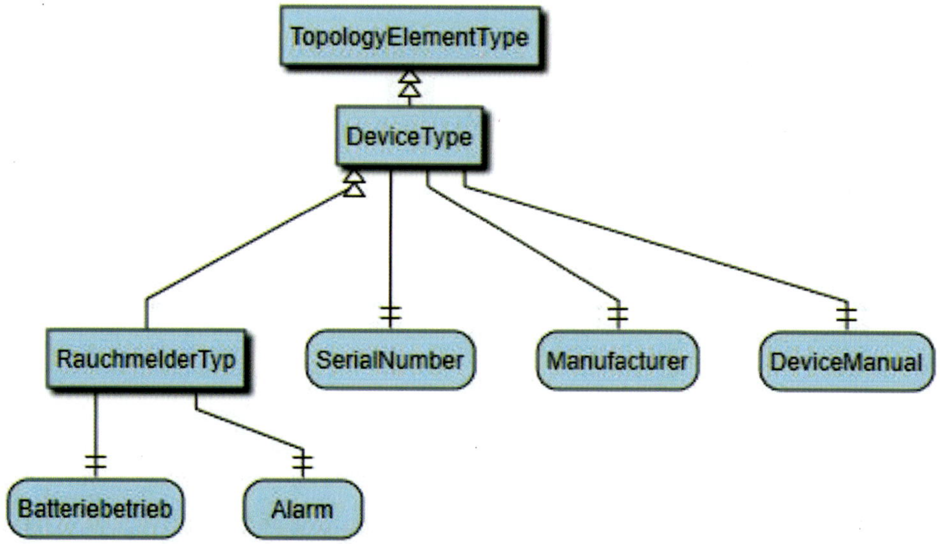

Bild 2.18 *Ableitung des eigenen Objekttyps «RauchmelderTyp» vom Typ DeviceType*

In diesem beispielhaften Anwendungsfall werden die Alarme und Daten aller Rauchmelder eines Hauses in einem OPC UA Server zugänglich gemacht. In Bild 2.19 ist die Objekthierarchie zu sehe die eine informelle Hierarchie des Hauses abbildet. Die eigenen Objekte sind unterhalb der allgemein bekannten Struktur (Root / Objects) des Basis-OPC-UA-NodeSets eingehängt und so aufgebaut, dass jeder der drei Rauchmelder sofort dem richtigen Zimmer zugeordnet werden kann.

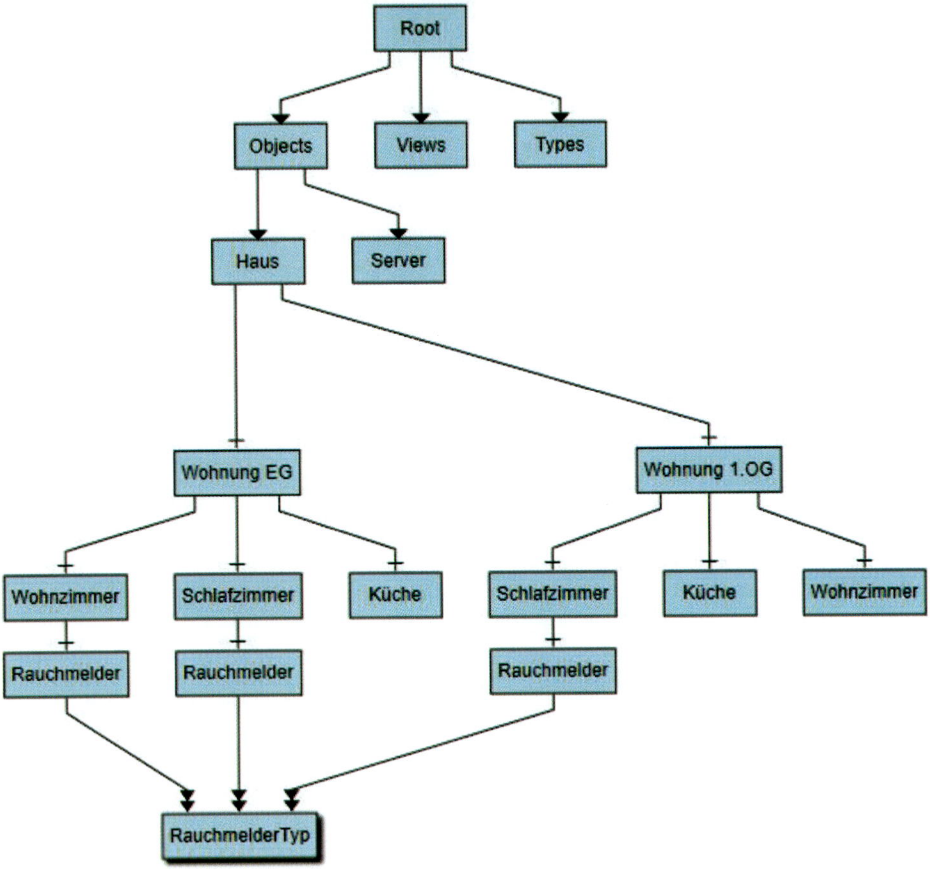

Bild 2.19 *Hierarchie eines Beispielhauses inklusive Verortung im Adressraum eines Servers*

Bild 2.20 zeigt den detaillierten Aufbau eines Rauchmelder Objekts. Hier befinden sich sowohl die Properties des eigenen Rauchmeldertyps als auch die des Elterntyps (DeviceType). In diesen Variablen stellt der Server die Informationen bereit. Auch das Ankoppeln des Alarmwertes muss von der Implementierung des Servers übernommen werden. Das Informationsmodell beschreibt nur die Struktur der Daten, die Datentypen und gegebenenfalls die Default-Werte.

In Bild 2.21 ist ein Ausschnitt der dazugehörigen XML-Datei abgebildet. Alle Basiselemente, die auch in der grafischen Notation dargestellt werden, sind hier enthalten.

Der Objektknoten Haus besitzt HasComponent-Referenzen, die es mit den beiden Objektknoten Wohnung EG und Wohnung 1.OG verbindet. So wird nach und nach die gesamte Hierarchie des Hauses bis hin zu den Rauchmeldern abgebildet.

2.5.6 Vorgehensweise

Um mit eigenen Informationsmodellen arbeiten zu können, lohnt es sich, strukturiert an diesen Punkt heranzugehen. Die nachfolgenden Schritte bieten sich als Vorgehensweise zur Entwicklung eines Informationsmodells an und haben sich bei den Autoren bewährt.

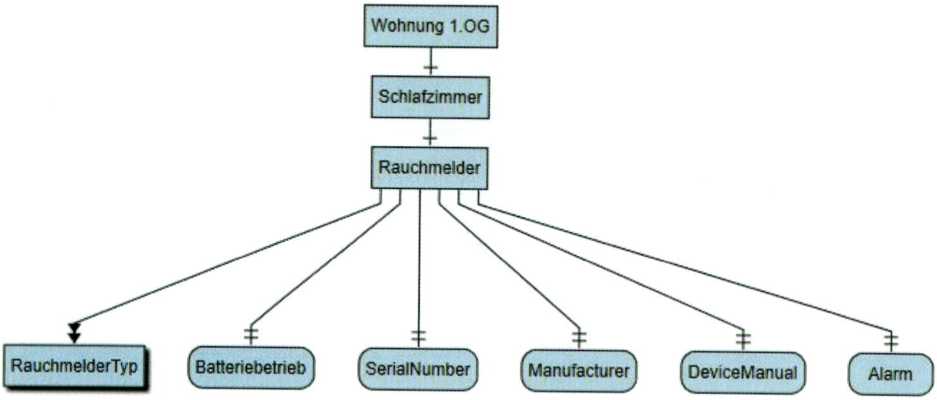

Bild 2.20 *Detaillierter Aufbau eines Rauchmelder-Objekts*

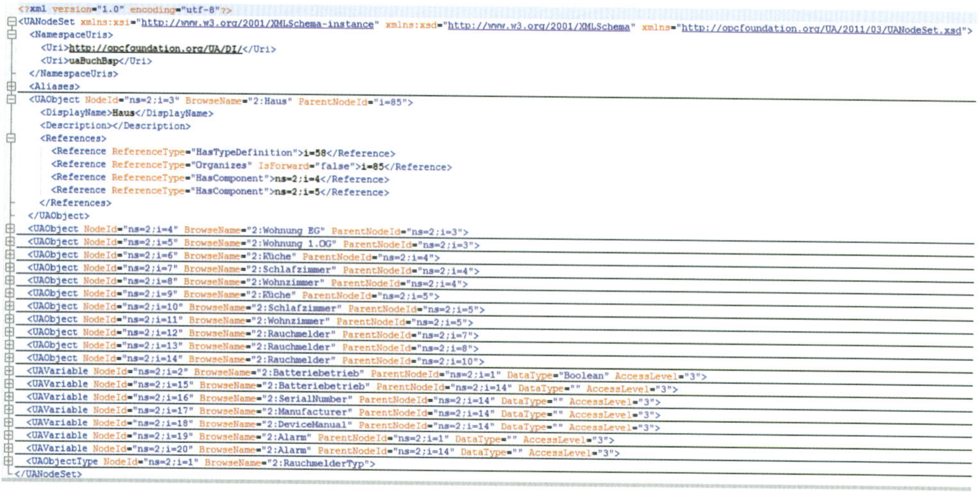

```xml
<?xml version="1.0" encoding="utf-8"?>
<UANodeSet xmlns:xsi="http://www.w3.org/2001/XMLSchema-instance" xmlns:xsd="http://www.w3.org/2001/XMLSchema" xmlns="http://opcfoundation.org/UA/2011/03/UANodeSet.xsd">
  <NamespaceUris>
    <Uri>http://opcfoundation.org/UA/DI/</Uri>
    <Uri>uaBuchBsp</Uri>
  </NamespaceUris>
  <Aliases>
  <UAObject NodeId="ns=2;i=3" BrowseName="2:Haus" ParentNodeId="i=85">
    <DisplayName>Haus</DisplayName>
    <Description></Description>
    <References>
      <Reference ReferenceType="HasTypeDefinition">i=58</Reference>
      <Reference ReferenceType="Organizes" IsForward="false">i=85</Reference>
      <Reference ReferenceType="HasComponent">ns=2;i=4</Reference>
      <Reference ReferenceType="HasComponent">ns=2;i=5</Reference>
    </References>
  </UAObject>
  <UAObject NodeId="ns=2;i=4" BrowseName="2:Wohnung EG" ParentNodeId="ns=2;i=3">
  <UAObject NodeId="ns=2;i=5" BrowseName="2:Wohnung 1.OG" ParentNodeId="ns=2;i=3">
  <UAObject NodeId="ns=2;i=6" BrowseName="2:Küche" ParentNodeId="ns=2;i=4">
  <UAObject NodeId="ns=2;i=7" BrowseName="2:Schlafzimmer" ParentNodeId="ns=2;i=4">
  <UAObject NodeId="ns=2;i=8" BrowseName="2:Wohnzimmer" ParentNodeId="ns=2;i=4">
  <UAObject NodeId="ns=2;i=9" BrowseName="2:Küche" ParentNodeId="ns=2;i=5">
  <UAObject NodeId="ns=2;i=10" BrowseName="2:Schlafzimmer" ParentNodeId="ns=2;i=5">
  <UAObject NodeId="ns=2;i=11" BrowseName="2:Wohnzimmer" ParentNodeId="ns=2;i=5">
  <UAObject NodeId="ns=2;i=12" BrowseName="2:Rauchmelder" ParentNodeId="ns=2;i=7">
  <UAObject NodeId="ns=2;i=13" BrowseName="2:Rauchmelder" ParentNodeId="ns=2;i=8">
  <UAObject NodeId="ns=2;i=14" BrowseName="2:Rauchmelder" ParentNodeId="ns=2;i=10">
  <UAVariable NodeId="ns=2;i=2" BrowseName="2:Batteriebetrieb" ParentNodeId="ns=2;i=1" DataType="Boolean" AccessLevel="3">
  <UAVariable NodeId="ns=2;i=15" BrowseName="2:Batteriebetrieb" ParentNodeId="ns=2;i=14" DataType="" AccessLevel="3">
  <UAVariable NodeId="ns=2;i=16" BrowseName="2:SerialNumber" ParentNodeId="ns=2;i=14" DataType="" AccessLevel="3">
  <UAVariable NodeId="ns=2;i=17" BrowseName="2:Manufacturer" ParentNodeId="ns=2;i=14" DataType="" AccessLevel="3">
  <UAVariable NodeId="ns=2;i=18" BrowseName="2:DeviceManual" ParentNodeId="ns=2;i=14" DataType="" AccessLevel="3">
  <UAVariable NodeId="ns=2;i=19" BrowseName="2:Alarm" ParentNodeId="ns=2;i=1" DataType="" AccessLevel="3">
  <UAVariable NodeId="ns=2;i=20" BrowseName="2:Alarm" ParentNodeId="ns=2;i=14" DataType="" AccessLevel="3">
  <UAObjectType NodeId="ns=2;i=1" BrowseName="2:RauchmelderTyp">
</UANodeSet>
```


Bild 2.21 *Ausschnitt aus der XML-Repräsentation des Beispiels*

- Analyse
  - Anforderungen analysieren (Welche Elemente sind vorhanden? Welche Daten sollen publiziert werden?)
  - Anwendungsszenarien (Welche Nutzer? Rollen, Sichten, Aufgaben → Potenzielle Wissensquellen)
  - Companion Specs (Gibt es passende Companion Specifications, die wie sie sind genutzt werden können? → Nutzung und Erweiterung der vorhandenen Modelle statt Definition von eigenen Modellen)
- Entwurf
  - Module mit geringen Abhängigkeiten
  - Sammlung / Strukturierung der Konzepte, Attribute, Relationen (Existierende Standards?)
  - Top-down (z. B. moderierte Workshops)
  - Bottom-up (z. B. maschinelles Lernen)

  - Namensgebung vereinheitlichen → gemeinsames Verständnis
  - Definition gemeinsamer Begriffe → Grundelemente schaffen
  - Inkonsistenzen beseitigen
  - Strukturierung der Begriffe
  - Erstellung von Beziehungen zwischen den Begriffen
- Implementierung
  - formale Repräsentation der Wissensstrukturen (Sprache, Werkzeuge, Toollandschaft)
  - neutrales Datenmodell (OPC UA)
  - Speicherformat (XML nach OPC-UA-XML-Schema)
  - Dokumentation (direkt im XML oder parallel dazu in Word- oder anderen Dokumenten)
- Anwendung und Evaluierung
  - Vollständigkeitsprüfung mit Szenario aus praktischem Anwendungsfall
  - Überarbeitung und erneute Überprüfung
  - Nutzung

In Kürze

Informationsmodelle in OPC UA bieten einen der großen Vorteile von OPC UA, indem neben den eigentlichen Daten auch Semantik mit in OPC-UA-Komponenten integriert und zur Laufzeit von ihnen transportiert werden kann.

Sie basieren auf einigen wenigen Elementen. Dennoch kann die Komplexität je nach Anwendungsfall extrem steigen. Es empfiehlt sich, wenn möglich, auf vorhandene Basismodelle oder Companion Specifications zurückzugreifen, sofern diese sich inhaltlich eignen. Eine eigene Definition eines Informationsmodells sollte nach Möglichkeit aus einem bestehenden Datenpool programmatisch erzeugt werden. Ist dies nicht möglich, bietet sich ein spezielles Modellierungswerkzeug (grafisch, textuell) an, um Informationsmodelle zu definieren. Die Nutzung dieser Tools sollte im Normalfall nur für einen ersten Entwurf, zu Schulungszwecken oder zur Überprüfung mit den Beteiligten zur Anwendung kommen. Auf den Informationsmodellen bieten gängige kommerzielle und frei verfügbare SDKs eine Code-Generierung an, so dass direkt mit diesen Informationen weiter gearbeitet werden kann.

2.6 Vorgehensmodell zur Einführung von OPC UA in Produktionsanlagen

2.6.1 Ausgangssituation für produzierende Unternehmen

«Information is the oil of the 21st century and analytics is the combustion engine.» [1]. Dieses von Peter Sondergaard, Senior Vice President von Gartner Inc., geprägte Zitat zeigt die große Bedeutung von Daten und Informationen im heutigen Zeitalter. Mit neuen Technologien ergeben sich für Unternehmen neue Chancen und Herausforderungen. Für die verarbeitende Industrie gilt es nun diese Chancen zu ergreifen und sowohl wirtschaftlich als auch nachhaltig im Sinne des Kunden zu handeln.

Eine dieser Chancen sind sogenannte Smart Factories im Produktionsumfeld einzuführen, so dass eine Vernetzung der Maschinen, Lagersysteme und Betriebsmittel stattfinden kann. Daneben sind Flexibilität und Anpassungsfähigkeit zentrale Zielgrößen, um reaktionsschnell auf Störungen und neue Marktanforderungen zu reagieren [2]. Eine – überspitzt formuliert – Schlüsselrolle nehmen dabei Daten und Kennzahlen ein. In einer Fabrik, in der alles mit allem und jedem kommunizieren soll, sind es die Daten und Kennzahlen, die als gemeinsame Sprache der Dinge und Menschen fungieren müssen. Kennzahlen stellen dabei das Betriebssystem des Unternehmens und somit die wichtigsten Werkzeuge zur Unternehmensführung dar. Eine von TROST (2015) durchgeführte Studie zeigt jedoch auf, dass es gerade hier erheblichen Nachholbedarf in der deutschen Industrie gibt [3]. So sagen etwa 40% der befragten Unternehmen, dass die Datenqualität im Unternehmen nur unzureichend oder gar schlecht sei. Zudem spielt das Thema Kennzahlen im Fabrikalltag praktisch keine Rolle, so dass 60% der in einer Umfrage befragten Manager mit den Kennzahlen unzufrieden sind und fast die Hälfte von ihnen gar kein Kennzahlensystem im Unternehmen besitzt. Zusätzlich haben Untersuchungen gezeigt, dass 20 bis 30% der geplanten Produktionsprozesse kurz vor Beginn noch geändert werden. Dies liegt unter anderem an Maschinenfehlfunktionen oder auch an unvorhersehbaren Konflikten [4]; diese sind also der Intransparenz innerhalb der Produktion geschuldet.

Die fehlende beziehungsweise mangelhafte Information über die aktuelle Situation in der Produktion verschlimmert zusätzlich die Lösung aktueller Problemstellungen. Aufgrund der zunehmenden Automatisierung der Fertigung ist einer der wichtigsten Aufgaben des Menschen das Monitoring von Anlagen und Prozessen. Ein automatisiertes System hat in der Regel allerdings genau dann ein Problem, wenn die Situation besonders kompliziert ist. Der Mensch jedoch ist in solchen Situationen schlichtweg überfordert, weil er keine exakten Informationen über die aktuelle Situation hat und er aufgrund seiner Tätigkeit als Überwacher mit der Zeit die Fähigkeit verloren hat, das komplexe, automatisierte System auch aufgrund fehlender Transparenz zu verstehen. Dies führt nun dazu, dass der Mensch seiner Überwachungstätigkeit gerade wegen der Automatisierung nicht mehr wie gefordert nachkommen kann [5]. Dabei könnten moderne Kommunikationsarchitekturen, wie OPC UA, neue Möglichkeiten im Hinblick auf die Erfassung, Aufbereitung und Visualisierung von Daten bieten, um dieses zentrale Kerndilemma innerhalb der Automatisierung zu überwinden.

2.6.2 Definition unternehmensinterner Randbedingungen

Eine wichtige Voraussetzung vor der Einführung einer neuen Kommunikationsarchitektur ist es, die aktuelle Voraussetzung zu kennen. In den folgenden Abschnitten werden technische und organisatorische Aspekte eines Informationssystems detailliert betrachtet.

Informationssystem

Die Aufgaben des Informationssystems liegen in der Erfassung, der Verarbeitung, des Transports und der Speicherung von technischen und / oder organisatorischen Informationen. Zur Unterstützung des Produktionsbetriebs verwendete Systeme werden als produktionsnahe IT bezeichnet [6]. Durch diese werden die Fertigungsprozesse innerhalb der Produktion in übergeordnete Geschäftsprozesse im Unternehmen integriert. Einen in der Literatur häufig anzutreffenden Vorschlag zur Kategorisierung der Informationssysteme stellt die Automatisierungspyramide dar, die die industrielle Fertigung in drei unterschiedliche Ebenen strukturiert (VDI 5600 [11]). Eine detaillierte Kategorisierung findet sich z.B. im Architekturbild der DIN SPEC 91 329 [7] (Bild 2.22). Es enthält die verschiedenen vernetzten Informationssysteme sowie die unterschiedlichen Erfassungsebenen der Automatisierungspyramide. Die zugeordneten Nummern stehen für die Verarbeitung von aggregierten Informationen von Anlagen und Maschinen, wie beispielsweise zwischen der Fertigungsebene zu den nachgelagerten Systemen.

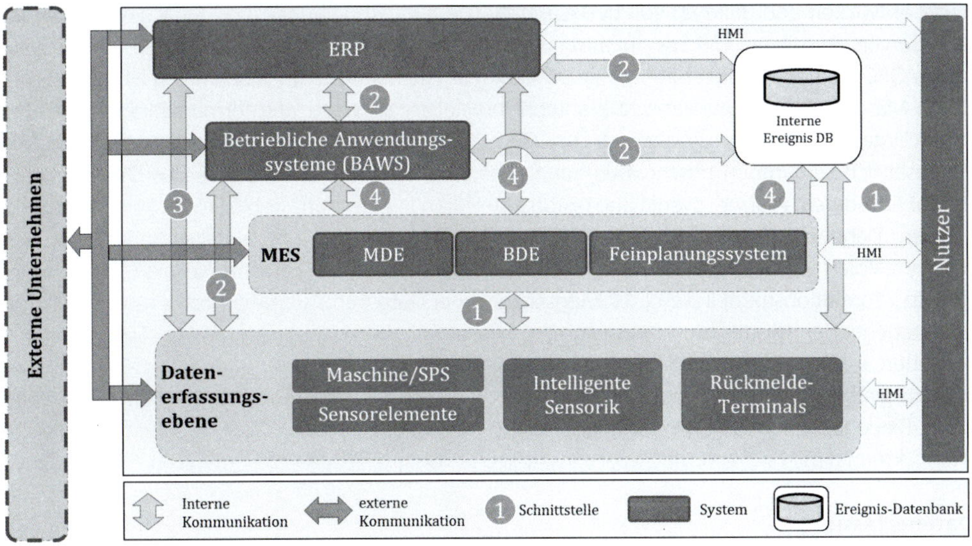

Bild 2.22 *Architekturbild eines Unternehmens* [7]

Dieses Schema eignet sich zur Einordnung unternehmensinterner und -externer Systeme und der heutigen bzw. zukünftigen Informationsverbindungen.

Informationsaustausch

Da nicht nur die Frage, **was**, sondern auch **wie** etwas kommuniziert werden soll, beantwortet werden muss, bedarf es eines Kommunikationsstandards. Innerhalb dieses Abschnittes sollen daher Standards für die Kommunikation zwischen und innerhalb der Fertigungsebene und Fertigungsleitebene kurz umrissen werden.

DEFINITION

Ein Kommunikationsprotokoll ist im Allgemeinen «eine Verhaltenskonvention, die zeitliche Abfolgen der Interaktionen zwischen den diensterbringenden Instanzen vorschreibt und die Formate (Syntax und Semantik) der auszutauschenden Nachrichten definiert »[8]. Deren Architektur wird von sogenannten Referenzmodellen, sprich der Spezifikation, beschrieben.

Bekannteste Vertreter einer Protokollarchitektur sind das verbindungslose Übertragungsprotokoll Internet Protocol (IP) und das verbindungsorientierte Transportprotokoll Transmission Control Protocol (TCP) sowie das verbindungslose Transportprotokoll User Datagram Protocol (UDP), die zusammen die TCP/IP-Protokollarchitektur bilden.

Derzeitige Kommunikationsschnittstellen innerhalb der Produktion sind sehr unterschiedlich ausgestaltet. Einen Kommunikationsstandard für eine rechnerbasierte Automatisierung stellt OLE for Process Control (OPC) dar, der den Standard für den Datenaustausch von Betriebs- und Prozessdaten zwischen Automatisierungssystemen und der Prozessleitebene in der Automatisierungstechnik bildet. Dabei werden Prozessdaten eines Automatisierungssystems standardisiert einem Anwenderprogramm zur Verfügung gestellt. Mit Hilfe eines OPC Clients, implementiert von den Applikationsherstellern, ist es nun möglich, auf die Prozessdaten eines OPC Servers, in der

Regel entwickelt und geliefert von den Geräteherstellern, zu gelangen und auch die Dienste des OPC Servers zu nutzen. Die Spezifikation beschreibt dabei Prozessdaten, Ereignisse und Alarme.

Die OPC-Unified-Architecture(UA)-Spezifikation ist ein Standard für Maschine-zu-Maschine- und PC-zu-Maschine-Kommunikation, die sowohl hersteller- als auch plattformunabhängig ist. Der große Unterschied zum Vorgänger ist, dass OPC UA Prozessdaten nicht nur transportiert, sondern sie zusätzlich semantisch beschreiben kann. Des Weiteren können mit Hilfe des Objektmodells Produktionsdaten, Alarme, Events und historische Daten in einen einzigen OPC UA Server integriert werden. Daneben können beliebige Objekt- und Variablentypen sowie Beziehungen zwischen diesen realisiert werden. Diese Semantik wird im Adressraum vom Server angezeigt. Dieses sogenannte Informationsmodell bietet die Möglichkeit einer Datenrepräsentation von Anlagen mit Hilfe objektorientierter Modellierungsparadigmen, wobei die Datentypen durch ein Typmodell beschrieben werden. Die jeweiligen Knoten repräsentieren dann Objekte, an die die OPC-UA-Funktionalitäten gekoppelt sind. Zusammenfassend kann das OPC-UA-Protokoll als wichtiges und flexibles Bindeglied zwischen der Datenerfassungsebene und der MES-Ebene gesehen werden. Im Architekturbild (Bild 2.22) umfasst das Einsatzgebiet von OPC UA die Schnittstellen 1 bis 3.

Datenerfassung

Um Felddaten zu erfassen, existiert eine Vielzahl an Möglichkeiten. Der Aufwand der Eingabe nimmt dabei je nach Automatisierungsgrad der Datenerfassung ab, wohingegen die Genauigkeit der Daten in der Regel zunimmt. Eine vollständig automatisierte Datenerfassung bringt allerdings einen erhöhten Installationsaufwand mit sich. Dies ist für die Zielsetzung Integration stets zu berücksichtigen. Umso entscheidender ist eine detaillierte Vorstellung über den Einsatz und Verwendungszweck der gewonnenen Maschinendaten. Ein Auszug von möglichen Aspekten bei der Datenerfassung ist in Tabelle 2.2 beschrieben.

Tabelle 2.2 *Anforderungen an Informationssysteme* [9]

Hauptgruppe	Randbedingungen
Beschreibung der Anlage	Technische Kenndaten Anlagenstruktur (z.B. Arbeitsplätze) und Kennzeichnungssystem Anlagenübersichtsdarstellung
Beschreibung der vorhandenen Automatisierungssysteme	Struktur und Teilsysteme Eingesetzte Automatisierungskomponenten Vorhandene unter- und übergeordnete Systeme (ERP, MES) Vorhandene weitere Geräte, Software und Kommunikationseinrichtungen
Datenbestände	Dateien / Strukturen Datenbeschreibungen Datenübernahme, Zugriff (zeitliche und inhaltliche Gültigkeit) Datenarchivierung Datensicherung Datenschutz
Datenerfassung (Zyklus, Auflösung, Fehlergrenze)	Verarbeitungsfunktionen (Methoden, Algorithmen, Verteilung auf die Systemkomponenten) Datenausgabe (Zyklus, Auflösung, Fehlergrenze) Datenbereitstellung für neben- und übergeordnete Systeme und Funktionen (Zyklus, Auflösung, Fehlergrenze, Datenformat-Standards)
Datenhaltung	Zugriff auf die Daten / Transaktionssicherung (Integrität, Konsistenz, Autorisierungsprüfung) Sicherung der Daten Schutz der Daten gegen unberechtigten Zugriff Archivierung (Auslagerung, Back-up)

Zur Berücksichtigung der aufgeführten Aspekte in diesem Abschnitt ist ein Vorgehensmodell, im folgenden Abschnitt dargestellt. Dies ist eine Hilfestellung für erfolgreiche Projekte im Bereich Einführung von Informationssystemen.

2.6.3 Einführungsprozess

Die Umsetzung von heute eingesetzten «klassischen Automatisierungssystemen» hin zu neuen Konzepten, egal welcher Art, wird nur erfolgreich sein, wenn der Endanwender «dort abgeholt wird, wo er heute ist». Das bedeutet einerseits, dass die neue Lösung gewisse Mindestanforderungen erfüllen muss:

- Die neue Architektur sowie die Migrationsstrategie müssen die gleiche Verfügbarkeit und Zuverlässigkeit wie das aktuelle Automatisierungssystem aufweisen.
- Durch die Migration dürfen keine erhöhten Gefährdungen für das Personal, die Anlage oder den Prozess entstehen.
- Nach der Migration muss die Anlage die gleiche oder gar eine verbesserte Performance, verlängerte Lebensdauer des Equipments, adäquates Alarm-Handling sowie eine Nutzergruppen-spezifische Bereitstellung von Informationen über das gesamte Produktionsmanagementsystem hinweg aufweisen.
- Vom Einsatz Service-orientierter Architekturen wird die Möglichkeit dynamischer Änderungen und Umkonfiguration während des laufenden Betriebes erwartet.

Andererseits müssen Konzepte für den schrittweisen Übergang (Migration) entwickelt werden und die Integration existierender Technologien möglich sein. Migration ist ein mehr oder minder langwieriger Prozess. Während dieses Prozesses kann es mehrere Integrationsstufen, auch mit unterschiedlichen Technologien, geben.

Für die Migration von z.B. neuen Informationsmodellen empfiehlt sich die Anwendung eines Einführungsprozesses, wie in Bild 2.23 dargestellt. Die vier Dimensionen Projektteam, aktueller Status, Zielstellung und Bewertung werden hinsichtlich der Aufgaben im Folgenden erläutert.

Projektteam

Projekte sind vor allem zeitlich begrenzte soziale Konstrukte, die zum Zweck der Erreichung bestimmter Projektziele ins Leben gerufen werden. Bei einem Einführungsprojekt für Informationssysteme sind in der Regel eine große Anzahl verschiedener Personen und Stellen beteiligt. Alle beteiligten Personen müssen verstehen, welche Ziele und welche Vorgehensweisen zur Erreichung dieser Ziele das Projektteam wählt.

Ein wichtiger Erfolgsfaktor ist die Zusammensetzung des Projektteams. Mitarbeiter aus der Planung, Instandhaltung, Unternehmens-IT und der spätere Betreiber sollten nominiert werden, beim Einführungsprozess mitzuarbeiten, um bei der weiteren Umsetzung eine aktive Rolle zu spielen. Je mehr die verantwortlichen Mitarbeiter am Prozess beteiligt sind, umso bessere Informationen über den Prozess sind verfügbar und können im Projekt nutzbar gemacht werden. In der nachgelagerten Projektphase der Auswahl, Integration und Inbetriebnahme sind zusätzlich die Software- und Anlagenlieferanten in das Projekt einzubinden.

Aktueller Status

Für die Beschreibung des aktuellen Status hinsichtlich der Informationssysteme eignen sich vorhandene Dokumentationen der Anlagen und Maschinen und übergeordneten Systeme, wie Manufac-

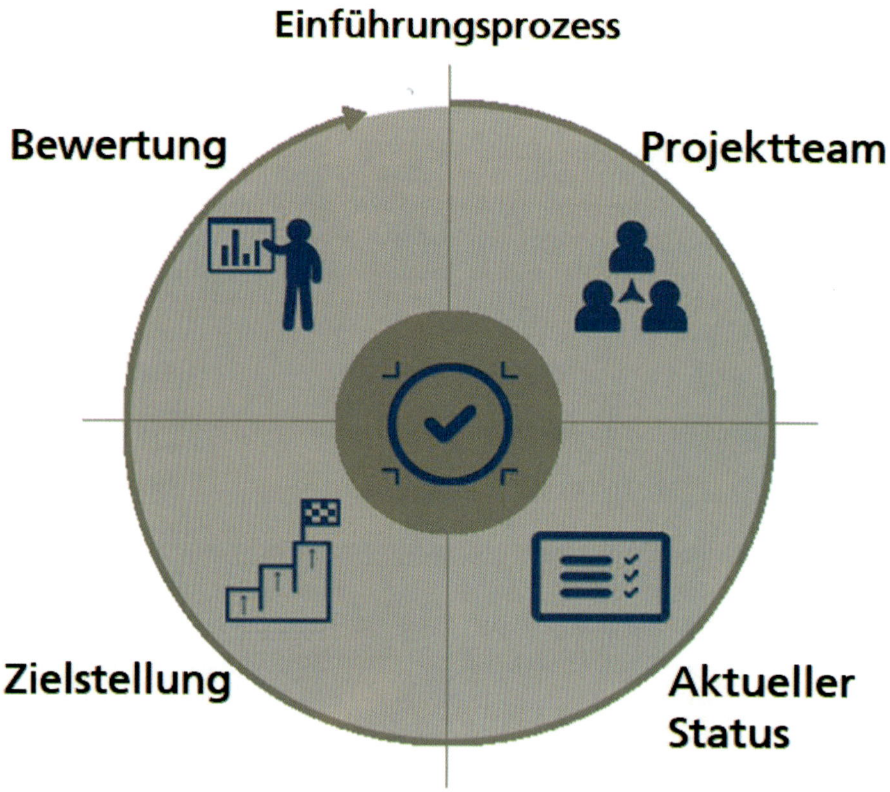

Bild 2.23 *Vorgehensmodell zur Einführung*

turing Execution System (MES) und Enterprise Resource Planning (ERP). Dabei sollten Informationen zu dem aktuell eingesetzten Kommunikationsprotokoll und zu -schnittstellen gesammelt und den entsprechenden Ebenen zugeordnet werden (siehe Bild 2.22). Weitere Informationsquellen sind die mittel- und langfristige unternehmerische IT-Strategie und das vorhandene Lieferantennetzwerk. Darüber hinaus gilt es auch frühzeitig die vorhandenen Betriebsmittelvorschriften zu prüfen.

Neben den o.g. technischen Randbedingungen sind auch die organisatorischen bzw. wirtschaftlichen Aspekte zu beachten. Hierfür gilt es z.B. die vorhandenen Kennzahlen bzw. Kennzahlensysteme entsprechend der vorhandenen Definitionen für das Datenmodell und deren Restriktionen zu beachten.

Zielstellung

Für die Einführung eines neuen Informationssystems bedarf es neben einer übergeordneten Zielstellung auch einer Detaillierung und Unterteilung. Hierzu können konkrete Fragestellungen erarbeitet und mit geeigneter Methode, z.B. einem World Cafe oder Fishbowl, beantwortet werden. Die daraus erarbeiteten Antworten lassen sich entsprechend in Themen zusammenfassen und im gesamten Projektteam diskutieren. Eine weitere Möglichkeit, die Zielstellung zu detaillieren, ist die Erarbeitung von User Stories. Eine User Story setzt sich typischerweise aus den drei Elementen zusammen:

- prägnante Namen,
- eine kurzen Beschreibung der Anforderung,
- mehreren Akzeptanzkriterien, die die Details ausdrücken und dokumentieren und bei der Klärung helfen, ob eine Story wirklich abgeschlossen ist.

Im Optimalfall werden die User Stories zusammen mit einem Lieferanten entwickelt. Das steigert das gegenseitige Verständnis der angestrebten Lösung. In diesen Stories können Rollen definiert und immer weiter verfeinert werden. So ergibt sich mit der Ausgestaltung der User Stories eine detailreiche Anforderungsanalyse.

Ein weiteres Element der Definition der Zielstellung ist die Dokumentation. Dafür eignet sich z.B. ein Schema wie in Bild 2.24 dargestellt.

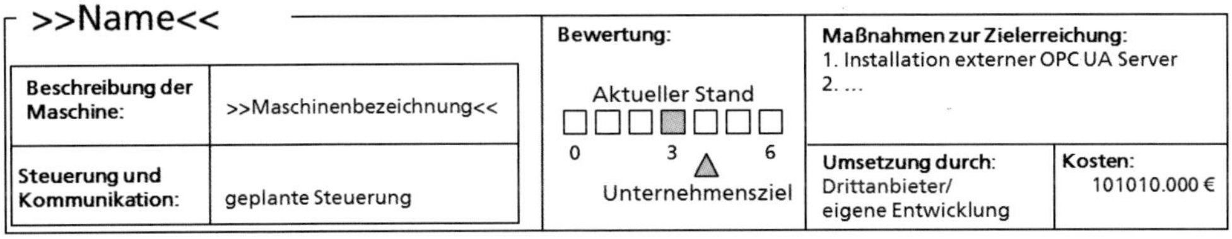

Bild 2.24 *Beispielhaftes Bewertungsschema zur Zieldefinition*

Dies ist das Ergebnis einer vorhergehenden Analyse mit den erwähnten Methoden.

Bewertung

Ein wesentliches Werkzeug bei der Unterstützung von Entscheidungen ist die Bewertung möglicher Lösungsvarianten oder -alternativen durch den Vergleich entscheidungsrelevanter Kriterien [10]. Im Folgenden werden grundlegende Kriterien zur Entscheidungsfindung vorgestellt. Diese besitzen nicht den Anspruch auf eine vollumfängliche Betrachtung aller Teilaspekte bei der Einführung eines Informationssystems. Dem Anwender obliegt es, die Kriterien nach eigenem Ermessen zu gewichten und zu erweitern.

Die grundlegenden Dimensionen sind: Konzept (Kt), Schnittstellen (Sch), Produktivität (Prod), Zukunftssicherheit (Zs) und die Kosten (K) der Lösung. Ziel ist die objektive Bewertung anhand von qualitativen und quantitativen Informationen der einzelnen Lösungen von externen und eigenen Lösungen. Tabelle 2.3 zeigt die Dimensionen mit den zugehörigen Kriterien zur Bewertung.

Liegen die Bewerbungsergebnisse vor, die die Grundlage einer Entscheidung sind, muss den Ergebnissen ein entsprechendes Vertrauen entgegengebracht werden. Das bedeutet jedoch nicht, dass die Richtigkeit und Glaubwürdigkeit im Sinne der Entscheidungsfindung nicht zunächst kritisch hinterfragt werden dürfen.

Tabelle 2.3 *Vorlage zur Bewertung der Kriterien*

	Bewertung Maschine: »Name«			Blatt 1 von 1 Datum: 01.07.2017
Bereich	**Lfd. Nr.**	**Kriterium**	**Bewertung**	**Bemerkung**
Kt	001	Aufbau (Modularität des Konzepts)	□□□□□	
Kt	002	Standardisierungsgrad	□□□□□	
Kt	003	Verkettung (starr, flexibel)	□□□□□	
Kt	004	Maschinenlesbare Beschreibung	□□□□□	
Sch	005	Kompatibilität	□□□□□	
Sch	006	Verwendung standardisierter Schnittstellen und Normen	□□□□□	
Sch	007	Möglichkeit zur Anbindung an übergeordnete Systeme	□□□□□	
Kt	008	Usability/Nutzerinteraktion	□□□□□	
Kt	009	Stückzahlflexibilität	□□□□□	
Zs	010	Innovationscharakter	□□□□□	
K	011	Anschaffung, Anpassung	□□□□□	

In Kürze

Im Rahmen des Beitrages wurde gezeigt, welche Randbedingungen bei der Einführung eines Informationssystems vorherrschen sollen, und ein Vorgehensmodell wurde vorgestellt. Dabei wurden in einem ersten Schritt die Grundlagen und die allgemeine Ausgangssituation bei der Einführung von produktionsnahen Informationstechnologien in die Produktion dargestellt. In einem weiteren Schritt wurde das vierstufige Vorgehensmodell vorgestellt. Die Rollen und Aufgaben in den einzelnen Stufen wurden detailliert und Methoden z.B. zur Dokumentation vorgestellt. Als letzter Schritt wurde ein Ausschnitt von Kriterien und eine Bewertungsvorlage vorgestellt.

3 Nachrüstoptionen, Produkte

3.1 Bedeutung und Konzepte von OPC UA für die Steuerungsebene

Die Steuerungsebene ist aktuell durchsetzt von unterschiedlichen Bus- und Netzwerksystemen. OPC UA bietet hier eine großartige Basis für eine einheitliche Kommunikation zwischen Steuerungen sowie zwischen Steuerung und MES / Leitsystem. Dies ist wichtig, da eine Vielzahl von Herstellern sich entweder auf die Steuerungsebene oder die Leitsystemebene spezialisiert hat. Dadurch findet zwischen diesen Schichten eine vertikale Kommunikation zwischen Komponenten unterschiedlicher Hersteller statt – ein typischer Fall für standardisierte Kommunikation wie OPC UA. Auch horizontal, also zwischen Steuerungen unterschiedlicher Hersteller, stellt OPC UA eine standardisierte Schnittstelle dar.

Ein weiterer Aspekt für OPC UA ist die Sicherheit im Sinne der Verschlüsselung (Security), der gerade im Rahmen der aufkommenden Industrie-4.0-Anwendungen einen immer größeren Stellenwert eingeräumt werden muss. Hier ist OPC UA das einzige Protokoll, das in der Industrie nennenswerte Verbreitung findet und gleichzeitig ein Security-Konzept direkt im Protokoll umsetzt, das auch dem aktuellen Stand der Technik entspricht.

Grundlage und Eigenheit der Steuerungsebene ist die Echtzeit, also die deterministische Ausführung von einem gegebenen Programm in einer definierten Zykluszeit. Die aktuelle Spezifikation und damit auch die Implementierungen von OPC UA sind von sich aus nicht echtzeitfähig. Dies ist aber auch in den wenigsten Fällen nötig, wie in Abschnitt 3.1.1 ausgeführt wird.

Aktuell am Markt verbreitet ist eine OPC-UA-Server-Komponente für Steuerungen: Hierbei übernimmt eine Steuerung die Rolle des OPC UA Servers, bietet also Variablen oder Methoden des Steuerungsprogramms per OPC UA zum Zugriff an. Diese können von einem OPC UA Client (z.B. dem MES-System) gelesen oder geschrieben werden. Um eine horizontale Kommunikation zu realisieren, muss aber eine der beteiligten Steuerungen eine OPC-UA-Client-Komponente besitzen, was nur von wenigen Herstellern zusätzlich angeboten wird. Für beide Seiten gibt es von der PLCopen entsprechende Spezifikationen [2], die in Abschnitt 3.1.2 vorgestellt werden.

Ideal für die horizontale Kommunikation innerhalb der Steuerungsebene inkl. Echtzeitanforderungen ist die Publisher-Subscriber-Kommunikation, die wie in Kapitel 1 beschrieben aktuell in der OPC-UA-Norm ergänzend zum Client-Server-Kommunikationsparadigma hinzugefügt wird (Abschnitt 3.1.3).

Einige Aspekte von OPC UA sind in der Steuerung heutzutage noch nicht vollständig etabliert und umgesetzt: Companion Specifications beschreiben domänenspezifische Modelle mittels der Meta-Sprache OPC UA. Es ist für die kommenden Jahre ersichtlich, dass das Thema nennenswerte Nachfragen in der Anwendung erfährt, da erst hiermit eine wirkliche Vereinfachung in der Kommunikation für den Engineering-Betrieb erreicht wird, wie in Abschnitt 3.1.4 näher dargestellt wird.

Um die gesamten Themen auf Steuerungsebene einmal zusammenzufassend darzustellen, kann das Prinzip der SoA-PLC betrachtet werden – hierbei wird eine Steuerung als zentrale Komponente betrachtet und unterschiedliche Ebenen um diese Komponente aufgebaut, so dass die Steuerung im Kontext von OPC UA als Service im Sinne einer serviceorientierten Architektur betrachtet werden kann (Abschnitt 3.1.5).

3.1.1 Echtzeit

Eine Besonderheit der Steuerungsebene in der Automatisierung ist die Anforderung, einen Programmcode zyklisch und deterministisch auszuführen. Hierunter versteht man, dass eine Steuerung in der Lage ist, den einmal getesteten Programmcode auch immer wieder in einem vorgegebenen Zyklus auszuführen. Typischerweise wird ein solcher Code in einer Sprache der IEC 61 131-3 [2] verfasst.

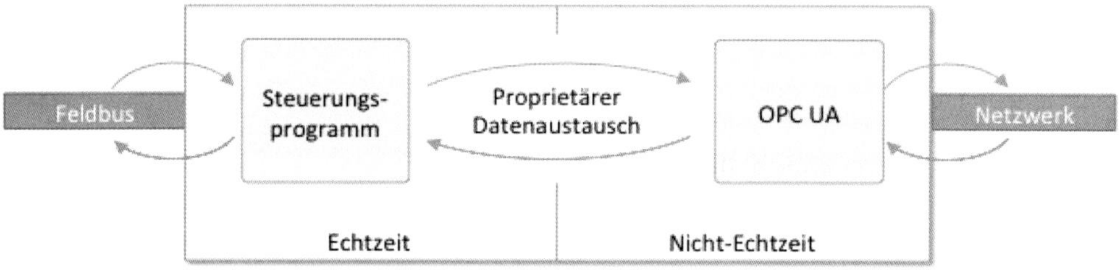

Bild 3.1 *Trennung von Nicht-Echtzeit- und Echtzeit-Komponenten auf der Steuerung*

OPC UA selbst ist laut Spezifikation nicht echtzeitfähig. Dies ergibt sich schon aus der verwendeten Basiskommunikation: TCP/IP. Hierbei werden Pakete, die verloren gegangen sind oder als korrupt beim Empfänger erkannt werden, erneut gesendet, womit die gesamte aufbauende Kommunikation nicht mehr als echtzeitfähig betrachtet werden kann.

Auch das verwendete Client-Server-Kommunikationsprinzip ist nicht dienlich für Echtzeit-Anwendungen: Eine Steuerung als OPC UA Server hat durch viele OPC UA Clients mehr Arbeitslast zu tragen als durch wenige OPC UA Clients, da alle TCP/IP-Verbindungen vom OPC UA Server verwaltet werden und einzeln mit Daten versorgt werden müssen.

Somit ergibt sich für die Hersteller die Herausforderung, dass sie eine Schnittstelle benötigen, um die Daten aus der Echtzeit auszuschleusen und in eine OPC-UA-Komponente zu übernehmen. Dieses wird typischerweise in der Firmware einer Steuerung herstellerspezifisch realisiert. Ein taktsynchroner Zugriff (das Lesen von mehreren Variablen zu einem definierten Zeitpunkt der Maschinensteuerung) kann somit auch nur herstellerspezifisch realisiert werden.

Die Realisierung der OPC-UA-Kommunikation im Nicht-Echtzeit-Teil der Firmware von Steuerungen (siehe Bild 3.1) bringt für die interne Realisierung wesentliche Vorteile. Somit ist die Verwendung von existierenden Bibliotheken problemlos möglich – insbesondere für Security-Aspekte ein wichtiger Grund (siehe Abschnitt 2.3). Für Security-Komponenten wird grundsätzlich empfohlen, keine Eigenentwicklung zu betreiben, sondern auf gegebene, getestete Bibliotheken aufzubauen. Gerade diese Bibliotheken sind jedoch nicht für den Einsatz im Echtzeitumfeld konzipiert, so dass es hier den Herstellern in die Hände spielt, die OPC-UA-Kommunikation auch ohne Echtzeitanforderungen bedienen zu können.

Für die meisten Anwendungsfälle ist eine Echtzeitsteuerung oder auch ein Zugriff unter echtzeitähnlichen Bedingungen nicht nötig. Es reicht der lesende / schreibende Zugriff, da die Anwendungen beidseitig auf eintreffende Daten ereignisbasiert reagieren.

3.1.2 PLCopen: Mapping und Funktionsbausteine für die Steuerungsebene

Die PLCopen als Organisation definiert in unterschiedlichen Standards wichtige Komponenten für eine Steuerung. Klassisch ist der Bereich Motion bekannt. Aber auch die Kommunikation wurde von der PLCopen adressiert [1].

Die erste hier relevante Spezifikation ist die «PLCopen OPC UA Information model» [2]. In ihr wird beschrieben, wie ein IEC-61131-3-Programm, das in einer Steuerung abgearbeitet wird, in OPC UA dargestellt werden soll.

Die IEC 61 131-3 beschreibt eine Familie von Programmiersprachen für Steuerungen: Funktionsbausteine, Strukturen, Tasks usw. Es existieren feste Konstrukte, die von dem Programmierer genutzt werden. Diese Sprachen stellen die Basisfunktionen für eine Automatisierung zur Verfügung, und alle Automatisierungshersteller bieten die Möglichkeit, Programme auszuführen, die in den Sprachen der IEC 61 131-3 formuliert sind – oder aber zumindest in einer an diese angelehnten Sprache. Zusätzlich bietet jeder Hersteller weitere Funktionsbausteine an, um spezifische, nicht standardisierte Funktionen bereitzustellen.

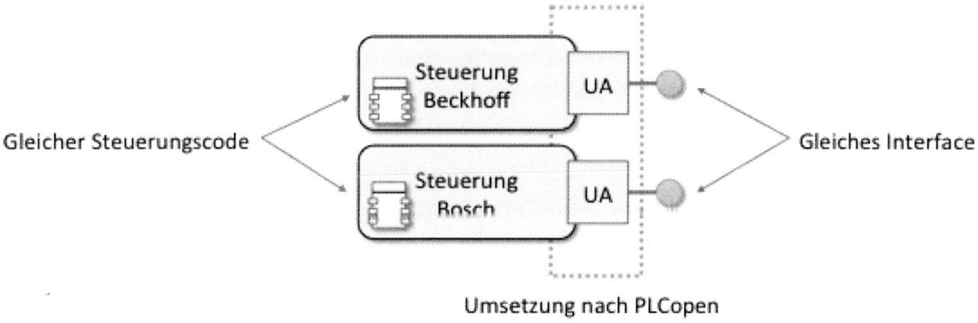

Bild 3.2 *Umsetzung Steuerungscode nach PLCopen*

In der PLCopen-Spezifikation wird beschrieben, wie die Basisdatentypen (INT, REAL, String...), ein Funktionsbaustein, eine Struktur usw. in OPC UA abgebildet werden. Es entsteht also ein Mapping von IEC 61 131-3 auf OPC UA. Wird ein OPC UA Server, der diese Spezifikation implementiert, auf der Steuerung bereitgestellt, bietet der standardisierte OPC-UA-Zugriff einen vom konkreten Hersteller der Steuerung abstrahierten Weg des Zugriffs (Bild 3.2).

Nicht adressiert wird in der Spezifikation die Konfiguration des Mappings, also wie im Steuerungscode (oder durch ein separates Konfigurations-Werkzeug) eingestellt werden kann, welche Funktionsbausteine überhaupt zugreifbar sein sollen und unter welchen Bedingungen (nur lesend usw.).

Die Spezifikation wird mittlerweile von vielen Herstellern als Basis für ihre OPC UA Server in der Steuerung herangezogen, gerade weil sie den Herstellern auch die Möglichkeit bietet, sich an einem marktüblichen Entwicklungsstandard zu orientieren.

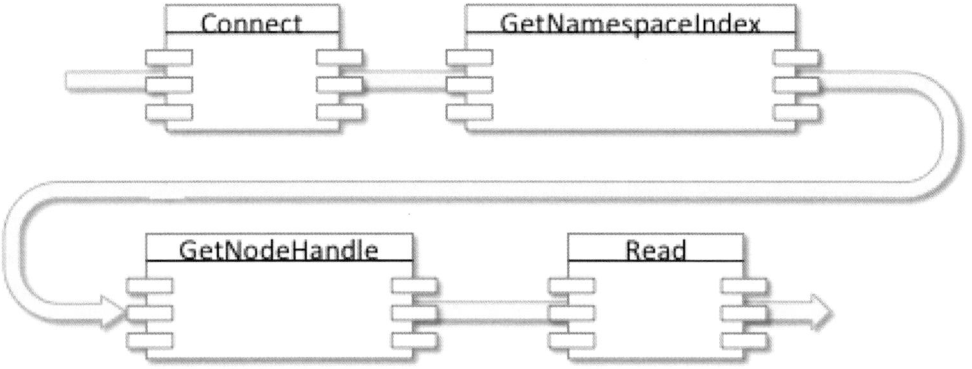

Bild 3.3 *Funktionsbausteine*

Die zweite Spezifikation der PLCopen in dem OPC-UA-Bereich ist die «PLCopen OPC UA Client for IEC 61 131.3» [3]. Hierbei geht es um die einheitliche Beschreibung von Funktionsbausteinen, um eine OPC-UA-Kommunikation als OPC UA Client aus der Steuerung heraus aufzubauen (Bild 3.3). Die Standardisierung umfasst Funktionsbausteine für Verbindungsaufbau, Namespace auflösen, Handle auf eine UA Node holen, Lesen / Schreiben, aber auch Methoden-Aufrufe. Es werden also Funktionsbausteine beschrieben, die nicht Teil der IEC 61 131-3 sind, um diese zwischen den Herstellern weitestgehend gleich zu halten.

Der Anwender profitiert davon, dass sein Wissen über die Bausteine herstellerübergreifend eingesetzt werden kann. Zusätzlich ist es möglich, den Code selbst weitestgehend unverändert von einer Steuerung zu einer anderen zu portieren, solange die entsprechenden PLCopen-Funktionsbausteine dieser Norm angeboten werden.

Diese Spezifikation ist nicht in dem Ausmaß verbreitet wie die erste Spezifikation. Dies liegt zum einen daran, dass sie zeitlich später veröffentlicht wurde. Aber auch die Notwendigkeit zur Realisierung ist für die klassischen Anwendungsfälle von OPC UA, wie eingangs beschrieben, nicht so hoch einzuschätzen. Da aus klassischer Sicht das überlagerte MES der OPC UA Client ist, stellt die Steuerung in vielen Fällen den OPC UA Server bereit. Hierdurch entsteht die Problematik, dass das MES den OPC UA Server überwachen muss: Sobald die Steuerung eine Produktion abgeschlossen hat, kann das MES den neuen Auftrag an die Steuerung vergeben.

Der Zugriff lässt sich also sinnvollerweise umkehren: Sobald eine Steuerung mit der Produktion eines Auftrages fertig ist, kann sie sich als OPC UA Client an das MES wenden, um neue Aufträge zu holen.

3.1.3 OPC UA Publisher-Subscriber für die Steuerungsebene

Wie am Anfang des Abschnittes bereits dargestellt, ist die Client-Server-Kommunikation in OPC UA gut geeignet, um eine Nicht-Echtzeit-Kommunikation zu betreiben. Soll aber in Echtzeit eine Kommunikation erfolgen, werden klassischerweise Feldbusse genutzt. Parallel dazu existieren spezielle Protokolle wie z.B. das EtherCAT Automation Protocol [4], das auch über normales Ethernet Echtzeitanforderungen in der Kommunikation erfüllen kann, solange keine verzögernden weiteren Komponenten zwischen den Teilnehmern existieren.

Hier wird auf eine Client-Server-Beziehung verzichtet, stattdessen gibt es Publisher, die einen Datensatz nach bestimmten Regeln senden, sowie beliebig viele Subscriber, die die Daten empfangen. Dies ist in Bild 3.4 dargestellt. Für eine solche Lösung, inkl. Echtzeitanforderungen hat sich

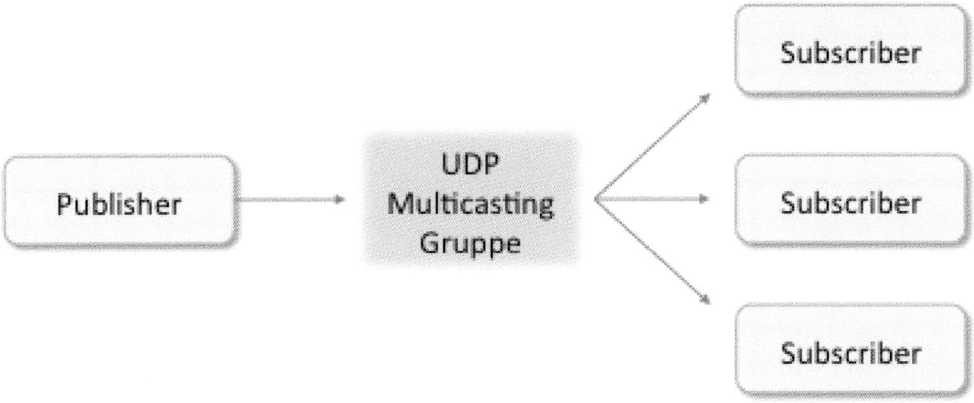

Bild 3.4 *Publisher-Subscriber-Prinzip*

jedoch kein Standard durchgesetzt, so dass diese Lösungen bisher eher zwischen Komponenten eines einzelnen Herstellers genutzt werden.

OPC UA wird aktuell um eine solche Publisher-Subscriber Kommunikation erweitert. Sie ermöglicht gleichzeitig die für OPC UA typischen, standardisierten Datenrepräsentationen und ergänzt eine echtzeitfähige, verschlüsselte 1:n-Kommunikation, die bisher fehlte. Die Spezifikation erlaubt dabei eine Übertragung über UDP/IP (echtzeitfähig) sowie andere Protokolle (AMQP und MQTT, nicht echtzeitfähig) für die Kommunikation im Rahmen der Industrie 4.0.

Gerade die Übertragung über UDP/IP hat für die Kommunikation zwischen Steuerungen unterschiedlicher Hersteller den Vorteil, dass sie echtzeitfähig erfolgen kann, wenn die Implementierung in der Steuerung direkt aus der Echtzeit erfolgt, also nicht den oben beschriebenen Weg über den Nicht-Echtzeit-Teil der Firmware nimmt.

Daraus resultierende Anwendungen sind vielfältig und heute kaum abschätzbar – alleine die Kommunikation zwischen den Anlagenteilen einer Maschinenstraße ist vielversprechend, da gerade hier unterschiedliche Maschinenbauer Anlagenteile liefern, womit Steuerungen unterschiedlicher Hersteller miteinander kommunizieren müssen. Wenn ein echtzeitfähiges Publisher-Subscriber-Prinzip in OPC UA etabliert wird, können all diese Anlagenteile auf einfache und echtzeitfähige Art und Weise miteinander kommunizieren – und das inklusive der Vorteile von Domänen-spezifischen Modellen, wie sie auf Basis von OPC UA definiert wurden.

3.1.4 Unterstützung von Domänen-spezifischen Modellen in der Steuerung (UA NodeSets für Companion Specifications)

Eine aktuell noch wenig etablierte Fähigkeit von OPC UA im Steuerungsumfeld sind die Companion Specifications. Hier haben einzelne Domänen die Möglichkeit, auf Basis des OPC-UA-Metamodells eigene Datentypen, Instanzen, Relationen usw. für ihre Domäne zu beschreiben. Es ergibt sich also eine konkrete Vorschrift, wie Geräte, Komponenten oder Sachverhalte der jeweiligen Domäne in OPC UA dargestellt werden sollen (Bild 3.5).

Als Beispiele seien hier die OPC UA ADI (**A**nalyzer **D**evice **I**ntegration) [5] sowie die AutoID-Spezifikation [6] des Verbandes AIM (**A**utomatische **I**dentifikation, Datenerfassung und **m**obile Datenkommunikation) genannt, in dem jeweils spezifische Geräte abgebildet werden. Mit diesen Spezifikationen ist es möglich, mit allen unterstützenden Geräten ohne weitere Konfiguration zu

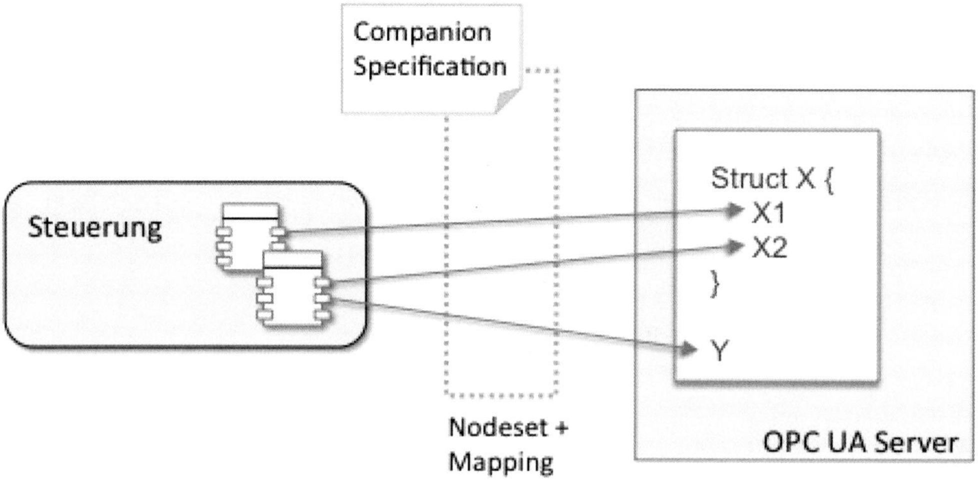

Bild 3.5 *Einsatz von Companion Specifications*

sprechen – eben dadurch, dass die Companion Specification sämtliche nötigen Datentypen, Methoden usw. festlegt. Weitere Domänen-spezifische Modelle sind in der Entwicklung – beispielhaft sei hier auf die EUROMAP77 der Kunststoffindustrie verwiesen. Mehr zu Companion Specifications finden sich in Abschnitt 2.2.

Durch diese Art der Domänen-spezifischen Modelle wird das schon lange diskutierte Konzept des Plug-and-Produce Realität (siehe Abschnitt 5.4).

Auf Steuerungsebene ergeben sich hieraus zwei Möglichkeiten: Zum einen kann die Steuerung sich als ein solches Gerät ausgeben, indem es die Spezifikation in der OPC UA Firmware implementiert oder importiert und als OPC UA Server anbietet. Ein von außen verbundener OPC UA Client merkt dann nicht, dass es sich hierbei nicht um ein «natives» Gerät handelt, sondern dass er mit einer generischen Steuerung spricht, die ein entsprechendes Programm ausführt. Die Steuerung übernimmt also die Rolle eines Gerätes im Sinne des Domänen-spezifischen Modells.

Zum anderen kann die Steuerung auch mit Bibliotheken zur Kommunikation mit solchen Geräten angereichert werden. Die Programmierer einer Steuerung müssen sich dann nicht mehr um die Eigenheiten eines konkreten Gerätes kümmern, sondern verlassen sich auf die Funktionalität, wie sie in der Companion Specification beschrieben ist.

Eine Gefahr für die Domänen-spezifischen Modelle aus der Steuerungssicht ist der Reichtum an Möglichkeiten, die OPC UA bietet. Wenn ein Domänen-spezifisches Modell alle Möglichkeiten von OPC UA nutzt und gleichzeitig aus der Steuerungsebene angeboten oder verwendet werden soll, muss die Steuerung alle diese Möglichkeiten auch unterstützen.

Dies kann nicht immer vollumfassend geschehen. So ist eine Steuerung nach IEC 61 131 von Haus aus nur mit einem statischen Speicher ausgestattet. Das heißt, eine dynamische Allokierung von Speicher, wie man sie aus der üblichen Programmierung kennt, ist nur bei wenigen Herstellern wie beispielsweise bei dem Automatisierungssystem TwinCAT der Firma Beckhoff Automation möglich. Ohne dynamischen Speicher lässt sich jedoch nur über Umwege mit den (möglicherweise) dynamisch langen Arrays in OPC UA umgehen. Auch Methodenaufrufe von oder in eine Steuerung sind nicht für alle Hersteller realisierbar.

Somit kann aus Steuerungssicht gesagt werden, dass die Domänen-spezifischen Modelle für OPC UA – sofern sie die Steuerungsebene als Kommunikationspartner adressieren – mit Augenmaß die vielfältigen Möglichkeiten von OPC UA einsetzen sollten.

OPC UA stellt für die Companion Specifications eine XML-Darstellung bereit. In diesem sogenannten NodeSet können Typen und Instanzen codiert werden und OPC UA Server können diese Modelle somit laden und importieren. Die Hersteller der Steuerungen müssen nur eine Verknüpfungsvorschrift bereitstellen, so dass die Datenpunkte in dem NodeSet auch zu realen Datenpunkten in der Steuerung verknüpft werden können.

Mit dieser leichten Austauschbarkeit und Interoperabilität ergibt sich die nächste Generation von Steuerungen: Steuerungen, die sich als konkrete Geräte ausgeben, wodurch der Zugriff z.B. von Benutzeroberflächen radikal vereinfacht werden kann.

3.1.5 Das TwinCAT-Konzept der SoA-PLC

Im Automatisierungssystem TwinCAT 3 der Beckhoff Automation GmbH & Co. KG wird die moderne Steuerung, die interoperabel mit anderen Steuerungen und anderen Systemen auf Basis von OPC UA kommuniziert, als Konzept der SoA-PLC bezeichnet (siehe auch Bild 3.6). Dieses Konzept enthält viele Facetten der OPC-UA-Kommunikation, wodurch klar wird, welche Möglichkeiten OPC UA auf Steuerungsebene bietet.

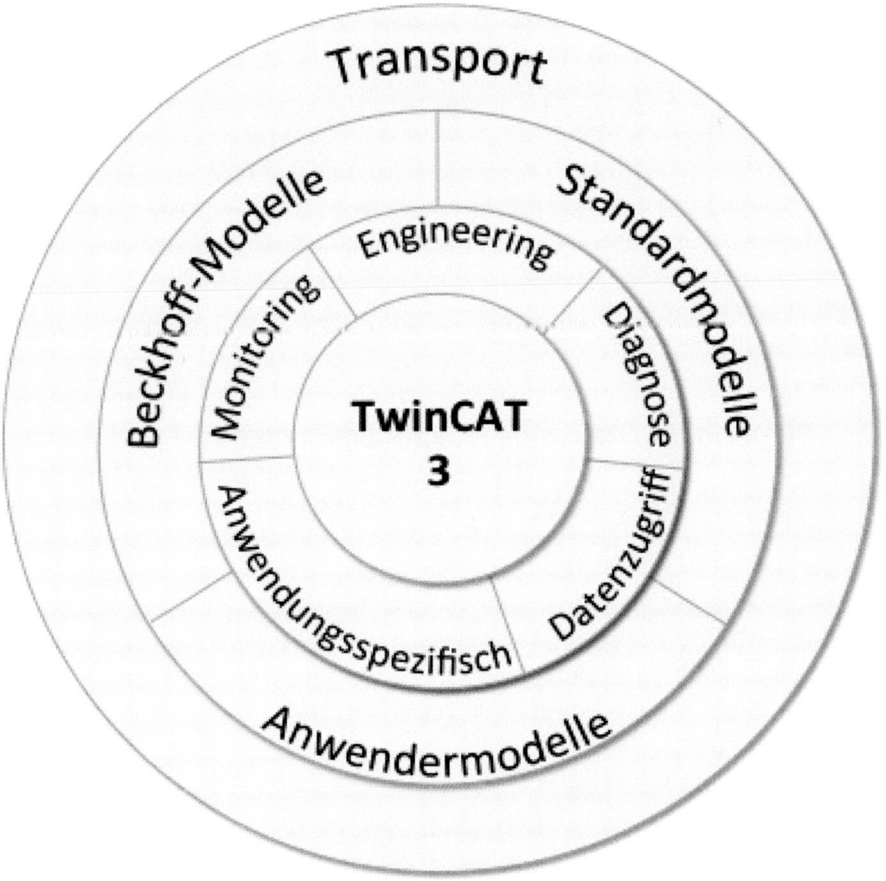

Bild 3.6 *TwinCAT 3 SoA-PLC*

Der Begriff leitet sich aus den Service-orientierten-Architekturen ab, so dass eine Steuerung (SPS oder englisch PLC) als Dienstanbieter und Nutzer verstanden wird. Die Teilnehmer der Service-orientierten Architektur folgen dabei den oben beschriebenen Companion Specifications oder bieten zusätzliche Dienste an. Die Steuerung als Kern des Konzeptes ist damit fokussiert auf die Abarbeitung der Echtzeit und der entsprechenden Ansteuerung der Ein-/Ausgangssignale. Daten werden von der Echtzeit grundsätzlich über OPC UA bereitgestellt. Bei TwinCAT üblich, aber nicht zwingend erforderlich ist die heutzutage übliche Realisierung der Steuerung auf Basis einer Software-SPS – also einer Steuerung, die auf einer CPU ausgeführt wird, die gleichzeitig ein Betriebssystem ausführt.

Um die innerste Ebene der SoA-PLC (siehe Bild 6.6) stellen die Dienste die zweite Ebene der SoA-PLC dar. Diese Dienste beruhen alle auf Basisdatentypen und Methoden von OPC UA. Sie dienen beispielsweise der Administration der Steuerung, aber auch das Engineering kann per OPC UA gesichert werden, indem z.B. per UA-Filetransfer auf die Steuerung zugegriffen wird – auch wenn dieses aufgrund der gesicherten Infrastruktur zum Engineering-Zeitpunkt heutzutage nicht im Fokus steht. Das Anbieten und Verarbeiten von Daten auf Basis der PLCopen-Spezifikationen, die direkt die Struktur des IEC-61131-3 Codes abbilden, ist ebenfalls in dieser Ebene angesiedelt. Außerdem können Dienste zum Monitoring des Gerätes oder des ablaufenden Echtzeitprogramms sowie applikationsspezifische Dienste realisiert werden.

Die dritte Ebene der SoA-PLC beschreibt Dienste, die eigene Typen mit sich bringen und somit höherwertige Funktionen anbieten. Dadurch tragen sie auch verstärkt zur semantischen Interoperabilität bei. Zu diesen Diensten gehören die Companion Specifications ebenso wie herstellerspezifische Modelle, beispielsweise einer IPC-Diagnose-Schnittstelle, wie sie von Beckhoff Automation per OPC UA angeboten wird. Auch wird es sich etablieren, dass zumindest größere Anlagenbetreiber ihre eigenen Modelle entwerfen und in den eigenen Anlagen etablieren, ohne dass diese normiert sind.

Die äußerste Ebene der SoA-PLC stellt die Kommunikation dar – und damit der Transport der Daten vom Dienstanbieter zum Dienstkonsumenten. Hier ist die von OPC UA bereitgestellte Transportschicht zur Codierung von Daten auf Basis einer TCP/IP-Verbindung für die Client-Server Kommunikation oder die UDP- bzw. MQTT/AMQP-basierte Kommunikation für die Publisher-Subscriber-Kommunikation zu nennen. Auch die genutzte Security zur Absicherung der Kommunikation wird auf dieser Ebene zum Schutz der innenliegenden Ebenen gesehen.

3.1.6 OPC UA in der Steuerung – heute und morgen

OPC UA ist auf Steuerungsebene der De-facto-Standard für Interoperabilität. Es gibt regional und historisch unterschiedlich weite Adaptionen, jedoch zweifelt kaum einer mehr ernstzunehmend an der Reichweite, Tragfähigkeit und Zuverlässigkeit des Protokolls. Die einzigartige Kombination aus Kommunikation, Typsystem und eingebauter Security durch Nutzung etablierter und anerkannter Technologien macht es zum einzig sinnvollen Kommunikationsstandard der Industrie-4.0-(R)Evolution, wie auch die Plattform Industrie 4.0 [7] in ihrer Umsetzungsstrategie zeigt.

Aktuell in der Anwendung für Steuerungen ist OPC UA hauptsächlich ein einfach zu nutzender, standardisierter Kommunikationskanal für einzelne Datensätze. Methodenaufrufe sind wenig verbreitet, jedoch existent. Spezialitäten von OPC UA, wie das Typsystem, werden gerade erst erschlossen, da sich hier der Mehrwert erst durch die Existenz der Companion Specifications richtig auszahlt.

Aktuell steht die Interoperabilität innerhalb einer Fabrik / Anlage im Fokus, d.h., auf Security wird heutzutage eher verzichtet, was sicherlich spätestens durch die Kommunikation mit einer Cloud aber verpflichtend wird. Dadurch, dass alle OPC-UA-Komponenten (bis auf Kleinstgeräte, zu denen die Steuerungen aber nicht gehören) jedoch die Security anbieten, sind Anwendungen später nachrüstbar.

Durch die Erweiterung der Kommunikationsmöglichkeiten um eine 1:n-Kommunikation mittels der Publisher-Subscriber-Erweiterung steht sowohl das Typsystem wie auch die Security für die vernetzten Anwendungen bereit. Gerade die Mächtigkeit des Typsystems zeigt dabei die Vorteile der interoperablen Kommunikation im Gegensatz zu anderen Industrie-4.0-Protokollen, wie MQTT und AMQP.

In Kürze

OPC UA ist heute aus der Steuerungsebene nicht mehr weg zu denken. Eine OPC-UA-Schnittstelle anzubieten, gehört zum Produkt-Portfolio eines jeden Steuerungssystems – schon weil es den einzig akzeptierten Kommunikationsstandard mit einer eingebauten Security bietet.

Die Integration und die Kommunikation vom nicht-Echtzeit-fähigen OPC UA zu der Echtzeit in Bezug auf den Datenaustausch ist dabei von den Herstellern mit ihren eigenen Schnittstellen zu realisieren. Standardisiert ist nach PLCopen aber die Abbildung des 61131-3 basierten Programms in den OPC-UA-Namensraum eines Servers. Clienten können das Steuerungs-Programm zusammen mit den Aktual-Werten erkunden.

Auch von der PLCopen standardisiert, aber nicht ganz so weit verbreitet, ist die Kommunikation aus der Echtzeit als OPC UA Client – die dafür vorgesehen Funktionsbausteine bieten die Möglichkeit, auch solche Programme herstellerneutral zu formulieren.

Eine Steuerung gibt sich damit aber immer noch als Steuerung aus – nicht als Maschine vom Typ X – genau das adressieren nun die aufkommenden Companion Specifications, in denen beschrieben wird, wie sich ein bestimmtes Gerät per OPC UA darstellt.

Das gesamte Konstrukt mit den unterschiedlichen Ebenen von Echtzeit über die Modellierung zu der Kommunikation wird als «SoA-PLC» bezeichnet, wenn entsprechende Dienste angeboten und konsumiert werden. Dies bedingt somit die Integration von Server- wie auch Client-Komponenten auf allen Ebenen.

Neue Wege wird OPC UA nun in der Steuerungsebene beschreiten, wenn eine 1:n-Kommunikation über die «PubSub»-Erweiterung angeboten wird – hier ist für das UDP-Multicasting von den Steuerungsherstellern eine neuartige direkte Integration von OPC UA in die Echtzeit gefordert. Dies hat Beckhoff Automation bereits vorgestellt.

3.2 OPC UA in der Steuerung – Siemens

3.2.1 Siemens und OPC UA

Die Firma Siemens ist Weltmarktführer auf dem Gebiet der Automatisierungstechnik und Gründungsmitglied der OPC Foundation. Siemens-Produkte wie der PC-basierte SIMATIC NET OPC UA Server gehören zu den ersten offiziell zertifizierten weltweit. OPC UA hat laut Siemens eine besonders hohe Bedeutung auf dem Weg zur Industrie 4.0. Dies zeigt sich auch in zahlreichen OPC-UA-Implementierungen (Bild 3.7) in Siemens-Produkten über die gesamte Automatisierungspyramide hinweg.

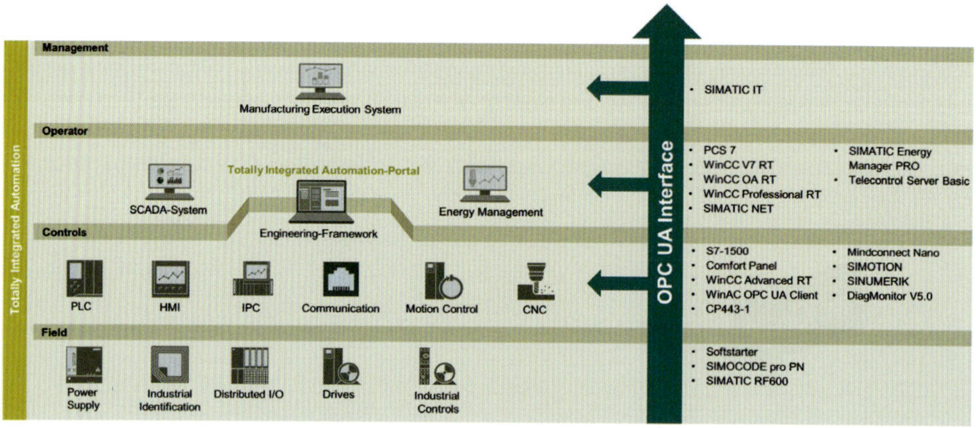

Bild 3.7 *OPC UA in zahlreichen Siemens-Produkten* [© Siemens 2017]

Interessant dabei ist, dass neben den «klassischen», oft PC-basierten Geräten mit OPC-UA-Implementierungen wie MES, SCADA, HMI auch mehr und mehr Geräte auf der Steuerungsebene und in der Feldebene OPC UA an Bord haben. Beispielhaft seien hier z.B. der SIMOCODE-Motorstarter oder der RFID-Reader SIMATIC RF600 genannt. Letzteres hat bereits die OPC UA Auto-ID Companion-Specification des Industrieverbands AIM implementiert (siehe Abschnitt 2.2). Dies reduziert die Integrationskosten des Gerätes in die Gesamtanlage nochmals deutlich.

3.2.2 OPC UA und PROFINET

Ein Grund für die immer weiter voranschreitende Verbreitung von OPC UA in Siemens-Geräten ist die vollständige Kompatibilität von OPC UA und PROFINET. Der wie OPC UA herstellerübergreifende und offene Feldbusstandard PROFINET ist der bevorzugte Feldbus sämtlicher Siemens-Geräte. Dadurch, dass er Ethernet-basiert ist und eine vollständige Konvergenz mit TCP/IP-basiertem Traffic zulässt, lassen sich OPC-UA- und PROFINET-Kommunikation parallel auf dem gleichen Kabel nutzen und beide ergänzen sich mit ihren jeweiligen Stärken (Bild 3.8). PROFINET bietet in erster Linie den im Feld notwendigen Determinismus und Echtzeitfähigkeit für den zyklischen E/A-Datenaustausch bis hin zu Buszyklen von 31,25 µs, ein leistungsfähiges Diagnosekonzept für Feldgeräte und verfügt über verschiedene Profile wie z.B. PROFIsafe, um auch die Anforderungen an die funktionale Sicherheit zu erfüllen. OPC UA hat seine Stärken vor allem im zugrunde liegenden Informationsmodell und der Bereitstellung von SoA-Diensten (Service-oriented Architecture). Dies erlaubt eine schnelle und reibungslose Integration von OPC-UA-Geräten, wenn es nicht auf harte Echtzeitanforderungen wie im Feld ankommt, was insbesondere in der vertikalen Kommunikation zwischen Feld / Steuerungsebene und HMI / SCADA / MES / Cloud der Fall ist. Insbesondere dem Online-Browser kommt hier oftmals eine entscheidende Bedeutung zu, wenn es um die Integration verschiedener Systeme in einer heterogenen Landschaft geht.

3.2.3 OPC UA in der SIMATIC S7-1500

Seit dem Release des Engineering Frameworks TIA Portal V14 und der Firmware 2.0 im September 2016 ist OPC UA direkt in das Betriebssystem der Steuerungsfamilie SIMATIC S7-1500 integriert.

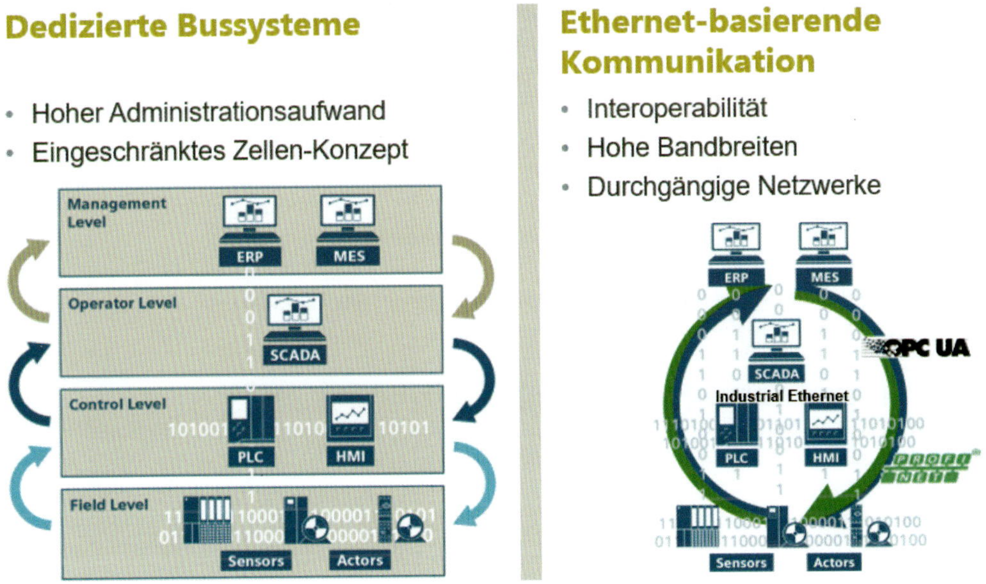

Bild 3.8 *Symbiose von OPC UA und PROFINET* [©Siemens 2017]

Diese umfasst neben der normalen S7-1500 und den Safety/Technologie/Software-Steuerungen S7-1500F/T/S auch die dezentrale Steuerung ET200SP CPU sowie virtuelle Steuerungen mittels PLCSIM Advanced. Damit ist OPC UA für Siemens der Standard-Kommunikationskanal zwischen der S7-1500 und beliebigen Geräten im Hinblick auf Industrie 4.0.

Übersicht der Funktionalität

Ab Firmware-Version V2.0 kann über den im Betriebssystem der S7-1500 integrierten OPC UA Server mit Data-Access-Funktionalität auf sämtliche freigegebenen Daten der Steuerung zugegriffen werden. Der SPS-Programmierer kann auswählen, ob Daten lesbar, schreibbar oder gar nicht zugreifbar sind. Dabei spielt es keine Rolle, ob die Daten in einem optimierten oder nicht optimierten Datenbaustein liegen. Sämtliche in der SIMATIC verfügbaren Datentypen können verwendet werden. Auch unterstützt der OPC UA Server den Zugriff auf beliebige Datenstrukturen und Arrays als Ganzes, was für den performanten Datenzugriff auf große Strukturen und Arrays essenziell ist.

Alternativ zum Lesen können sich OPC UA Clients auch auf Datenänderungen mittels OPC-UA-Subscription-Mechanismus abonnieren. Der OPC UA Server überwacht somit die Variablen und schickt neue Werte nur bei Änderung. Dies minimiert die Netzwerklast und ist insbesondere für den Bedien-/Beobachtungsfall interessant. Auch Strukturen und Arrays lassen sich als Ganzes beobachten.

Methoden

S7-1500-CPUs ab Firmware V2.5 ermöglichen OPC-UA-Anwendern, Server-Methoden zu programmieren. Diese Methoden können dann von OPC UA Clients aufgerufen werden, um z.B. einen Auftrag von der S7-1500-CPU selbstständig ausführen zu lassen. Ähnlich wie Remote Procedure Calls haben diese Server-Methoden Übergabeparameter (Input-Parameter), Rückgabeparameter (Output-Parameter) und einen Statuswert. Der Statuswert gibt Auskunft über den Erfolg des Methodenaufrufs.

Ein wesentlicher Vorteil von Server-Methoden: Daten, die über die Datenbreite atomarer Datentypen hinausgehen, können konsistent übertragen werden.

Der Programmcode, der als Server-Methode ausgeführt werden soll, ist von den beiden Anweisungen «OPC_UA_ServerMethodPre» und «OPC_UA_ServerMethodPost» eingerahmt. Diese beiden Anweisungen verwalten die Parameterübergabe und den Ablauf zwischen Aufrufer und aufgerufener Server-Methode. «OPC_UA_ServerMethodPre» sorgt z.B. neben der Übergabe der Input-Parameter dafür, dass der Programmcode der Methode nur dann ausgeführt wird, wenn sie von einem Client aufgerufen wurde. «OPC_UA_ServerMethodPost» gibt u.a. den Status des Aufrufs zurück und einen «Result»-Wert für den Aufrufer der Methode. Mit dem «Result»-Wert kann der Aufrufer mit Methoden-spezifischen Fehlercodes versorgt werden.

Die Reihenfolge der Anweisungen im Anwenderprogramm der S7-1500 CPU als OPC UA Server ergibt sich folgendermaßen:

1. Aufruf der Anweisung «OPC_UA_ServerMethodPre»
2. Anwenderprogramm der Server-Methode (die Funktion bzw. die Logik der Methode)
3. Aufruf der Anweisung «OPC_UA_ServerMethodPost»

Anwender haben die Möglichkeit, aktuell bis zu 20 Input- und Output-Parameter zu vereinbaren; ein einzelner Parameter kann z.B. auch eine Struktur oder ein Array sein.

Sobald die Anweisungen «OPC_UA_ServerMethodPre» und «OPC_UA_ServerMethodPost» von einem Organisationsbaustein (OB) aufgerufen werden, ist die Methode für einen OPC UA Client sichtbar und aufrufbar (Bild 3.9).

Security ist integraler Bestandteil von OPC UA und genießt in Siemens-Geräten eine hohe Priorität. Der OPC UA Server der S7-1500 hat sämtliche aktuelle OPC-UA-Security-Verfahren auf Applikationsebene bis hin zu 256 bit verschlüsselter Kommunikation mittels SHA256-Zertifikaten implementiert. Bei der Nutzerauthentifizierung unterstützt der OPC UA Server neben dem anonymen auch den Login mittels Benutzername und Passwort.

Natürlich lässt sich der Datenhaushalt des OPC UA Servers der S7-1500 auf der Steuerung zur Laufzeit erbrowsen. Weiterhin besteht aber auch die Möglichkeit, den OPC-UA-Adressraum des Servers auf Knopfdruck aus dem TIA-Portal zu exportieren. Somit lassen sich OPC UA Clients auch

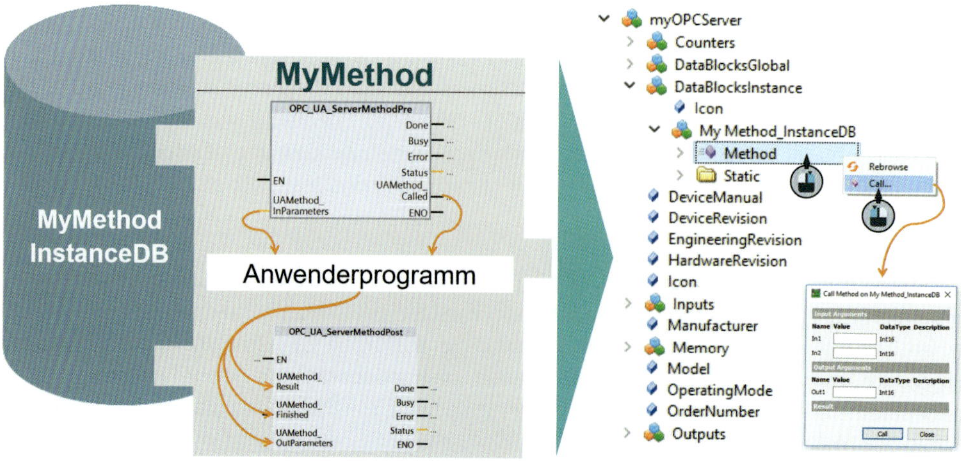

Bild 3.9 *OPC-UA-Methoden bei der SIMATIC S7-1500* [© Siemens]

ohne Verbindung zur Steuerung projektieren. Dies ist besonders interessant, wenn die Steuerung noch nicht zur Verfügung steht, z.B. wenn eine Visualisierung in einer Abteilung im Unternehmen ohne Steuerungsbezug oder bei einem Lieferanten entsteht. Der OPC-UA-XML-Export basiert dabei auf den XML-Schemata der OPC Foundation und lässt sich neben der grafischen Oberfläche des TIA-Portals auch über die Kommandoschnittstelle der Openness-Option anstoßen. Damit besteht die Möglichkeit, den gesamten Ex- und Importvorgang in einem beliebigen Engineering-Tool auf Knopfdruck zu integrieren (Bild 3.10). Der OPC-UA-Client Programmierer muss das TIA-Portal dann nicht bedienen und benötigt somit keine TIA-Portal-Kenntnisse.

Der OPC UA Server der S7-1500 ist offiziell auf Basis des Embedded-Profils zertifiziert (siehe Abschnitt 2.4).

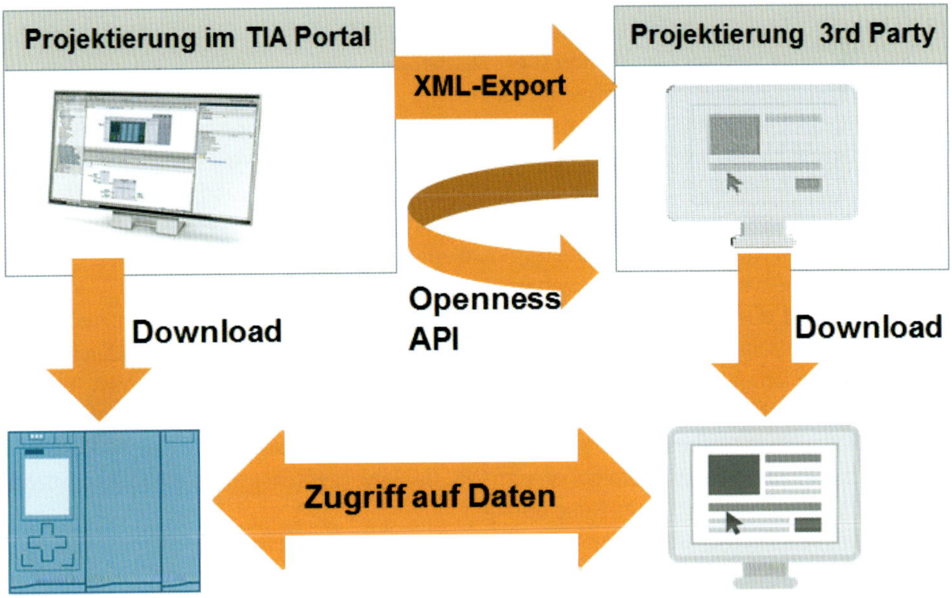

Bild 3.10 *Vollständige Offline-Projektierung des OPC UA Clients* [©Siemens 2017]

Konfiguration

Die Konfiguration des OPC UA Servers der S7-1500 erfolgt vollständig über das TIA-Portal. Dabei sind für einen einfachen Zugriff ohne Security nur drei Schritte notwendig. Zunächst muss der OPC UA Server in den Hardware-Einstellungen der CPU aktiviert werden. Da OPC UA eine kostenpflichtige Runtime-Lizenz ist, muss außerdem der Kauf der vom CPU-Typ abhängigen Lizenz bestätigt werden. Nun kann der SPS-Programmierer über intuitive Checkboxen neben den Variablen entscheiden, ob diese für den Zugriff mittels OPC UA zur Verfügung stehen und falls ja, ob der Zugriff lesend oder auch schreibend erfolgen darf.

Die Security-Projektierung erfolgt ebenfalls im TIA-Portal. Dabei kommt der projektweiten Komponente Globale-Security-Einstellungen eine zentrale Bedeutung zu. Über diese werden Zertifikate aus dem TIA-Portal ex- und in das TIA-Portal importiert, was notwendig für die professionelle Security-Konfiguration der Gesamtanlage ist.

Für die Details der Konfiguration sei an dieser Stelle auf die entsprechenden Gerätehandbücher oder auch Applikationsbeispiele auf den Siemens-Webseiten verwiesen.

Performance und Details

Konkrete Aussagen über die Performance im Einzelfall zu treffen, ist aufgrund der Vielzahl an Kombinationsmöglichkeiten schwierig bis unmöglich. Auf Basis von Freigaben und Erfahrungswerten bzw. beispielhaften Messungen lassen sich Abschätzungen treffen. Letztlich führt bei grenzwertigen Anforderungsszenarien kein Weg an Tests am konkreten Beispiel vorbei. Haupteinflussfaktoren auf die Performance sind:

a) CPU-Typ
Vor allem der Sprung von CPU 1516 und kleiner auf CPU1517/1518 macht sich in einer deutlich gestiegenen Kommunikationsperformance bemerkbar.

b) Datenstruktur im Programm
Der SPS-Programmierer sollte zusammenhängende Daten strukturieren, am besten in Arrays, zweitbeste Möglichkeit sind **U**ser defined **D**ata**t**ypes (UDTs). Somit können diese dann später vom OPC UA Client als Ganzes adressiert werden.

c) Nutzung von optimierten Zugriffen im Client
Der OPC UA Client sollte auch Arrays und Strukturen als Ganzes adressieren. Dieser Punkt kann kaum genug betont werden, sorgt er schließlich für eine enorme Steigerung der Performance. Zugriffe auf mehrere OPC UA Nodes sollten immer Listenzugriffe sein und keineswegs, wie in der Realität gerne anzutreffen, Einzelzugriffe innerhalb von Abarbeitungs-For-Schleifen. Greift der OPC UA Client wiederholt auf dieselben Variablen zu, so sollte er unbedingt das OPC UA Feature Register Nodes verwenden, um einen im Weiteren Registered Read / Write genannten Lese-/ Schreibzugriff durchzuführen. Dabei holt sich der Client zunächst die internen / optimierten Adressen der Variablen vom Server, speichert sich diese und greift nun im Folgenden immer mit diesen optimierten Adressen auf die Variablen zu. Somit muss die CPU nicht mehr bei jedem Zugriff vergleichsweise aufwendige String-Umwandlungen und Suchvorgänge durchführen, was die Zugriffszeit insbesondere beim Zugriff auf mehrere Variablen deutlich senkt. Der OPC UA Client sollte zudem die Typdefinitionen vom OPC UA Server zwischenspeichern / cachen, damit er sie nicht bei jedem Zugriff aufs Neue erfragen muss.

d) Last durch andere Kommunikation
Es gibt in der SIMATIC S7-1500 keine Priorisierung innerhalb der nicht-deterministischen Kommunikation. PROFINET priorisiert RT- und IRT-Kommunikation gegenüber der nicht-deterministischen Kommunikation. Somit teilt sich OPC UA dieselben Kommunikations-Ressourcen mit z.B. S7-Kommunikation, Open-User-Kommunikation, Webserver und weiteren.

OPC UA Subscriptions werden durch folgende Faktoren beeinflusst:

e) Anzahl der MonitoredItems
Jedes Element muss regelmäßig auf Änderung vom OPC UA Server überwacht werden, was die Last innerhalb der Kommunikation vergrößert. Daher sollten nur die Variablen beobachtet werden, die wirklich aktuell für den jeweiligen Anwendungsfall notwendig sind. Bei temporär nicht benötigten Variablen sollte vom Client das Überwachen dieser Variablen deaktiviert werden.

f) Sampling und Publish Intervall
Diese Werte haben erheblichen Einfluss auf die Last, die durch OPC UA Subscriptions erzeugt wird; sie sollten daher stets so hoch wie möglich und so niedrig wie nötig angesetzt werden. Das OPC UA Sampling Intervall kann durch den OPC UA Client gewünscht werden und wird dann vom OPC UA Server der SIMATIC S7-1500 auf den nächsten vom Server unterstützten Wert revidiert. Das OPC UA Publish Intervall kann vom Client frei gewählt werden, wobei es je

nach CPU-Typ ein bestimmtes Minimum gibt. Der SPS-Programmierer kann in den Einstellungen der CPU im TIA-Portal die Minima von Sampling und Publishing Intervall je nach Anwendungsfall erhöhen, um die Last durch unsauber programmierte Clients zu reduzieren. In den meisten Fällen ist die Einstellung Sampling gleich Publish Intervall sinnvoll.

Einen geringeren Einfluss auf die Performance haben:

g) Verwendung der optimalen Schnittstelle
Als Faustformel gilt, dass wenn möglich immer die Schnittstelle mit der höchsten Ziffer verwendet werden sollte. So ist z.B. bei der CPU 1518 die X3-Schnittstelle mit Gigabit ausgestattet. Die X1-Schnittstelle sollte nicht die bevorzugte Schnittstelle sein; sie ist für Echtzeit-Kommunikation über PROFINET optimiert.
h) Security-Einstellungen
Wie sich in den nachfolgenden Beispielmessungen zeigt, hat Security, wie Verschlüsselung der Nachrichten, einen vergleichsweise geringen, aber dennoch vorhandenen Einfluss auf die Performance.

Diese Punkte entscheiden ganz wesentlich über Erfolg und Zufriedenheit beim Einsatz von OPC UA und im Speziellen beim Einsatz von OPC UA auf der S7-1500 und dürfen keineswegs unbeachtet bleiben. Sie machen den Unterschied aus, ob Sie aus der CPU 1518 3000 oder 300 000 Werte innerhalb einer Sekunde transferieren können.

In Bild 3.11 sind beispielhafte Messreihen zu zwei verschiedenen CPU-Typen dargestellt – zum einen von der CPU 1510, die in dezentraler Aufbauform als ET200SP CPU verfügbar ist, zum anderen von der CPU 1518, der größten verfügbaren S7-1500 CPU (Bild 3.12). Der Testaufbau war in beiden Fällen wie folgt: Ein Anwenderprogramm war geladen, das eine Zykluszeit von 10 ms erzeugt. Die maximale Kommunikationslast war auf 50% eingestellt. Dies bedeutet, dass die Gesamtzykluszeit durch die Kommunikation auf maximal 20 ms ansteigen kann. Es wurden nun 100, 200, 500 und 1000 Variablen vom Typ DINT ausgelesen sowie eine Struktur und ein Array mit jeweils 1000 Variablen vom Typ DINT als Ganzes. Alle Zugriffe wurden als normaler sowie als registrierter Leseauftrag durchgeführt. Sämtliche Messungen wurden 100-mal durchgeführt und der Mittelwert gebildet.

Folgende allgemeingültige Beobachtungen und Empfehlungen lassen sich ableiten:

i) Registered Read verwenden beim Zugriff auf viele Variablen
Der Einsatz der OPC-UA-Funktionalität Register Nodes bringt Geschwindigkeitsvorteile in der Größenordnung von Faktor 10. Dies ist natürlich nur sinnvoll, wenn auf die Daten mehrmals zugegriffen wird, da der einmalige Registrierungsvorgang Zeit kostet. Weiterhin ist der Vorteil umso größer, je mehr Variablen bei einem Aufruf ausgelesen werden. Beim Zugriff auf nur eine Variable gibt es nur einen vernachlässigbaren Unterschied, insbesondere wenn diese Variable sehr groß ist (z.B. ein ganzes Array).
ii) Zugriff auf ganze Strukturen und Arrays
Im Vergleich zum Registered Read steigert der Zugriff auf dieselben Daten mittels lediglich einer größeren Struktur oder eines größeren Arrays die Geschwindigkeit nochmal in der Größenordnung von Faktor 10. Im Vergleich zum normalen Leseauftrag ergibt sich insgesamt ein Unterschied in der Größenordnung von Faktor 100. Das heißt, wenn größere Datenmengen übertragen werden sollen, sollten diese unbedingt in Strukturen oder Arrays strukturiert und auch als solche im Ganzen abgefragt werden. Am besten schneidet der Zugriff auf Arrays als Ganzes ab, weshalb diese auch, wo möglich, verwendet werden sollten.

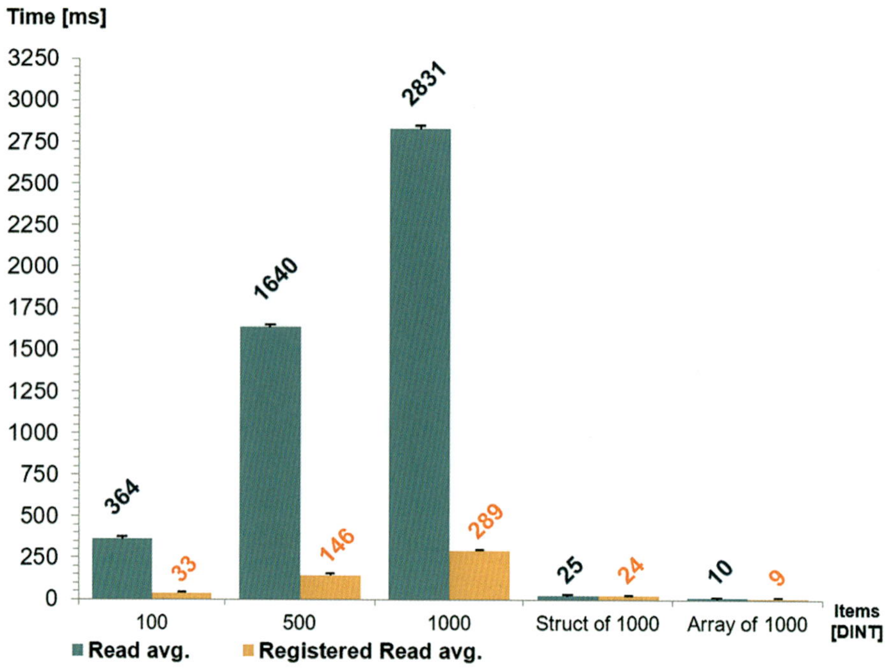

Bild 3.11 *Beispielhafte Performance-Messungen CPU 1510, Programmzykluszeit 10 ms, FW2.0* [©Siemens 2019]

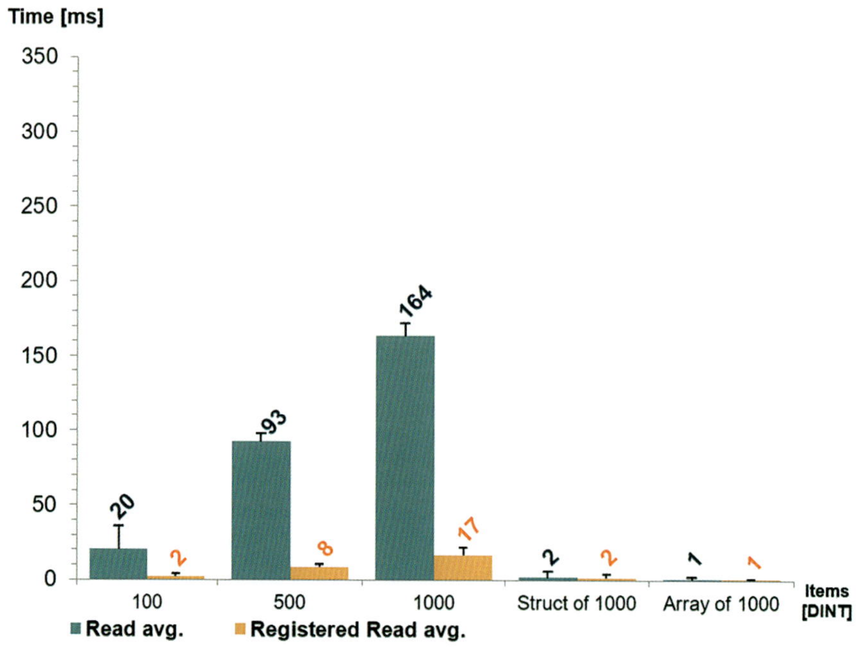

Bild 3.12 *Beispielhafte Performance-Messungen CPU 1518, Programmzykluszeit 10 ms, FW2.0* [©Siemens 2017]

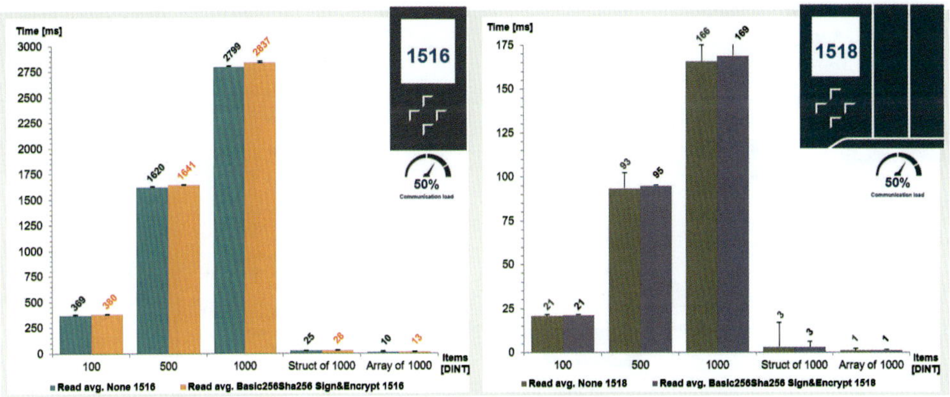

Bild 3.12 – Fortsetzung

iii) Security kostet wenig Performance

Das Lesen von Werten mit der höchsten Sicherheitsstufe Basic256Sha256 sign&encrypt ist nur etwa 10% langsamer als das Lesen über eine ungesicherte Verbindung. Was hingegen deutlich länger dauert, ist der Verbindungsaufbau zwischen OPC UA Server und Client. Dies liegt in der Natur der asymmetrischen Schlüssel beim Verbindungsaufbau begründet.

SiOME (Siemens OPC UA Modeling Editor)

Im Referenzarchitekturmodell Industrie 4.0 (RAMI 4.0) wird OPC UA nicht nur aufgrund der geforderten Protokolleigenschaften empfohlen. Ebenso wichtig ist im Rahmen von RAMI 4.0 die Möglichkeit der Informationsmodellierung, wie OPC UA sie bietet.

Das OPC-UA-Informationsmodell besteht im Wesentlichen aus vier Grundelementen: Objekten, Variablen, Methoden und Eigenschaften. Eigenschaften (Properties) werden dazu genutzt, um Bedeutungen (Semantik) von Werten zu definieren – eine wesentliche Voraussetzung für Interoperabilität, d.h., dass Geräte nicht nur miteinander kommunizieren, sondern sich auch «verstehen». Beispiel: Ein Wert vom Datentyp Integer kann über seine Eigenschaften die Bedeutung eines Temperaturwerts (z.B. Grad Celsius) haben oder der Wert hat die Eigenschaft, einem bestimmten Wertebereich anzugehören (Bild 3.13).

Verschiedene Branchen nutzen bereits die Möglichkeit der Informationsmodellierung und haben verschiedene Companion-Spezifikationen erstellt. Beispiele dafür sind Pack ML, Euromap oder AIM.

Damit man OPC-UA-Informationsmodelle für S7-1500-CPUs nutzen kann, stellt Siemens kostenlos das Tool SiOME (**Si**emens **O**PC UA **M**odeling **E**ditor) zum Download auf der Siemens-Support-Internetseite zur Verfügung.

Mit SiOME werden Companion-Spezifikationen bearbeitet, die im Normalfall als XML-Dateien vorliegen. Die Bearbeitung umfasst folgende Schritte:

- Elemente der Companion-Spezifikation instanziieren,
- Zuordnung der instanziierten Elemente zum Datenhaushalt der CPU herstellen (Mapping),
- Export der «angereicherten» Companion-Spezifikation als XML-Datei mit eigenem Namensraum.

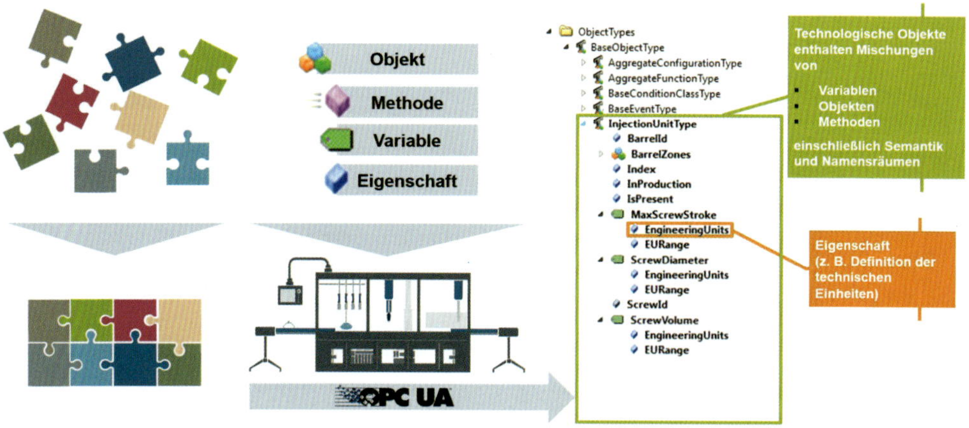

Bild 3.13 *OPC-UA-Informationsmodell* [© Siemens]

Die aus SiOME exportierte XML-Datei wird im TIA-Portal importiert, um dort nach einer Konsistenzprüfung mit den übrigen Projektdaten in die CPU geladen zu werden. Anschließend können OPC UA Clients auf die zugeordneten CPU-Daten über die OPC-UA-Schnittstelle zugreifen (Bild 3.14).

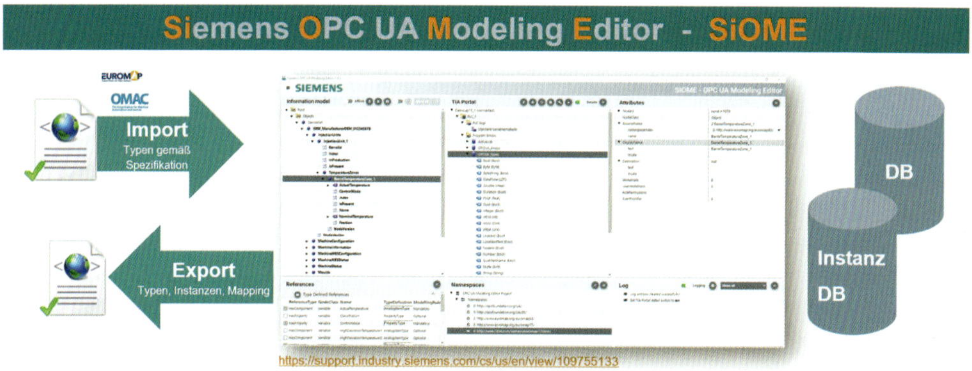

Bild 3.14 *SiOME* [© Siemens]

SiOME bietet Komfortfunktionen wie z.B. die automatische Erstellung von Datenbausteinen aus der OPC-UA-Server-Schnittstelle. Die umgekehrte Richtung wird ebenfalls unterstützt: Aus Datenbausteinen erstellt SiOME automatisch die zugehörige OPC-UA-Server-Schnittstelle.

Ob die Server-Schnittstellen konform zu den Regeln von OPC UA sind, kann ebenfalls mit SiOME geprüft werden.

Client

Neben der Server-Funktionalität ist die OPC-UA-Client-Funktionalität ein grundlegender Bestandteil der OPC-UA-Spezifikation. Anwendungsgebiete sind die Controller-Controller-Kommunikation (horizontale Kommunikation) und auch die vertikale Kommunikation, z.B. zu MES-Systemen.

Ab Firmware Version V2.6 bzw. TIA-Portal Version 15.1 unterstützt die S7-1500-Produktfamilie die OPC-UA-Client-Funktionalität.

Als Dienste werden Lese- und Schreibaufrufe unterstützt, die hier immer registrierte Aufrufe sind, und es sind Methodenaufrufe möglich.

Erweiterungsfähig sind die Dienste hinsichtlich der Einrichtung von Subscriptions und der Abfrage von Alarmen.

Die OPC-UA-Client-Funktionalität wurde auf Basis der PLCopen-Spezifikation IEC 61 131-3 umgesetzt. Die PLCopen-Spezifikation definiert die verschiedenen Client-Funktionen wie Verbindungsaufbau, Vorbereitung des Datenaustauschs, den eigentlichen Datenaustausch sowie das abschließende «Aufräumen». Durch die Standardisierung ist es leichter, ein Anwenderprogramm auf eine Steuerung eines anderen Herstellers zu portieren, der ebenfalls die OPC-UA-Anweisungen gemäß der PLCopen zur Verfügung stellt.

Die Programmierung der OPC-UA-Kommunikation kann einige Zeit beanspruchen und setzt Hintergrundwissen und Erfahrung voraus. Für die Programmierung der OPC-UA-Kommunikation einer S7-1500-CPU unterstützt das TIA-Portal schrittweise und dialoggeführt durch eine einfach zu handhabende Client-Schnittstellen-Konfiguration. Dadurch müssen viele Variablen, z.B. für die Versorgung der Verbindungsparameter oder der Security-Parameter, nicht manuell angelegt werden (Bild 3.15).

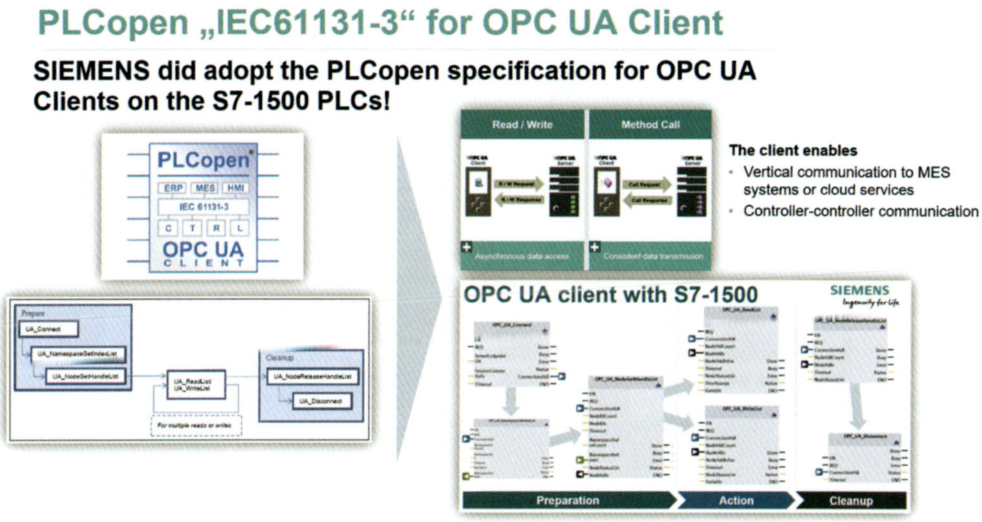

Bild 3.15 *OPC UA Client für die SIMATIC S7-1500* [© Siemens]

3.2.4 Weitere OPC-UA-Implementierungen in der SIMATIC

Nachfolgend werden noch einige Alternativen zum direkt in die Steuerung integrierten OPC UA Server der S7-1500 aufgelistet – ohne Anspruch auf Vollständigkeit. Aufgrund der hohen Dynamik des Themas OPC UA und ständig neuer Implementierungen sowie Erweiterungen bestehender Lösungen lohnt sich immer eine aktuelle Recherche nach der für den jeweiligen Anwendungsfall passenden Lösung. Dabei kann die folgende Übersicht der zum Zeitpunkt des Verfassens dieser Zeilen populärsten Lösungen als gute Ausgangsbasis dienen. Eine umfangreiche Auflistung von Siemens-Produkten mit OPC-UA-Implementierungen findet sich z.B. auf der OPC Foundation Website unter https://opcfoundation.org/members/view/353.

SIMATIC S7-1200

Auch die Basic-Variante der Siemens-Steuerungen, die S7-1200-Produktfamilie, unterstützt ab der Firmware Version 4.4 einen OPC UA Server. Dieser bietet die grundlegenden OPC-UA-Dienste wie das Lesen und Schreiben von Daten oder auch das Anlegen von Subscriptions. Unterstützung von Server-Methoden sowie der komplexen Datentypen Struktur und Array ist für spätere Ausbaustufen geplant.

Genauso wie bei S7-1500-CPUs gibt es für S7-1200-CPUs die Möglichkeit, Companion-Spezifikationen im XML-Format über das TIA-Portal zu importieren.

Im Unterschied zur S7-1500 müssen Daten, die der OPC UA Server der S7-1200 anbieten soll, über die OPC-UA-Server-Schnittstellen im TIA-Portal projektiert werden.

Die S7-1200 bietet gegenüber der S7-1500 reduzierte Mengengerüste. Unter anderem betrifft dies die Anzahl unterstützter OPC-UA-Knoten und die Anzahl Subscriptions, die ein Client in der S7-1200 anlegen kann (Bild 3.16).

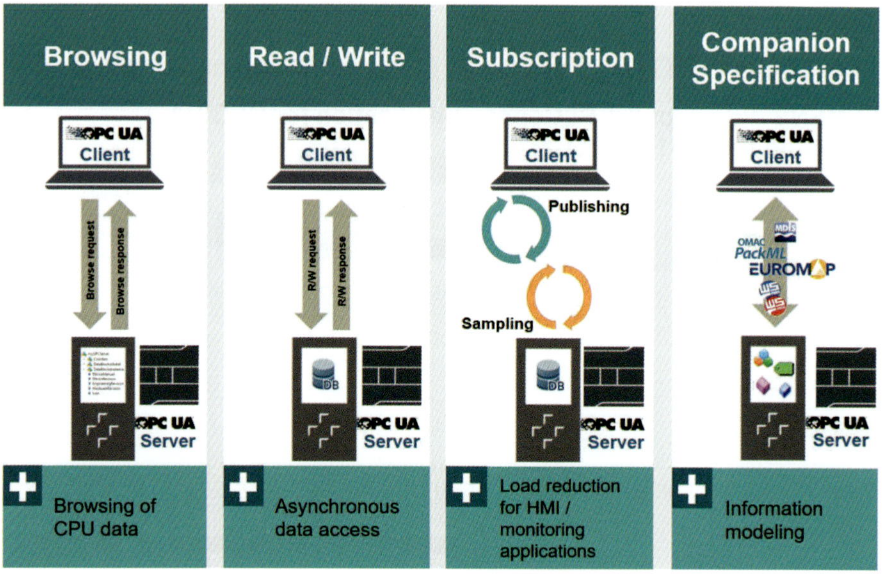

Bild 3.16 *Funktionsumfang SIMATIC S7-1200* [© Siemens]

SIMATIC NET OPC UA Server

Sämtliche SIMATIC-Steuerungen können über den PC-basierten SIMATIC NET OPC UA Server als Gateway-Lösung angebunden werden. Dabei kann dieser eine Verbindung zu bis zu 512 SIMATIC-Steuerungen aufbauen und den Zugriff auf diese mittels OPC UA gestatten. Dies ist insbesondere interessant für bestehende Landschaften, wenn Steuerungen aus den Familien SIMATIC S7-1200/300/400 angebunden werden sollen. Der SIMATIC NET OPC UA Server bietet dabei neben dem Datenzugriff mittels OPC UA Data-Access auch den Zugriff auf die Alarme der Steuerungen mittels OPC UA Alarms&Conditions. Weiterhin können auch andere Systeme mittels eines OPC UA Clients an den Server angebunden werden.

SIMATIC CP 443-OPC UA

Für die Steuerungsfamilie SIMATIC S7-400 gibt es den Kommunikationsprozessor CP 443-1 OPC UA, der sowohl einen OPC UA Server als auch einen OPC UA Client integriert hat und bei beiden über Data-Access-Funktionalität verfügt. In der Client-Konfiguration ist der CP 443-1 OPC UA auch für Anwendungen mit dem Prozessleitsystem PCS7 freigegeben.

SIMATIC WinCC Advanced & Professional

Die Siemens HMI-Runtime WinCC Advanced sowie die SCADA-Runtime WinCC Professional bieten sowohl einen OPC UA Client als auch einen OPC UA Server mit Data-Access-Funktionalität.

TeleControl

Schließlich ist OPC UA auch für Telecontrol(Fernwirk)-Anwendungen verfügbar. Kern bildet hier die Software TeleControl Server Basic, die als Gateway zwischen den verteilten Fernwirksystemen (**R**emote **T**erminal **U**nit, RTU) in der Feldebene und dem Leitsystem (SCADA) fungiert. Hier können zum Beispiel die SIMATIC RTU3030C oder eine S7-1200 mit dem 4G-Mobilfunk-Modul CP1243-7 als Fernwirkgeräte angebunden werden; zum SCADA-System wird dann OPC UA mit Data Access (DA) und Historical Access (HA) genutzt.

In Kürze

Für Siemens als Weltmarktführer auf dem Gebiet der Automatisierung hat OPC UA eine sehr große Bedeutung. So ist Siemens weltweit die Firma mit den meisten OPC-UA-Implementierungen in Produkten über alle Automatisierungsebenen hinweg. Insbesondere bei der SIMATIC S7-1500 ist OPC UA **die** offene Standard-Schnittstelle zur Anbindung beliebiger Geräte und IT-Systeme an die Steuerung im Sinne der zunehmenden Digitalisierung und Industrie 4.0.

3.3 Wie Altgeräte und neue Applikationen und Services von den Vorzügen von OPC UA profitieren

Wenn OPC UA in einem industriellen Umfeld implementiert wird, bringt das zahlreiche Vorteile. Geräte verschiedener Hersteller lassen sich leichter miteinander verbinden, dank Plug-and-Play unkompliziert installieren und konfigurieren, und die Datenkommunikation zwischen Industriegeräten ist leistungsfähig und zuverlässig. Davon profitieren in jedem Fall alle Einzelgeräte, die über OPC UA miteinander verbunden sind. Am meisten jedoch profitiert das Gesamtsystem – besonders bei Neuinstallationen mit Geräten, die alle das OPC-UA-Protokoll unterstützen. OPC UA als Standardprotokoll zur Verbindung von Industriegeräten bringt demnach viele Vorteile mit sich. Im Idealfall profitieren auch die industrielle Kommunikation sowie Enterprise-Applikationen und Cloud-Dienste außerhalb der Fabrik davon.

In der Industrieautomation gibt es heute jedoch nicht allzu viele Neuinstallationen. Neue Fabriken machen nur einen Bruchteil der Produktionsstätten aus. Das Industrial Engineering ist hauptsächlich darauf ausgerichtet, bestehende Installationen am Laufen zu halten und Systeme nach und nach aufzurüsten. Dieses inkrementelle Vorgehen macht es komplizierter und langwieriger, OPC UA vollständig in einer vorhandenen Umgebung zu implementieren. Infolgedessen scheint es schwierig oder sogar unmöglich, nur ein einziges Standardprotokoll zur Datenerfassung aus sämtlichen vernetzten Geräten einzusetzen und die damit verbundenen Vorzüge zu genießen. Es gibt jedoch etliche Möglichkeiten, eine solche Migration in bereits vorhandenen Applikationen mit Altgeräten und «Legacy»-Protokollen durchzuführen.

Die OPC Foundation hat dafür Sorge getragen, dass die Migration von früheren OPC-Produkten zu den neuesten OPC-UA-Protokollen einfach vonstatten geht. Für industrielle Umgebungen, in denen noch das ältere OPC-DA-Protokoll zum Einsatz kommt, stellt die OPC Foundation spezielle Richtlinien bereit. Werden jedoch andere Protokolle als OPC verwendet, sind diese nicht anwendbar. Die Lebensdauer vieler Industriegeräte wird in Jahrzehnten gemessen; es laufen noch zahlreiche Industrieanlagen, die in Betrieb genommen wurden, als es noch gar keine OPC-Protokolle gab. In den USA lag 2015 das durchschnittliche Alter von Anlagegütern bei über 22 Jahren [8]. Dieser Wert ist aber je nach Industrie verschieden. Das durchschnittliche Alter von Geräten in der Metallerzeugnis-Fertigung liegt z.B. bei 15,0 Jahren und bei 28,8 Jahren in Textilfabriken [9]. Es kann also Jahre dauern, bis sämtliche Geräte in einer Industrieumgebung ausgetauscht sind.

Aber auch wenn sich eine Industrieumgebung vollständig auf OPC UA umstellen lässt, heißt das noch nicht, dass auch die Business-Applikationen jenseits der Fabrikhalle OPC UA unterstützen. Selbst wenn OPC UA als unternehmensweiter Standard definiert wird, muss immer noch mit Supply-Chain-Partnern und Service-Providern kommuniziert werden. Außerhalb der Fabriken schreitet die Weiterentwicklung vieler Business-Applikationen und -Systeme rasch voran – und zwar schneller, als sich die Industrietechnik in der Regel verändert.

Angesichts der langen Lebensdauer von Geräten und des schnellen Technologiewandels stehen Unternehmen also vor der Herausforderung, dass ältere Maschinen zusammen mit neueren Geräten betrieben werden müssen, die untereinander oder mit übergeordneten Systemen nicht kommunizieren können. Die Hoffnung, dass alle Industrieumgebungen von sämtlichen Vorzügen von OPC UA profitieren können, scheint somit illusorisch.

Es gibt jedoch Lösungen, mit denen sich OPC UA in einem bestehenden industriellen Umfeld implementieren lässt, auch wenn dort andere Protokolle als OPC verwendet werden. Dieser Beitrag untersucht drei Ansätze und beleuchtet für jeden die Vorteile und Kosten. Zudem wird der Einsatz kommerzieller Tools untersucht, mit denen sich OPC-UA-Umgebungen mit internen und externen IT-Systemen sowie mit Cloud-Diensten verbinden lassen. Auch wird ein praktischer Ansatz mit kommerziellen Produkten vorgestellt, bei dem sich die Vorteile und Kosten einer Implementierung größtenteils die Waage halten.

3.3.1 Was für eine umfassende OPC-UA-Implementierung spricht

Die Vorteile von OPC UA treten auf jeden Fall bei Einzelgeräten zutage, am meisten jedoch bei Gesamtsystemen. In diesem Szenario gibt es nur ein einziges Datenmodell; dieses definiert eine klar dokumentierte Methode, wie die Kommunikation mit jedem Gerät abläuft – unabhängig vom Hersteller oder der Maschinenimplementierung. Die Daten lassen sich mithilfe geläufiger Namen innerhalb einer Namespace-Hierarchie beliebigen Umfangs lesen. Die OPC Foundation bietet ein Zertifizierungsprogramm an (siehe Abschnitt 2.4), das darüber hinaus ein hohes Maß an Interoperabilität zwischen Geräten und Software verschiedener Hersteller gewährleistet. So können Inhaber und Anwender von Industriegeräten größtmöglichen Nutzen aus einer Implementierung von OPC UA auf Gesamtsystemebene ziehen.

3.3.2 Ansatz 1: Schnelle Massenmigration

Die naheliegendste Methode, sich die Vorteile von OPC UA zunutze zu machen, ist die Massenmigration (Bild 3.17). Dabei wird die Kompatibilität mit OPC UA bei allen Einzelgeräten zur selben Zeit umgesetzt. Der Nutzen tritt unmittelbar zutage, denn es gibt nur ein einziges, einheitliches System, in dem jedes Einzelgerät bzw. jede Applikation auf alle Einzelgeräte in der gesamten industriellen Umgebung referenzieren kann.

Dieser Ansatz ist attraktiv, da man so am schnellsten von den Vorzügen von OPC UA profitieren kann. Zudem umgeht man die Herausforderungen einer Umgebung mit unterschiedlichen Protokollen. Ist die Migration abgeschlossen, ist es nicht mehr notwendig, verschiedene eigenständige (und oft proprietäre) Komponenten und Protokolle zu warten. Langfristig wird die Systemwartung erheblich vereinfacht, da Geräte auch mit anderen Fabrikaten ersetzt werden können. Auch wird es einfach, Geräte auszutauschen oder diese dem Gesamtsystem hinzuzufügen, da OPC UA Plug-and-Play ermöglicht. Und nicht zuletzt gehören die Probleme der zuverlässigen Datenübertragung zwischen heterogenen Geräten der Vergangenheit an – und zwar alle auf einmal.

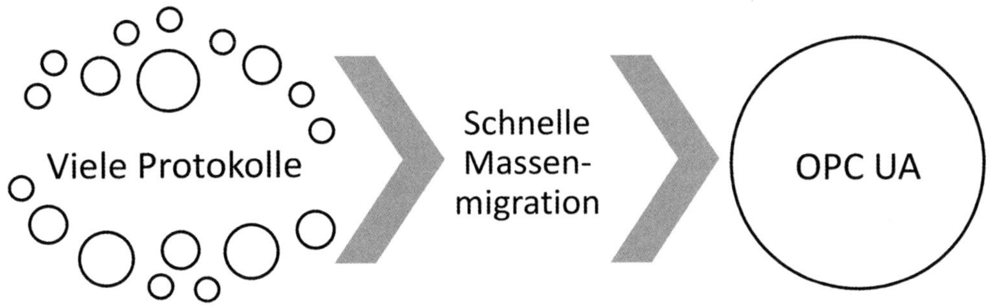

Bild 3.17 *Konzept Schnelle Massenmigration*

Trotz allem ist es bei bestehenden Industriebetrieben unter Umständen ein komplexes oder unmögliches Unterfangen, alles auf einmal umzustellen. Eine großflächige, gleichzeitige Umstellung bedeutet hohe Vorlaufkosten und hohe Komplexität. Für kleinere Industriebetriebe ist dieser Ansatz dennoch machbar. Gleiches gilt für Umgebungen, in denen die meisten Geräte OPC UA bereits unterstützen und sich die übrigen Geräte ohne größeren Aufwand gleichzeitig migrieren lassen. Ehe man diesen Ansatz beschließt, sollten Fabrikinhaber und das Management die damit verbundenen Kosten sowohl kurzfristig als auch langfristig betrachten und vergleichen.

3.3.3 Ansatz 2: Langsame Migration mit Support mehrerer Legacy-Protokolle

In vielerlei Hinsicht ist dieser Migrationsansatz am einfachsten zu implementieren und erfordert zu Anfang am wenigsten Zeit, Aufwand und Kosten (Bild 3.18). Eine Voraussetzung ist, dass neue Geräte OPC UA unterstützen. Ältere Geräte können weiterhin ein bestehendes Protokoll verwenden; bei einem Austausch oder einer Nachrüstung erfolgt dann eine langsame Migration zu OPC UA. Ist die Entscheidung für OPC UA gefallen, müssen alle Geräte, die neu angeschafft werden, OPC UA unterstützen. Stillgelegte Altgeräte werden mit OPC-UA-kompatiblen Neugeräten ersetzt. Geräte, die nur nachgerüstet werden, lassen sich dabei so ausstatten, dass sie

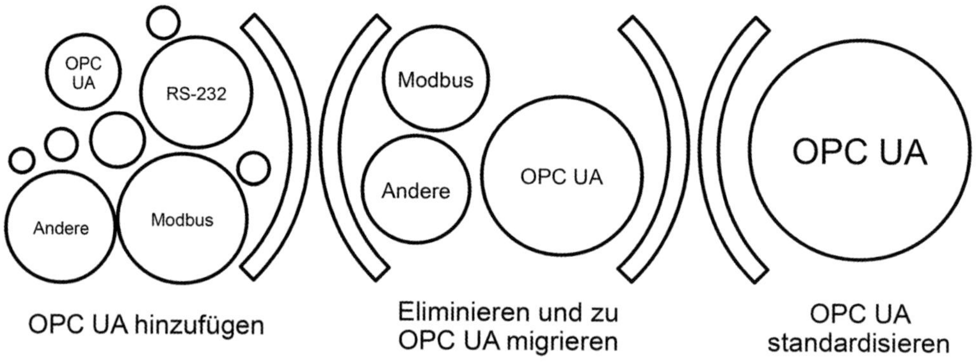

Bild 3.18 *Konzept Langsame Migration*

OPC UA unterstützen. Nach und nach ist die Nachrüstung bzw. der Austausch aller Geräte vollzogen, und OPC UA ist das einzige Standardprotokoll im Werk.

Bei dieser Vorgehensweise wird der Betrieb der bestehenden Geräte und Systeme vorerst ohne Beeinträchtigung aufrechterhalten – ein großes Plus. Ein Nachteil ist natürlich, dass die Industrieumgebung und die diversen Applikationen weiterhin noch andere Protokolle neben OPC UA unterstützen müssen. Die Vorlaufkosten sind bei diesem Ansatz niedriger; er verursacht jedoch höhere laufende Betriebskosten, bis alle Geräte OPC UA verwenden.

Je nach Anzahl der Protokolle und dem Alter der Geräte kann sich die Migration über mehrere Jahre oder sogar Jahrzehnte hinziehen. Während der langen Migrationszeit sind alle neuen Applikationen, die in Betrieb genommen oder aktualisiert werden (z.B. SCADA oder MES), für alle unterschiedlichen Protokolle einschließlich OPC UA zu konfigurieren. Damit steigt die Komplexität erheblich, während die Vorzüge von OPC UA auf kurze Sicht noch gar nicht alle zum Tragen kommen. Angesichts dessen könnte man OPC UA nur als «irgendein Protokoll» unter vielen betrachten, das ein Gesamtsystem kurz- und mittelfristig komplexer macht, bis OPC UA nach und nach die anderen Protokolle ablöst. Dies betrifft nicht nur den Betrieb der Geräte, sondern auch die verschiedenen Applikationen und Systeme, mit denen die Geräte verbunden sind. Entwickler von Business-Applikationen sollten beispielsweise die Details sämtlicher Protokolle kennen, einschließlich der proprietären, herstellerspezifischen Erweiterungen. In der Folge entsteht eine fragile Systemumgebung, die schwer zu dokumentieren und zu verstehen ist – mit aufwendiger Wartung und hoher Störanfälligkeit.

Trotz dieser Nachteile und der Tatsache, dass der volle Nutzen einer OPC-UA-Implementierung erst verzögert zutage tritt, lässt sich dieser langsamere und schrittweise Übergang leichter handhaben als eine Massenmigration.

3.3.4 Ansatz 3: Migration über OPC UA Gateways

Angesichts der Einschränkungen der beiden beschriebenen Ansätze stellt sich die Frage, ob es nicht eine Möglichkeit gibt, zeitnah von einer breiten OPC-UA-Verfügbarkeit durch schnelle Migration profitieren und gleichzeitig einen leichter handhabbaren Prozess durchlaufen zu können, in dem ältere Geräte langsam migriert werden. Es gibt tatsächlich einen dritten Ansatz, der genau dies möglich macht (Bild 3.19).

Es gibt etliche kommerzielle Produkte, die sich als Gateway zwischen Legacy-Protokollen und OPA UA eignen. Diese Gateways dienen primär als OPC UA Server und Protokollkonverter; sie erfassen Daten aus bestehenden Industriegeräten über verschiedene Protokolle und übermitteln sie über OPC UA an die Clients. Client-Applikationen, die von diesem Ansatz profitieren, sind beispielsweise SCADA- und HMI-Systeme, MES-Applikationen, andere Geräte oder Business-Applikationen. Diese Gateways «verbergen» sozusagen die Komplexität der unterschiedlichen Legacy- und proprietären Protokolle. So können neue Applikationen OPC UA direkt als primäres Protokoll für die gesamte Industrieumgebung verwenden. Gleichzeitig können bestehende Applikationen weiterhin mit älteren Protokollen arbeiten. Mit wenigen Ausnahmen ist es möglich, via Gateway gleichzeitig mit Geräten zu kommunizieren, die sowohl das ältere Legacy-Protokoll als auch OPC UA verwenden. (Einige ältere Geräte ermöglichen u.U. nur eine externe Datenverbindung; dies sollte überprüft werden, ehe man davon ausgeht, dass gleichzeitig eine OPC-UA-Gateway-Verbindung und eine weitere existierende Verbindung möglich sind.)

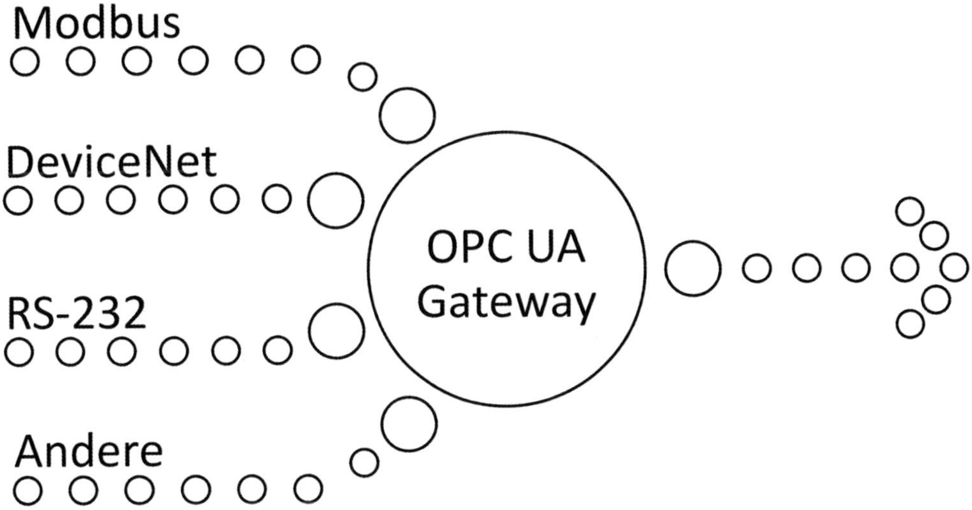

Bild 3.19 *Konzept Migration über OPC UA Gateways*

Solche OPC UA Gateways vereinen die Vorteiler beider Welten. Über OPC UA sind alle Daten aus der Fabrikhalle bei nur minimaler Beeinträchtigung der Altgeräte zugänglich, und neue Applikationen und Geräte lassen sich mit OPC UA als Standardprotokoll einführen.

Das Softwareprodukt Factory-Relay der Firma C-Labs bietet diese Gateway-Funktionalität. Factory-Relay ermöglicht den Live-Zugriff auf Industriegeräte und IoT-Daten, ohne die IT-Sicherheit zu gefährden. Für IT-Unternehmen und Anwender von Business-Applikationen vereinfacht Factory-Relay die Erfassung von Daten aus der Fabrikhalle und deren Übertragung in Business-Applikationen außerhalb des Produktionsnetzwerks. Weltweit werden vermehrt Cloud-Applikationen genutzt [9]; dazu müssen beispielsweise Daten vom Produktionsnetzwerk in das Unternehmens-IT-Netzwerk und von dort an externe Cloud-Dienste übertragen werden. In vielen Fällen sollen auch Daten von externen Cloud-Diensten zurück an die Organisation übermittelt werden und von dort weiter in die Fabrikhalle. Dabei darf die Integrität der betrieblichen Abläufe in der Fabrikhalle nicht beeinträchtigt werden.

Über das Factory-Relay lässt sich nicht nur ein Fabrik-Netzwerk sicher und einfach mit dem Business-Netzwerk verbinden. Es eignet sich zudem für den Einsatz mit verschiedenen kommerziellen «Off-the-shelf»-Plug-ins und Adaptern, um die Unterstützung von Legacy-Protokollen sowie von OPC UA sicherzustellen.

BEISPIEL

Ein älteres Leistungsmessgerät in einer noch älteren Maschine soll erkennen, wann die Maschine abgeschaltet, im Leerlauf oder im Normalbetrieb ist. Dabei ist bekannt, dass die Maschine bei Leistungsaufnahme 0 aus, bei etwa 500 mA im Leerlauf und bei durchgehend über 1 A im Normalbetrieb ist. Der Leistungsmesser übermittelt die Messwerte vielleicht über eine ältere Modbus-Schnittstelle. Es soll aber nicht nur die Leistungsaufnahme angezeigt, sondern eine Applikation zur Zustandsüberwachung entwickelt werden. Diese liest einen OPC-UA-Wert, der unabhängig von der Leistungsaufnahme anzeigt, ob die Maschine arbeitet oder nicht. Wird die Maschine durch ein stromsparenderes Modell ersetzt, ändern sich vermutlich die Leistungsmerkmale. Es interessiert jedoch nur, ob die Maschine ihre Arbeit verrichtet. Die Applikation zur Zustandsüberwachung soll dazu nicht modifiziert werden.

Durch den Einsatz von Modbus sowie auch OPC-UA-Server-Plug-ins zusammen mit dem Factory-Relay ist es möglich, die Leistungsaufnahme am Messgerät abzulesen, den Maschinenzustand von den Messwerten abzuleiten und sowohl die aktuelle Leistungsaufnahme als auch den abgeleiteten Maschinenzustand über den OPC UA Server zu veröffentlichen. Die Applikation zur Zustandsüberwachung agiert dabei als OPC UA Client und muss lediglich den OPC-UA-Wert lesen, um festzustellen, ob die Maschine arbeitet oder nicht. Sie muss dies entweder anzeigen oder basierend auf den Daten eine geeignete Aktion durchführen. Die Zustandsüberwachungsapplikation braucht das Modbus-Protokoll nicht zu verstehen; dies macht die künftige Migration dieses Gerätes einfacher und beeinträchtigt die Applikation nicht.

3.3.5 OPC UA für Geräte ohne Softwareschnittstelle

Viele sehr alte Industriegeräte haben womöglich gar keine Softwareschnittstelle oder Möglichkeit der Datenkommunikation. Ältere Maschinen mit einfachen pneumatischen oder mechanischen Reglern haben u.U. keine externe Schnittstelle. Für solche Geräte lässt sich häufig keine Befehlsschnittstelle implementieren. Es ist jedoch möglich, den Gerätezustand über Sensoren zu ermitteln. Über Sensormessungen lässt sich der Zustand der Geräte erkennen, und die rohen Sensormesswerte sowie auch der berechnete Gerätezustand können über einen OPC UA Server zugänglich gemacht werden. So kann z.B. ein Vibrationssensor, der an einen Motor angeschlossen ist, erkennen, wann der Motor aus bzw. im Normalbetrieb ist oder ob der Betrieb gestört ist. Ebenso lassen sich Temperatur- und Drucksensoren sowie Kontaktgeber an eine Spritzgussmaschine anschließen, um zu ermitteln, welche Temperatur die Spritzflüssigkeit hat, mit welcher Kraft die Form geschlossen wird und wie lange die Form geschlossen bleibt. Anhand dieser drei Werte lässt sich der Zustand des Herstellungsprozesses bewerten; über OPC UA können die Werte an eine Applikation zur Zustandsüberwachung oder Qualitätskontrolle übermittelt werden.

Mit Produkten wie dem C-Labs Factory-Relay ist es einfacher, Sensoren an ältere Geräte ohne definierte Softwareschnittstelle anzuschließen. Moderne Industrieautomatisierungssysteme werden somit unterstützt und die Datenerfassung und -analyse ermöglicht. Eine bidirektionale Verbindung lässt sich auf diese Weise natürlich nicht erzeugen (der Wert in einem Sensor lässt sich nur lesen, nicht schreiben). Dennoch hilft es, bei älteren Geräten den Systemzustand und die Leistung zu überwachen.

Für die verschiedenen Möglichkeiten, Altgeräte über Produkte wie das C-Labs Factory-Relay zu verbinden, sollte auch geprüft werden, ob es ein Software Development Kit (SDK) gibt, das die Verbindung zu jedem beliebigen Protokoll oder Altsystem ermöglicht und eine Plattform für die schnelle Applikationsentwicklung bereitstellt. Das C-Labs SDK bietet umfangreiche Funktionen für eine einfache Entwicklung von Anschlusslösungen und Applikationen für Maschinen. Gleichzeitig gewährleistet es ein hohes Maß an Datenintegrität und Sicherheit bei der Datenübertragung. Auch wenn OPC UA vermehrt zum Einsatz kommt, wird es immer Geräte geben, die dieses Protokoll nicht unterstützen, genau wie es externe Applikationen geben wird, die eine andere Schnittstelle, API bzw. ein anderes Protokoll verwenden.

3.3.6 Der Einsatz von OPC UA auch jenseits des industriellen Umfeldes

OPC UA hat sich als Lingua franca für die Kommunikation zwischen eigenständigen Maschinen und sonstigen Industriegeräten zwar bewährt, kommt aber bislang eher im OT-Umfeld (**O**perational **T**echnology – Betriebstechnik) zum Einsatz und weniger im IT-Bereich (**I**nformation **T**echnology – Informationstechnik). Die meisten Organisationen betrachten die Betriebstechnik- und die IT-Systeme immer noch als separate Bereiche. Industriegeräte, besonders die älteren, sind mit den Anforderungen moderner IT-Umgebungen nicht kompatibel. Enterprise-Systeme, wie z.B. ERP-, Finanz- und CRM(Customer Relationship Management)-Systeme, können die verschiedenen Industrieprotokolle nicht verstehen – manche dieser Protokolle basieren letztlich auf jahrzehntealten Konzepten und Technologien, die im modernen IT-Umfeld längst ausgestorben sind. Selbst wenn OPC UA in der gesamten Fabrik implementiert ist, bedingt es daher manchmal dennoch, dass Daten über andere Protokolle mit Supply-Chain-Partnern, internen Business-Applikationen oder externen Cloud-Services ausgetauscht werden.

Greifen wir noch einmal das Beispiel des Leistungsmessgerätes auf und nehmen den folgenden Fall an: Eine Applikation zur zustandsorientierten Wartung mit externem Cloud-Dienst zur Stream-Analytik der Leistungsdaten soll implementiert werden. Mithilfe von Stream-Analytik lässt sich der kontinuierliche Datenzulauf aus der Maschine auswerten. So kann vorhergesagt werden, ob ein Ausfall der Maschine bevorsteht und diese gewartet werden sollte, damit der Betrieb nicht aufgrund eines ungeplanten Ausfalls unterbrochen wird. Der gewünschte Cloud-Dienst kann jedoch von sich aus nicht mit OPC UA arbeiten, und aus verschiedenen Gründen ist es nicht möglich, OPC UA über das Unternehmensnetzwerk hinaus zu transportieren (dazu könnte es z.B. nötig sein, den Port 4840 zu öffnen; dieser ist in IT-Umgebungen aber i.d.R. geschlossen). Das Factory Relay kann in diesem Szenario als Brücke dienen: Es wandelt den OPC-UA-Wert aus der Maschine und übermittelt ihn über das bevorzugte Protokoll an den Cloud-Dienst. Das Ergebnis lässt sich dann der Ziel-Applikation mitteilen (Bild 3.20).

Manchmal wäre es auch von Vorteil, die OPC Clients eines Standortes mit OPC-Servern an einem entfernten Standort zu verbinden. Diese Art des Datenverkehrs dürfte normalerweise keine Unternehmens-Firewall passieren, da Unternehmensnetzwerke keine Open Inbound Ports zum Internet bereitstellen. Das Client-Server-Prinzip von OPC UA kann so nicht funktionieren, denn der Client muss mit dem Server verbunden sein, um zu kommunizieren. Ein Softwareprodukt wie das C-Labs Factory-Relay als Gateway oder Brücke verbindet mehrere Standorte. Zudem kann mithilfe eines Cloud-Dienstes als Proxy die Sicherheit der Verbindungen zwischen den Standorten sichergestellt werden.

In Bild 3.21 kann der OPC UA Client am Standort A problemlos mit dem OPC UA Server am selben Standort in Verbindung treten. Der OPC UA Client am Standort A hat jedoch normalerweise keine Möglichkeit, den OPC UA Server am Standort B zu erreichen. Dieser OPC UA Server am Standort B repräsentiert womöglich ein anderes Gerät, und mit Informationen über den Gerätezustand ließe sich u.U. eine effizientere Produktionsplanung für beide Standorte vornehmen. Es wäre also von Vorteil, wenn der OPA UA Client am Standort A den OPC UA Server am Standort B erreichen kann. Das ist aber normalerweise nicht möglich – es sei denn, an jedem Standort wird ein OPC UA Cloud Gateway installiert und ein Cloud-Relay als «Vermittler» eingesetzt.

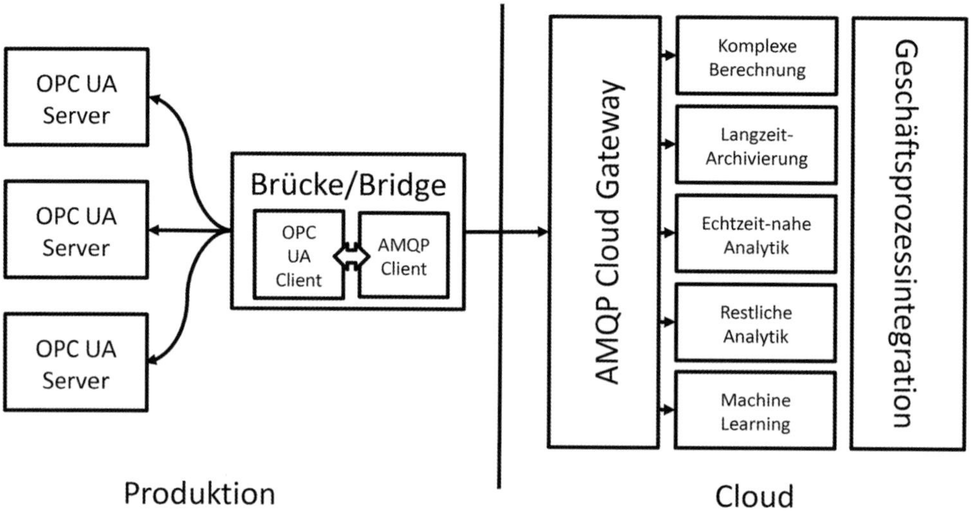

Bild 3.20 *Brücke zwischen Produktionsnetzwerk und Cloud*

Das Gateway ist eine Art Proxy, der über einen Trusted-Relay-Dienst Aufrufe und Ergebnisse zwischen den Standorten übermittelt. Als Server empfängt er Aufrufe von lokalen Clients. Diese Aufrufe werden in ein bestimmtes Format umgewandelt, in einer geschützten Übertragung gekapselt (z.B. TLS) und an das Cloud Relay geschickt. Mithilfe einer Authentifizierungstechnik wird die Übertragung der Daten zwischen A und B genehmigt, und der Aufruf vom OPA UA Client am Standort A wird an das Cloud Gateway am Standort B übertragen. Das Gateway am Standort B agiert dann als OPC UA Client und folgt dem ursprünglichen Client-Aufruf, die Verbindung mit dem OPC UA Server am Standort B herzustellen. Über den «Cloud-Vermittler» wird das Ergebnis dann an das OPC UA Cloud Gateway am Standort A zurückgeschickt. Dieses Gateway agiert dann als Server und sendet das Ergebnis als Antwort an den eigentlichen OPC UA Client am Standort A zurück.

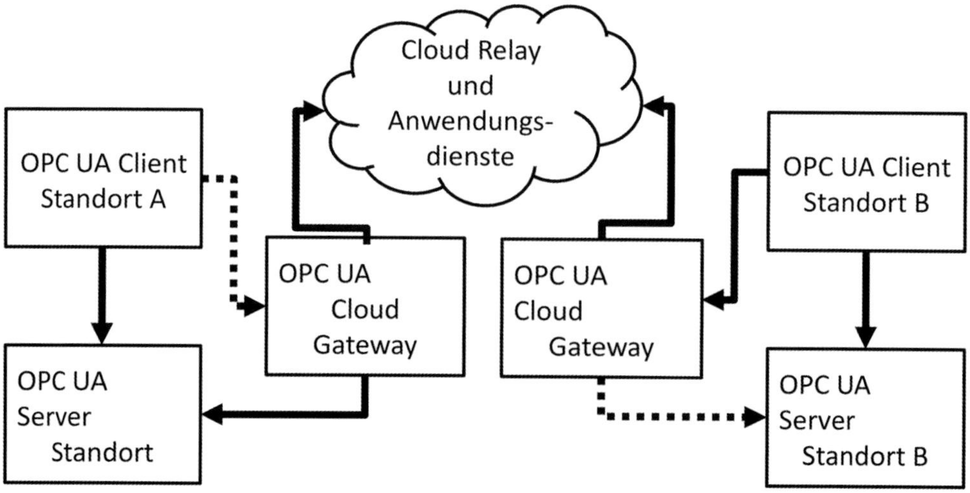

Bild 3.21 *Standort A und B per Cloud Gateway / Relay verbinden*

Das Cloud Relay leitet nicht nur OPC-UA Daten zwischen Standorten weiter, sondern ermöglicht auch den Zugriff auf weitere Cloud-basierte Dienste. Diese Dienste können in derselben Cloud oder in separaten public und private Clouds ablaufen. Wie in Bild 3.21 gezeigt, verwenden diese Cloud-Dienste meist ein Protokoll wie AMQP und nicht OPC UA. Das C-Labs Factory-Relay kann z.B. Adapter für verschiedene Cloud Services so implementieren, dass dies für andere OPC-UA-basierte Applikationen transparent ist.

In Kürze

Viele Aspekte sind zu betrachten, wenn die Art der Migration auf OPC UA in einer Produktionsumgebung untersucht wird. Auch wenn es vielleicht am einfachsten ist, alles schnellstmöglich auf OPC UA umzustellen, sprechen viele Gründe gegen diesen Ansatz. Die Problematik unterschiedlicher Protokolle sowohl in der Fabrik als auch in den zugehörigen IIoT- und Business-Applikationen lässt sich umgehen, indem man die älteren Protokolle hinter einem OPC UA Gateway «verbirgt» und OPC UA als Standardschnittstelle für neue sowie auch für Altgeräte etabliert. Wenn Geräte dann nach und nach ersetzt oder aufgerüstet werden, setzt sich OPC UA immer umfassender als natives Protokoll durch. Dieser Ansatz lässt sich flexibel planen, da andere Applikationen und Systeme, die seither entwickelt wurden und für die Verbindung über OPC UA ausgelegt sind, nicht beeinträchtigt werden.

Kommerzielle Produkte wie das C-Labs Factory-Relay können eine einheitliche OPC-UA-Schnittstelle zu vorhandenen Altgeräten und eine sichere Schnittstelle zu Enterprise-Applikationen bereitstellen sowie für die Verbindung zu externen Cloud-Diensten eingesetzt werden. Gleichzeitig mindern sie das Risiko von Cyber-Sicherheitsverletzungen innerhalb einer Enterprise-IT-Umgebung und der Betriebstechnik in einer Fabrikhalle. Durch den Einsatz handelsüblicher Gateways, Relays und ähnlicher Lösungen kommen die Vorteile von OPC UA sowohl bei alten Geräten als auch neuen Applikationen und Diensten schnell zum Tragen.

3.4 OPC UA in eingebetteten Systemen

Eingebettete Systeme sind ubiquitär – eine technologisierte Gesellschaft wäre ohne sie sogar unvorstellbar. Eine einheitliche Definition dafür, wann ein System «eingebettet» ist, existiert nicht. Intuitiv handelt es sich um Rechenplattformen, deren dedizierte Aufgabe im Steuern und Regeln eines bestimmten technischen Systems [10] besteht und die vom Endnutzer nicht von der Funktion dieses Systems logisch trennbar ist. Insbesondere ist es nicht vorgesehen, dass diese Rechenplattform durch den Endnutzer jenseits der herstellerseitigen Vorsehungen erweitert oder umprogrammiert wird [11]. Um derartige Systeme ausfindig zu machen, reicht meistens ein aufmerksamer Blick im eigenen Haushalt oder Büro: Spülmaschinen, Drucker, Heizungsthermostate oder Kaffeemaschinen verbergen häufig Mikrorechenplattformen, die die Bedienung dieser Apparaturen ermöglichen. Obwohl diese Geräte grundsätzlich parametrisierbar sind, ist es eher unüblich, sie als geregeltes automatisierungstechnisches System mit elektronischer Steuerung aufzufassen. Viele dieser Systeme könnten auch ohne ein eingebettetes System, etwa durch eine elektromechanische oder diskrete Regelung, gesteuert werden, doch das eingebettete System ermöglicht eine wesentlich komfortablere und vor allem flexiblere Bedienung dieser Alltagsgegenstände. Im industriellen Umfeld ist es üblich, dass Aktoren und Sensoren wie Stellregler, Pumpensteuerungen, Umgebungssensoren oder prozessnahe Sensorik von umfangreich parametrisierbaren eingebetteten Systemen kontrolliert werden. Diese Systeme sind zwar umfangreich parametrisierbar, ihre Stellgrößen werden aber oft weiterhin durch sehr einfache, etablierte Schnittstellen wie 4...20 mA übermittelt, so dass die wahre Systemkomplexität effektiv nicht sichtbar wird.

Im Verlauf der letzten fünf Jahre ist die Wahrnehmungsschwelle für eingebettete Systeme erheblich gesunken. Begriffe wie das «Internet der Dinge» und ein «Smart Home» erlauben es, diese Systeme in einem neuen Licht zu sehen. Dabei wird, angefangen beim DSL-Router, Multifunktionsdrucker, der ZigBee-fähigen Energiesparlampe bis hin zu «Wearables», die Rolle eingebetteter Systeme immer prominenter. Während sich Endnutzer der Präsenz fähiger Rechensysteme in ihren Produkten bewusst werden, wächst der Druck auf Hersteller, die Funktionen dieser Systeme dem Endnutzer zugänglicher zu machen. Dabei rückt vor allem ein Faktor weit in den Vordergrund: Kommunikation.

Bei der Kommunikation mit eingebetteten Systemen steht im aktuellen Stand der Technik überwiegend eine Ende-zu-Ende-Kommunikation im Fokus. Übliche beteiligte Endpunkte sind anwenderprogrammierbare Plattformen wie Smartphone, Tablet oder Rechner sowie ein eingebettetes System, beispielsweise ein Fitness-Armband oder eine Smartwatch. Auch in der Industrie beginnen Hersteller, den Zugriff auf den umfangreichen Datenhaushalt ihrer Aktorik und Sensorik zu ermöglichen [12]. Dieses Kommunikationsmuster bietet den Vorteil, dass der Hersteller offene Kommunikationsschnittstellen wie Bluetooth, ZigBee oder WLAN in seinem eingebetteten Produkt über ein von ihm definiertes Protokoll ansprechen kann. Die bereitgestellten Daten erlauben umfangreiche korrelative Analysen mit diversen Einsatzzwecken wie Optimierung, Prozessdiagnose oder prädiktiver Wartung in der Cloud, sofern die Daten in passenden semantischen Strukturen erfasst und analysiert werden können [13].

Aktuelle Entwicklungen wie das «Internet der Dinge» (Internet of Things, IoT) und «Edge Computing» brechen mit diesem Ende-zu-Ende-Kommunikationsmuster und erlauben es Maschinen, multilateral zu kommunizieren [14; 15]. Informationen können von Systemen in der «Edge Cloud», also eingebetteten Systemen am Rande des Internets der Dinge, von passenden Quellen bezogen und eingesetzt werden. Um diese Maschine-zu-Maschine-Kommunikation zu ermöglichen, müssen Informationen über offene Standards bereitgestellt werden, um die herstellerübergreifende Kommunikation zu gewährleisten [15]. Aktuell werden zwar (überwiegend) offene Übertragungstechnologien verwendet, die Inhalte der Kommunikation sind aber oft produktspezifisch gestaltet. Gleichzeitig müssen die Inhalte der Kommunikation so beschrieben werden, dass Kommunikationspartner den Dateninhalten eine Bedeutung zuordnen können – Informationen müssen semantisch sein [16].

OPC UA hat das Potenzial, genau diese beiden Anforderungen zukünftiger Kommunikation in IoT-Anwendungen zu erfüllen. Zusätzlich ist zu erwarten, dass OPC UA mit der graduellen Zunahme verfügbarer Stacks auch existente Technologien im Bereich der industriellen Kommunikation ersetzen wird [17].

Eine Kernanforderung an eingebettete Systeme ist grundsätzlich der zuverlässige, langzeitige und sichere Betrieb [10]. Dies wird umso bedeutender unter dem Aspekt, dass Endnutzer die Rechenplattform weiterhin als Einheit mit dem zu regelnden System auffassen, so dass nachträgliche Veränderungen an der Firmware überwiegend als störend – im Fall industrieller Systeme sogar als gefährdend für den laufenden Betrieb – aufgefasst werden. Automatisierte Updates sind in isolierten Netzen oder sicherheitskritischen Bereichen nur eingeschränkt erwünscht und möglich. Zudem stellt letzterer Aspekt ein Problem in sicherheitskritischen und / oder zertifizierten

Applikationen dar. Es ist daher besonders wichtig, einen Security-by-Design-Ansatz im Entwurf eines OPC UA Stacks für derartige Systeme zu verfolgen [18].

3.4.1 Kategorien eingebetteter Mikrorechensysteme

Einige eingebettete Plattformen, beispielsweise Messgeräte wie digitale Oszilloskope, entsprechen technisch handelsüblichen Rechnern. Dabei handelt es sich um handelsübliche, auf **S**ystem-**o**n-a-**C**hip (SoC) aufbauende Systeme oder sogar ganze PC-Architekturen, die Teil eines Produktes sind. Namhafte Hersteller von Hardware in diesem Segment sind Intel, AMD und Broadcom. Auf Architekturen, auf denen Betriebssysteme wie Linux, Android oder Windows betrieben werden können, steht die Umsetzbarkeit eines OPC UA Stacks außer Frage. Komplexe Interna des jeweiligen Betriebssystems stellen nicht nur den notwendigen Speicher und eine Hardware-Abstraktionsschicht (**H**ardware **A**bstraction **L**ayer, HAL) zur Verfügung, sondern sichern auch die Speicherverwaltung anwendungs- und rechtebasiert ab. Zunehmend fallen in diese Kategorie auch industrielle speicherprogrammierbare Steuerungen, so dass OPC UA mittlerweile auch in relativer Prozessnähe zur Norm wird. SoC- und PC-basierte Plattformen, wie Raspberry Pi, BeagleBone oder x86-Rechner, werden hier daher nicht weiter betrachtet.

Der überwiegende Anteil an eingebetteten Plattformen wird allerdings von leistungseffizienten, aber rechentechnisch schwachen Architekturen betrieben [10]. Charakteristisch ist zudem, dass diese Systeme entweder durch Echtzeit-Betriebssysteme (FreeRTOS, uLinux, eCOS) betrieben werden oder komplett auf eine Hardware-Abstraktionsschicht verzichten («bare metal»). Dieser Kategorie von Systemen sind neben 8-bit-Mikrorechensystemen auch digitale Signalprozessoren zuzuordnen. Die komplexesten Systeme dieser Kategorie sind 32-bit-Mikrorechensysteme auf der Grundlage von ARM- oder MIPS-getriebenen Rechenarchitekturen. 32-bit-Mikrorechensysteme sind vor allem dank zahlreicher IoT-Applikationen und der damit verbundenen Kommunikationsanforderungen zunehmend verbreitet.

Die genaue Grenze zwischen einem SoC und leistungsstarken Mikrocontrollern ist nicht eindeutig definiert und ist gerne der Gegenstand von Diskussionen. Die hier im Fokus stehenden Mikrorechensysteme differenzieren sich von SoCs bzw. Single-Board-Plattformen durch eine hohe Anzahl analog-digitaler peripherer Schaltkreise, während SoCs überwiegend digitale Peripherie wie GPUs (**G**raphic **P**rocessing **U**nits) enthalten. Ebenso charakteristisch für die hier betrachtete Gruppe an Mikrorechensystemen ist, dass nur die komplexesten Repräsentanten der Hersteller-Portofolios Schnittstellen zur externen Speicheranbindung besitzen. Die gegebene Geräteklasse wird oft mit relativ niedrigen Taktraten (für heutige Verhältnisse) betrieben – nicht zuletzt auch, weil für den hohen Anteil an analogen Schaltkreisen und starken Treiberbausteinen ältere Fertigungstechnologien wie 120…60 nm bevorzugt werden. Der Charme dieser Mikrorechensysteme liegt in der geringen Anzahl der für den Betrieb notwendigen Chip-externen Komponenten, wodurch die Schaltkreiskomplexität der Platinen gesenkt wird und sich die Zuverlässigkeit und Energieeffizienz erhöht.

Was für den Hardware-Entwurf der Produkte förderlich ist, erweist sich für OPC UA Stacks als eine der größten Herausforderungen. Gegebene Rechenplattformen sind überwiegend auf ihren Chip-internen Programm- und Laufzeitspeicher angewiesen. Je günstiger und «einfacher» (im Sinne der digitalen Schaltkreiskomplexität) die Rechenplattform wird, desto weniger Speicher ist auf den Chips zu finden – eine Möglichkeit der Chip-externen Speicheranbindung ist häufig nicht gegeben.

Für Rechenplattformen mit Schnittstellen für externen Speicher oder mit entsprechend komplexen Speicherverwaltungsbausteinen (**M**emory **M**anagement **U**nits, MMU) existiert eine eingeschränkte Palette kommerziell verfügbarer OPC UA Stacks. In diesen Lösungen werden 32-bit-Rechenplattformen (ARM) mit einer externen Speicherkomponente – Flash, externer sRAM

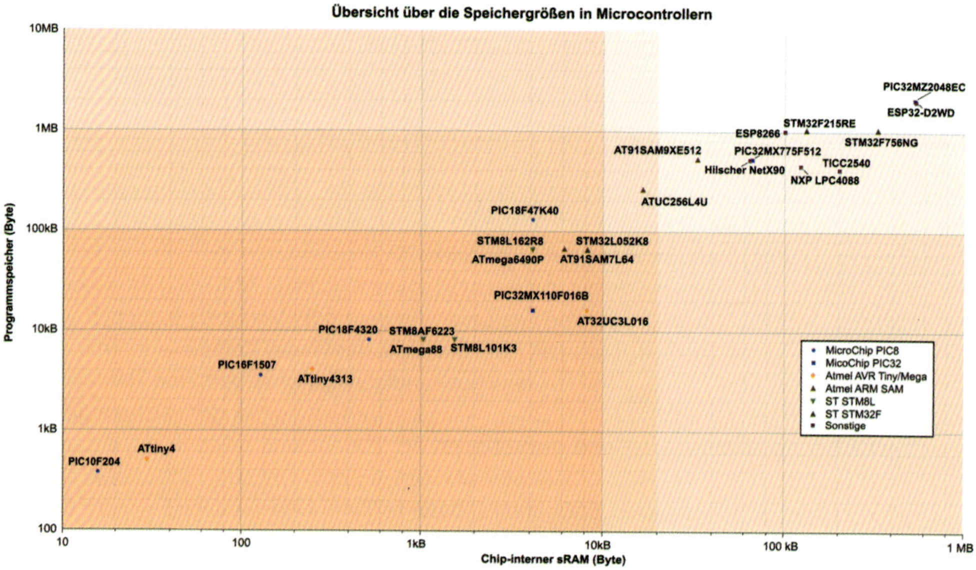

Bild 3.22 *Übersicht über Microcontroller diverser Hersteller, gruppiert nach Rechenkernarchitektur. Tief rot gekennzeichnete Flächen (unten links) stellen die harten, minimalen Speicheranforderungen für OPC UA (8 kB Chunk) und TCP/IP (2 kB Paketpuffer) dar. Leicht rot hinterlegte Flächen erlauben theoretisch die Umsetzung von OPC UA Stacks mit beträchtlichen Einschränkungen. Ab 20 kB sRAM und 1 MB Programmspeicher wird die Implementation von OPC UA erheblich vereinfacht und realistisch möglich (leicht rote Grenzbereiche).*

oder DDR RAM – eingesetzt, um Speicherrestriktionen von OPC UA zu umgehen. Erfordert ein Produkt oder Projekt ohnehin große Speichermengen, können die Entwicklungsaufwände für solche Systeme häufig in Kauf genommen und wahlweise existente Open Source OPC UA Stacks relativ einfach auf das Zielsystem portiert werden. Alternativ stehen auch kommerzielle OPC UA Stacks für bestimmte SoCs zur Verfügung (beispielsweise von MatrikonHD), die häufig mit zusätzlichen Lizenzkosten verbunden sind. In beiden Fällen steht der Programmierer einer OPC-UA-Applikation bei diesen Systemen selten vor der Herausforderung, dass Ressourcen übermäßig begrenzt sind. Oft bieten eingebettete Betriebssysteme wie uLinux oder FreeRTOS direkt POSIX-kompatible Features an, so dass die Portierung existenter, quelloffener Stacks wie open62541 vielleicht zeitintensiv, aber nicht herausfordernd ist.

Bei Zielarchitekturen mit weniger als 1 MB Programmspeicher und / oder weniger als 100 kByte RAM ist die Umsetzung von OPC UA Stacks herausfordernd, aber nicht unmöglich [19]. OPC UA Stacks verhalten sich aufgrund der objektorientierten Natur des Protokolls diametral widersprüchlich zu der prinzipiellen Ressourceneinschränkung von Single-Chip-Mikrorechensystemen. Das Protokoll hat einen hohen Charakter, der sich an den Lebenszyklen objektorientierter Datenstrukturen orientiert. So sind beispielsweise OPC-UA-Nachrichten eine Schachtelung von linearisierten Objekten. Diese Nachrichten werden im Kommunikationsverlauf in verschiedenen Bearbeitungsstufen erweitert, modifiziert und ergänzt.

3.4.2 Einschränkungen eingebetteter Systeme

Bei der Diskussion von OPC UA auf Mikrorechensystemen herrscht eine Vielzahl von Eindrücken vor, was die Einschränkungen der Umsetzung betrifft. Welche Einschränkungen der gegebenen

Klasse von Mikrorechenplattformen wirklich eine Auswirkung auf OPC UA haben, kann allerdings relativ einfach bestimmt werden.

Rechenleistung: Selbst energieeffiziente 8-bit-Rechenplattformen sind dank moderner Fertigungsverfahren in Technologiegrößen von 90 nm oder kleiner in der Lage, mit Taktfrequenzen von bis zu 50 MHz zu operieren. Dank im Chip integrierter Taktquellen und **P**hase **L**ocked **L**oops (PLLs) ist dies häufig gänzlich ohne externe Quarzkristalle möglich. Typisch für Repräsentanten der 32-bit-Mikrorechenplattformen sind Taktraten bis 80...200 MHz. Unter diesem Aspekt ist die rechentechnische Verarbeitung von Daten ein eher sekundärer Aspekt der Umsetzbarkeit eines OPC UA Stacks auf diesen Systemen.

Kommunikationsschnittstellen: Kommunikation ist in modernen Edge-Computing-oder (I) IoT-Plattformen schlicht der ausschlaggebende Aspekt des eingebetteten Systems. Wegen der Verarbeitung von Ethernet, IP, WLAN oder Bluetooth werden hier 32-bit-Systeme in der Praxis bevorzugt eingesetzt. Dabei handelt es sich überwiegend um einen Komfortfaktor, da für viele dieser ARM- oder MIPS-basierten Mikrorechenplattformen Hersteller bereits passende Stacks und APIs liefern. Die Kommunikationsstacks selbst werden sowohl als APIs, aber auch als periphere Chipsätze mit integrierten Stacks vertrieben, so dass es auch einfachsten Mikrorechenplattformen möglich wäre, Konnektivität herzustellen. Beispiele für solche Produkte sind:

- ESP8266 (Espressif): SPI/I2C-basierter WiFi-Chip mit integriertem WLAN und TCP/IP Stack, basierend auf einer ARM MCU,
- ENC28J60 (Microchip): SPI-basierter Ethernet MAC und PHY mit integriertem Ethernet Stack,
- ATBTLC1000 (Microchip, ehem. Atmel): SPI- und I2C-basierter Bluetooth 4.1 MAC und PHY mit intergriertem Bluetooth Stack.

Viele Mikrorechensysteme integrieren die dafür notwendigen PHY- und MAC-Bausteine sogar direkt auf dem Chip, womit die langsamen SPI- und I^2C-Schnittstellen keinen Engpass in der Kommunikation mehr darstellen. Kommunikationsmittel der OSI-0- und OSI-1-Schichten stellen auch für eingebettete Systeme damit kein Einschränkung dar.

Kommunikationsprotokolle. OPC UA schreibt keinen zwingenden Transportmechanismus in den ISO/OSI-1-4-Schichten vor. OPC UA spezifiziert eigene Mechanismen für die Segmentierung / Assemblierung von Nachrichten, enthält kryptografische Verarbeitungsschichten und führt interne Verbindungsaushandlung durch. Trotzdem wird in der Praxis ausschließlich das in Teil 6 der IEC 62 541 spezifizierte TCP/IP-basierte OPC-UA-Binary-Protokoll verwendet. Isoliert existieren akademische Projekte, die zeigen, dass OPC UA mit Adaptionen auch andere (nicht Standard-konforme) Kommunikationsprofile unterstützen könnte [20].

Für einen Standard-konformen, interoperablen OPC UA Stack bedeutet das, dass dieser zwangsläufig auch TCP/IP verwenden muss. Es existieren zahlreiche APIs, die in eingebetteten Systemen speichereffizient verwendet werden können. Einige davon sind Lightweight IP (lwIP), Microchips Harmony TCP/IP und der Micro-IP (uIP) TCP/IP Stack [21; 22]. Diese Stacks unterstützen auch UDP (neben anderen Protokollen), das für den Discovery-Dienst und das kommende Publish-Subscriber-Kommunikationsmuster von OPC UA ausschlaggebend ist.

Auch im Bereich Verschlüsselung (Transport Layer Security – TLS, Secure Socket Layer – SSL) steht eine breite Palette von APIs zur Auswahl, darunter auch etwa die quelloffenen, weit verbreiteten wolfSSL (ehem. yaSSL bzw. CyaSSL) und SharkSSL [22]. TLS und SSL benötigen relativ viel Speicher für Zertifikate wie auch beträchtliche Rechenleistung für AES-, SHA- und Diffie-Hellman-Algorithmen, so dass vorsichtig abgewogen werden muss, ob Verschlüsselung für ein Produkt die ausschlaggebende Rolle spielt.

Speicher: Sowohl Code wie auch Datenstrukturen des Stacks müssen im On-Chip-Speicher hinterlegbar sein. Allein die Spezifikation der minimalen Größe eines OPC-UA-Nachrichtenteils mit 8 kByte (DIN EN 62 541-6) disqualifiziert einen großen Teil von Mikrorechenplattformen für OPC UA Stacks. Speicher ist damit die kritische Ressource in Hinsicht auf OPC UA Stacks. Es ist daher zielführend zu analysieren, wie und wo OPC UA diese Ressource einsetzt. Dazu kann OPC UA im Sinne seiner Verwendung des Speichers in vier Kategorien eingeteilt werden.

Offensichtlich ist die Verwendung des *Programmspeichers*, in dem die Instruktionen für die Verarbeitung der OPC-UA-Nachrichten für den Prozessor hinterlegt sind. Hierbei handelt es sich typischerweise um Chip-internen Flash oder EEPROM. Obwohl OPC UA Stacks grundsätzlich komplex sein können, ist diese Speicheranforderung statisch. Der benötigte Programmspeicher muss während der Programmierung berücksichtigt werden, ist zur Laufzeit des Systems allerdings nicht veränderlich. Der benötige Programmspeicher ist stark vom Funktionsumfang des Stacks abhängig – je weniger Profilkomponenten von OPC UA unterstützt werden, desto weniger Programmspeicher wird benötigt. Der Programmspeicher ist damit maßgeblich dafür, wie viel Funktionalität der Stack unterstützen kann.

Die intuitive herleitbare, zweite Speicherkategorie ist der für die Nachrichtenverarbeitung notwendige *Laufzeitspeicher*. Um Nachrichten zur Laufzeit puffern, verarbeiten und erstellen zu können, muss dieser Speicher zwangsläufig als RAM (sRAM) ausgelegt sein. Gemäß der OPC-UA-Spezifikation ist für eine OPC-UA-Nachricht mindestens ein Chunk (8 kB) vorzuhalten. In der Praxis wird dieser Speicher nur von Nachrichten ausgelastet, die entweder sehr umfangreiche Datenmengen übertragen (beispielsweise große Arrays in Read / Write Requests) oder kryptografischen Funktionen zuzuordnen sind (beispielsweise bei der Übertragung von Zertifikatsketten). Üblichere Nachrichtengrößen bewegen sich im Bereich von 400 Byte bis ca. 2 kByte. Trotzdem sollten standardkonforme Stacks in der Lage sein, mindestens ein Chunk puffern zu können.

Für die Verarbeitung der Nachrichten wird zwangsläufig zusätzlicher Nachrichtenspeicher alloziiert. Hierbei handelt es sich beispielsweise um den *Kontext-Stack* des Programms. Während der Nachrichtenpuffer an sich durch geeignete Implementationsstrategien (siehe nächster Abschnitt) relativ gut kontrolliert werden kann, ist beim Verarbeitungsspeicher äußerste Vorsicht geboten. Insbesondere rekursive Funktionen, etwa zur Datentyp-Codierung, die durch dynamische Nachrichtenteile gesteuert werden, können den Stack eines Mikrorechensystems schnell auslasten. Geeignete Implementationsstrategien können einen Teil des Risikos mitigieren, Sicherheit kann hier allerdings nur mittels umfangreicher Unit-Tests geschaffen werden.

Abschließend besitzt OPC UA eine weitere Speicherkategorie: den *Adressraumspeicher*. In diesem Speicher werden die Knotenstrukturen und deren Attribute hinterlegt, die die prinzipielle Informationsdarstellung von OPC UA darstellen. Es ist genau dieser Speicher, der eine der wesentlichen Herausforderungen in der Umsetzung von OPC UA darstellt, denn schon die binäre Codierung des Namensraums 0 benötigt ca. 200 kByte. Zusätzliche Dateninhalte des Anwendungsmodells, aber auch insbesondere zur Laufzeit angelegte oder veränderliche Knoten können schnell zu einem Problem werden, wenn der vorhandene Laufzeitspeicher beschränkt ist.

Besondere Aufmerksamkeit ist der Codierung der Informationen im Adressraumspeicher zu widmen, denn die linearisierte UA-Binary-Codierung enthält keine Mechanismen zum Auffinden von Informationen oder zur Angabe von Speicheradressen. Werden beispielsweise die 1514 Knoten des Namensraums 0 auf triviale Weise in einem nicht-flüchtigen Speicher hinterlegt und deren Speicherposition individuell erfasst, sind ca. 6 kByte an zusätzlichem Laufzeitspeicher notwendig.

Die Umsetzung des Adressraumspeichers stellt eine besondere Herausforderung dar, wenn man bedenkt, dass in einer eingebetteten Anwendung nur ein Bruchteil der Informationen einen dynamischen Charakter hat. Werden die Adressraumdaten in den Laufzeitspeicher geladen, wird eine ohnehin kritische Ressource durch statische Daten verschwendet – im Programmspeicher hingegen sind die Daten selbst unveränderlich, was ebensowenig zielführend ist. Im kommenden Abschnitt wird daher auf eine hybride Implementationsstrategie eingegangen, um dieses Problem zu adressieren [23].

3.4.3 Anforderungen an OPC UA Stacks in eingebetteten Systemen

OPC UA bietet eine Vielzahl von Möglichkeiten zur Anpassung eines Stacks an ein Zielsystem. Einige der Features wie OPC UA Binary sind dabei vorteilhaft, während andere Teile der Spezifikation wie 4 GByte lange String-NodeIDs eher problematisch sein können.

Nachrichtencodierung: Grundsätzlich kann eine Verarbeitung von XML-basierten Codierungen – damit auch OPC UA SOAP – für das Speichern und Verarbeiten von Daten ausgeschlossen werden. Die Verarbeitung von Zeichenketten generiert eine unnötige Last für das Rechensystem, das Parsen komplexer hierarchischer Strukturen beansprucht zudem zusätzlichen Laufzeitspeicher. Glücklicherweise unterstützen so gut wie alle OPC UA Stacks das OPC-UA-Binary-Format.

OPC UA Binary birgt die charakteristische Problematik der linearen Decodierungsvoraussetzung: Liegen Daten im OPC-UA-Binary-Format vor, müssen alle einem Datum vorangestellten Inhalte bereits decodiert sein, um dessen Adresse im Speicher bestimmen zu können. Die lineare Decodierungsvoraussetzung resultiert aus dem Format selber, da in OPC UA Binary keine Typen-Präfixen, Synchronisationspunkte oder Daten-Offsets codiert werden.

Um Daten zu decodieren, muss das Format der Daten im Vorhinein bekannt sein. Das Format der Daten wird dabei grundsätzlich von den vorangestellten Nachrichteninhalten definiert. Gekoppelt mit der Tatsache, dass OPC-UA-Datentypen variable Länge (und häufig auch mehrere Codierungsmethoden) besitzen, resultiert die gegebene lineare Decodierungsanforderung. Diese Eigenschaft ist sowohl für OPC-UA-Nachrichten in OPC UA Binary zutreffend wie auch für persistierte Daten im OPC-UA-Binary-Format [23].

Programmiersprachen: Stacks, die in Hochsprachen verfasst sind, stellen auf eingebetteten Plattformen grundsätzlich ein Problem dar. Ein ganz besonderes Augenmerk fällt dabei auf interpretierte Sprachen (etwa Perl, Python) sowie solche, die auf virtuellen Maschinenformaten (etwa Java, .NET) aufbauen. In beiden Fällen müsste, neben dem Stack an sich, ein passender Interpreter oder eine virtuelle Maschine für die jeweilige Mikrorechenplattform geschrieben oder adaptiert werden. Gut geeignet hingegen sind alle Stacks, deren Programmiersprache in ein ausführbares Format überführt werden können. In diesen Kategorien sind insbesondere die Programmiersprachen C und C++ dominant und werden von den meisten Entwicklungssystemen bzw. Compiler der Mikrorechensystemhersteller gut unterstützt. Es sollte berücksichtigt werden, dass komplexere Sprachen wie C++ zwar grundsätzlich nur die Programmierung erleichtern, aber häufig einen Overhead an Programmkomplexität und Speicherbedarf nach sich ziehen.

Parametrisierbarkeit: OPC UA ist eine Funktion eines eingebetteten Systems, die grundsätzlich der Steuer- und Regelfunktion untergeordnet ist. Ein OPC UA Stack muss also den Programmspeicher belegen, der nicht für die primäre Systemfunktion notwendig ist. Daher ist es kritisch, dass der Quelltext eines OPC UA Stacks ausreichend parametrisierbar ist, um Dienste nach Bedarf aktivieren und deaktivieren zu können. Die gewählten Dienste sollten zusätzlich die Möglichkeit bieten, kritische Parameter wie Speichergrößen oder die maximale Anzahl paralleler Sessions einstellen zu können. Die entsprechende Parametrisierung erfolgt grundsätzlich vor dem Kompilieren des Codes. Stacks wie der Open-Source-open62541-Stack blenden z.B. durch ihre CMake-basierte Konfiguration vor dem Kompilieren Quelltextabschnitte aus, so dass deren Kompilierung nicht mehr erforderlich ist (s. auch Abschnitt 4.3).

Codierungsfunktionen für OPC-UA-Datentypen: Beim Entwurf und Einsatz von OPC UA Stacks für eingebettete Systeme ist ein besonderes Augenmerk darauf zu richten, wie Datenstrukturen in das UA-Binary-Transportformat überführt werden oder daraus decodiert werden. Rekursive Verfahren allozieren bei jeder Rekursion Speicher auf dem Kontextstapel des Programms, wobei es sich um Laufzeitspeicher handelt. Vor allem für komplexe Datenstrukturen kann die rekursive UA-Binary-Codierung erhebliche Probleme verursachen. Abhilfe kann an dieser Stelle nur geschaffen werden, wenn die Rekursionstiefe vorab begrenzt wird oder Nachrichten und Datentypen bewusst geprüft werden, bevor eine Codierung stattfindet. Da der Laufzeitspeicher von eingebetteten Rechenplattformen begrenzt ist, lassen sich ansonsten diverse durch OPC UA verursachbare Stack-Overflow-Szenarien ausmalen, die auch für andere Programmteile (etwa die Applikation) schwerwiegende Konsequenzen haben können.

3.4.4 Umsetzungsstrategien für eingebettete OPC UA Stacks

Je beschränkter die Ressourcen einer Rechenplattform werden, desto mehr ist eine Software auf die Eigenschaften und Fähigkeiten dieser Plattform spezialisiert. Es kann daher in diesem Abschnitt keine universelle Vorlage für einen portierbaren, einbettbaren OPC UA Stack geliefert werden.

Der vorliegende Abschnitt stellt eine Reihe «Best-Practice»-Strategien dar. Die daraus abgeleiteten Entwicklungsmuster spiegeln Erfahrungen beim Portieren von OPC UA Stacks auf Mikrorechenplattformen wider. Die gegebenen Entwicklungsmuster werden individuell und getrennt entwickelt, um bestimmte Probleme einzelner Zielarchitekturen zu adressieren, und stellen nicht Bestandteile eines einzelnen existenten Stacks dar.

Neben dem Umgang mit Ressourcenbeschränkungen und der Wiederverwendbarkeit einer Lösung steht hier insbesondere auch der «Security by Design»-Ansatz, also die Gewährleistung funktionaler Sicherheit durch die Wahl geeigneter Umsetzungsstrategien, im Fokus.

Einige der Entwicklungsmuster können, neben der üblichen Softwareform auch auf Hardwarestrukturen (FPGA oder ASIC) übertragen werden, so dass periphere OPC UA (Server) Stacks auch als dedizierte Kommunikationsperipherie in digitalen Schaltungsentwürfen genutzt werden können (Bild 3.23) [24].

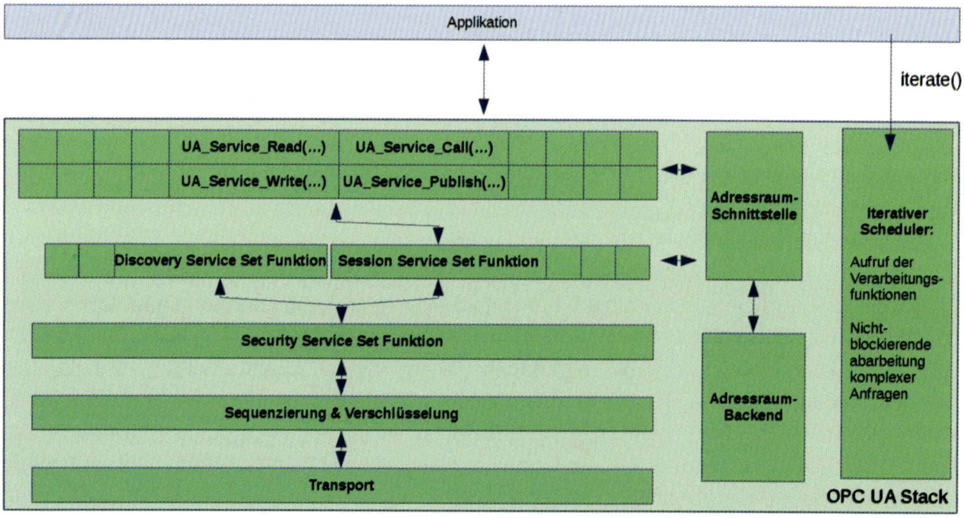

Bild 3.23 *Hierarchischer Aufbau von Verarbeitungsfunktionen innerhalb eines OPC UA Stacks*

3.4.5 Hierarchische Codierung

Als grundsätzliche Strategie zur Umsetzung von OPC UA Stacks wird jedem OPC-UA-Dienst eine Verarbeitungsfunktion zugewiesen. Die Funktionen sind hierarchisch angeordnet, so dass jede Funktion einen Nachrichtenteil einer Vorgängerfunktion entgegennimmt, eigene Inhalte verarbeitet und die restliche Nachricht «weiterreicht». In einem Serverstack wäre die unterste Verarbeitungsfunktion für die OPC-UA-Transportschicht zuständig sowie die darauf folgende Schicht für OPC UA Security. Daraufhin folgt eine Reihe von Funktionen, die einzelne Dienstanfragen verarbeiten können. OPC UA Client Stacks drehen die Hierarchie um, verhalten sich aber prinzipiell gleich.

Diese Strategie wird von den meisten Stacks verfolgt, allerdings mit stark variablem Grad an Trennung der Verarbeitungsverantwortung. Häufig agieren die einzelnen Verarbeitungsfunktionen nicht dediziert auf Nachrichtendaten, sondern verwenden gleichzeitig eine Fülle intern codierter Datenstrukturen wie Server-, Subscription- und Session-Informationen. Diese Daten werden dynamisch alloziiert und verwaltet – de facto existiert damit neben der OPC-UA-Nachrichtenverarbeitung eine getrennte interfunktionale Kommunikation über Verwaltungsstrukturen, die in hardwarenahen Entwürfen zur Entwurfszeit des Stacks bereits berücksichtigt werden sollte.

Jeder Funktion sollte zur Vermeidung von problematischer Speicherallokation ein fester, persistenter Puffer zugeordnet werden. Dieses Prinzip erlaubt es gleichzeitig, Dienstanfragen iterativ zu verarbeiten, indem Verarbeitungsfunktionen einen Teil der Nachricht verarbeiten, ihren Zustand im persistenten Puffer speichern und die Ausführungskontrolle wieder abgeben. Dieses Prinzip vermeidet, dass komplexe Dienstanfragen den Stack unnötig blockieren, und erlaubt eine deterministische Abschätzung des Speicherbedarfs. Gleichzeitig begrenzt der Ansatz allerdings die Anzahl quasi-parallel verarbeitbarer Anfragen.

Neben den funktionseigenen Puffern sollten global zugängliche, fest alloziierte Datenstrukturen für die Verwaltung zusätzlicher Verbindungsparameter existieren. Diese Datenstrukturen definieren gleichzeitig die Profile des Servers (etwa die Anzahl von parallelen Verbindungen).

3.4.6 Timing-Determinismus und Scheduling

Eingebettete Systeme bieten den Vorteil, dass mit relativer Nähe zur Hardware gearbeitet werden kann. Der besondere Vorteil – gerade bei der Abwesenheit präemptiven Multi-Taskings – ist die Abschätzbarkeit der Laufzeit (in Takten) eines Programmsegments. Präemptives Multi-Tasking oder Multi-Threading wird hingegen bei eingebetteten Programmen selten eingesetzt.

Timing ist einer der Aspekte, der die Portierung von existenten OPC UA Stacks erschwert. PC-basierte Plattformen berücksichtigen diesen Aspekt häufig nicht und verlassen sich gänzlich auf den Scheduler des Betriebssystems, um mehrere Prozess-Threads (quasi-)parallel zu verarbeiten. Auf eingebetteten Plattformen hingegen sind Ausführungsdeterminismus und Echtzeiteigenschaften von fundamentaler Bedeutung.

Der hohe dynamischen Charakter von OPC UA, gekoppelt mit geschachtelten Datenstrukturen, führt zu zusätzlichen Bedenken in Bezug auf die Ausführungszeiten. Die Laufzeit für die Verarbeitung einer Nachricht ist nicht mehr nur von ihrer Größe abhängig (wie etwa bei IP-Datenpaketen), sondern vom Inhalt (Payload) einer Nachricht.

Um zu vermeiden, dass ein OPC UA Stack andere Tasks auf dem eingebetteten System blockieren kann, empfiehlt es sich, iterative Aufrufe einer primären Stack-Verarbeitungsfunktion umzusetzen. Eine solche Funktion übernimmt die Rolle eines Schedulers im Stack.

Dienstfunktionen sollten sich nicht gegenseitig aufrufen, sondern den Scheduler nutzen, um Nachrichten schrittweise zu verarbeiten. Der Scheduler wird durch die Hauptschleife der eingebetteten Applikation aufgerufen, arbeitet einen Satz an anstehenden OPC-UA-Stackaufgaben ab und gibt dann die Kontrolle des Systems wieder ab.

3.4.7 Entkopplung der Kommunikationsschnittstelle

Softwarebasierte Stacks koppeln in den meisten Fällen die OPC-UA-Binary-Empfangslogik eng an die TCP/IP-Schnittstellen des Betriebssystems, insbesondere POSIX-Schnittstellen (Portable Operating System Interface). Im Sinne der Stacks ist dieses Prinzip sehr förderlich. Die Portierung der Stacks auf Mikrorechenplattformen wird dadurch aber wesentlich erschwert, da pauschal eine komplexe, sehr fähige POSIX-Schnittstelle angenommen wird.

Die Bedienung der Kommunikationsschnittstelle unterscheidet sich maßgeblich von unterschiedlichen Mikrorechenarchitekturen. Die Schnittstelle kann im Chip integriert sein, über ein **M**edia **I**ndependent **I**nterface (MII) oder sogar SPI, I2C oder UART Chip-extern ausgelegt werden. Das Senden und Empfangen von Datenstrukturen seitens des Stacks sollte daher über eine kommunikationsagnostische Schnittstelle erfolgen.

Die spezifische Ausprägung der Kommunikationsschnittstelle (wie etwa TCP/IP mit POSIX-kompatiblen Socket-Funktionen) sollte für das jeweilige Zielsystem separat erfolgen – wichtig ist hierbei, dass die Bedienung der TCP/IP-Funktionalität klar von den Stack-Funktionen getrennt und gut dokumentiert wird. Der Lightweight-IP(lwIP)-Stack verhält sich beispielsweise dank seiner Protosockets-Architektur ähnlich zu dem POSIX-TCP/IP-Paradigma, was eine einfache Portierung ermöglicht. Der TCP/IP Stack des MicroChip-Harmony-Entwicklungssystems ist gänzlich inkompatibel mit diesem Paradigma und würde erfordern, dass die OPC-UA-Stack-Kommunikationsschnittstelle stark angepasst wird. Ist die Schnittstelle sauber vom Stack getrennt und gut dokumentiert, lässt sich diese Aufgabe relativ gut umsetzen.

Ein OPC UA Stack für eingebettete Systeme sollte daher also möglichst nur auf interne Schnittstellen zugreifen und keine Annahmen zu den anderweitig verfügbaren APIs treffen. Dabei sollte berücksichtigt werden, dass die gegebene Schnittstelle um einen Faktor von 1 : 10 bis 1 : 100 langsamer operiert als der Stack selbst und daher einen inhärent asynchronen Charakter haben kann. Kommunikationsschnittstellen sollten einfach, klar dokumentiert und erweiterbar gestaltet werden.

3.4.8 Speicherallokation

Dynamische Speicherallokation auf eingebetteten Systemen stellt grundsätzlich ein Problem dar, da die benötigten Ressourcen von dem Laufzeitverhalten und der Laufzeithistorie des Systems abhängen. Da eingebettete Systeme häufig kein Betriebssystem zur Speichervirtualisierung verwenden, ist der Programmierer beim Systementwurf dafür verantwortlich, die Speicherintegrität sicherzustellen. In idealen Fällen erlaubt es die API eines eingebetteten Systems, die Speicherbereiche für dynamische Datenstrukturen auf dem Stack und Heap beim Systementwurf einzuschränken. Während dieses Verfahren für die dynamische Allokation per API kontrolliert werden kann (beispielsweise in FreeRTOS), ist die Kontrolle der Speicherallokation für den Stack grundsätzlich eine Funktionalität des Compilers, so dass keine globale Aussage über das Zusammenwirken dieser Faktoren getroffen werden kann.

Die Allokation findet dabei in zwei grundsätzlichen Kategorien statt: durch einen wachsenden Stack (Funktionsaufrufe) oder durch einen wachsenden Heap (persistente dynamische Allokation).

Dynamische Speicherallokation im Stack findet statt, wenn eine Funktion lokale Variablen deklariert. Diese Variablen werden im Kontextstapel der Funktion im Laufzeitspeicher hinterlegt, so dass beim Aufruf einer Funktion der verfügbare Laufzeitspeicher reduziert wird. Die genaue

Anordnung und Verwaltung dieser Datenstrukturen wird durch den Compiler und die jeweilige EABI-Spezifikation der Zielplattform definiert.

An diesem Punkt lässt sich prinzipiell durch stringente Kontrolle von Aufrufrekursion Abhilfe schaffen. Das Verhalten rekursiver Funktionen, die sich selbst direkt oder indirekt aufrufen können, ist besonders schwer abschätzbar. Grundsätzlich sollten iterative Verarbeitungsmuster bevorzugt werden. Dieses Prinzip gilt insbesondere für die Codierung und Decodierung von OPC-UA-Binary-Daten in Nachrichten. Werden iterative Aufrufverfahren bevorzugt, lässt sich die maximale Stacktiefe deterministisch abschätzen und so die Speicherintegrität zur Laufzeit verifizieren.

Einige Mikrorechenarchitekturen – etwa PIC14-Rechenkerne – stellen zudem gesonderte Hardware-Rücksprungadressstapel zur Verfügung, bei denen die Aufruftiefe durch die Rechenkernarchitektur zusätzlich beschränkt wird.

Dynamische Speicherallokation im Heap, etwa durch die POSIX-Funktion `malloc()`, beansprucht (persistenten) Speicher, der über den Funktionskontext hinaus alloziiert bleibt. Dieser wird nicht durch den Compiler, sondern durch die Speicherverwaltungsfunktion kontrolliert. Dadurch lassen sich in APIs relativ gut system- und compilerübergreifend Sicherheitsmechanismen definieren, die beim Aufruf der dynamischen Allokation die Ausmaße des verfügbaren Speichers berücksichtigen. Existiert keine dynamische Speicherallokations-API für das Zielsystem, können quelloffene Implementierungen häufig mit relativ geringem Aufwand umgesetzt werden. Bei der Portierung von Stacks ist es oft maßgebend, dass die Funktion umgesetzt werden muss, falls die C-Bibliotheken sie nicht bereitstellen.

Besser als dynamische Allokation ist allerdings die Definition fester, globaler Speicherbereiche für bestimmte Aufgaben. Dadurch steht bereits zur Entwurfszeit fest, wo Daten gespeichert werden und wie viel Speicher notwendig ist. Es ist besonders empfehlenswert, für Funktionen, die die dienstspezifische Nachrichtenverarbeitung handhaben, eine feste Anzahl verfügbarer Puffer festzulegen.

3.4.9 Entkopplung der Applikation von OPC UA

Der OPC UA Stack stellt einen Kontaktpunkt zur Regelung und Steuerung der eingesetzten Anwendung mit der Außenwelt dar. Es ist daher kritisch sicherzustellen, dass Interaktionen zwischen Stack und Anwendung möglichst sicher sind. Auf keinen Fall sollte die Anwendung mit Daten konfrontiert werden, die durch den OPC UA Stack nicht vollständig decodiert und geprüft wurden.

Wo möglich, sollten native Datenformate für die Kommunikation mit dem Stack verwendet werden; beispielsweise sollten dem Stack nicht Datentypen auf Basis von OPC-UA-Zeichenketten, sondern (bei der Programmierung in C bevorzugt) (NULL-terminierte) C-Strings in Parametern übergeben werden. Dadurch wird gewährleistet, dass externe Funktionen keine möglicherweise komplexe Datentypen konstruieren, aber besonders nicht decodieren müssen. Interaktionen mit dem OPC UA Stack werden dadurch wesentlich deterministischer abschätzbar.

In diesem Sinne ist es auch vorteilhaft, die Interaktion mit dem Stack generell über den Scheduler und nicht-blockierend abzuwickeln, um Interaktionen mit dem Stack deterministischer zu gestalten. Ein äußerst sensibles Szenario ist die Verarbeitung komplexer Datentypen, die Parameter einer OPC-UA-Methode sind: Wird durch einen OPC-UA-Methodenaufruf ein Interrupt im eingebetteten System verwendet, muss der Interrupt-Handler potenziell diesen Parameter decodieren. Die Laufzeiteigenschaften dieses Verfahrens sind nicht deterministisch und kritische Regel- und Steuerfunktionen könnten beeinträchtigt werden, wenn die Decodierung besonders zeitintensiv ist.

Bei schwerwiegenden Fehlerfällen in so einem Szenario würde schlimmstenfalls das System in einem Interrupt- oder Supervisor-Modus verharren oder in diesem Modus unprivilegierten Code ausführen.

3.4.10 Verarbeitung von Nachrichten

Über die gegebenen Programmstrukturen ist die Verarbeitungsverantwortung für die Nachrichten klar einer bestimmten Funktion des Stacks zugeordnet. Allerdings ist gänzlich ungeklärt, wo die Nachrichten gespeichert und generiert werden. Existente Stacks wie der OPC UA Foundation Stack oder open62541 alloziieren solche Nachrichtenpuffer nach dynamisch und nach Bedarf – für eingebettete Systeme ist es allerdings kritisch, die Nachrichtenspeicher deterministisch bereitstellbar und zugreifbar zu gestalten. Dabei wird in Senderichtung häufig eine dynamisch alloziierte Datenstruktur aus einem internen Format in einen linearen Sendepuffer überführt, so dass Informationen Speicher faktisch doppelt belegen.

Gegeben, dass ein einzelner Chunk mit einer Größe von 8 kByte eine für eingebettete Systeme substanzielle Menge Laufzeitspeicher benötigt, ist die effiziente Lösung dieses Problems kritisch. Auf alle Fälle muss vermieden werden, dass Teile der Nachricht durch Verarbeitungsfunktionen dupliziert werden oder neuer Speicher für Nachrichten zur Laufzeit alloziiert werden muss.

Prinzipiell sollte der Nachrichtenspeicher beim Starten des Stacks fest alloziiert werden. Dabei ist ausschlaggebend, wie viele Nachrichten parallel verarbeitet werden sollen und wie viele Chunks pro Nachricht unterstützt werden. Die maximale Größe und Anzahl der Chunks sind Entwurfsparameter, die von OPC UA bei der Verbindungsaushandlung in der Transportebene zwischen Server und Client kommuniziert werden; trotzdem sollte nie davon ausgegangen werden, dass die Kommunikationspartner sich an diese Aushandlung halten. Die Vorallokation von Speicher führt dazu, dass ein eingebettetes System nur eine bestimmte Anzahl simultaner Verbindungen unterstützen kann – eine Eigenschaft, die sich OPC UA in eingebetteten Systemen mit eingebetteten TCP/IP Stacks teilt, die einer ähnlichen Parametrisierung unterliegen.

Das Segmentieren von OPC-UA-Nachrichten in Chunks stellt für eingebettete Systeme ein Problem dar. TCP enthält Speicheradressen (Sequence Numbers) für die Position von Dateninhalten in einem linearen Speicher, so dass eine Zusammensetzung segmentierter Nutzdaten aus mehreren Paketen relativ einfach und effizient ist. OPC UA hingegen gibt weder an, aus wie vielen Chunks eine Transmission besteht, noch wie groß die Nutzdaten in noch nicht empfangenen Segmenten sind. Ein OPC UA Stack muss daher beim Empfang der einzelnen Chunks davon ausgehen, dass jedes fehlende Chunk 8 kByte belegen kann – der dafür notwendigen Speicher muss vorab verfügbar sein. Erst, wenn alle Nachrichtenteile vorliegen und die Größen der einzelnen Nachrichtenteile bekannt sind, kann die Nachricht in ein lineares Speicherabbild überführt werden.

Für die Umsetzung des Nachrichtenspeichers bieten sich zwei Entwurfsmuster an.

Im einfachsten Fall wird für jede Nachricht ein zusammenhängender Speicherbereich bereitgestellt, dessen Größe der Anzahl der unterstützten Chunks multipliziert mit einer Chunkgröße von 8 kByte entspricht. Eine empfangene Nachricht enthält eine Sequenznummer, so dass abgeleitet werden kann, in welchen 8-kByte-Bereich dieses Speichers sie zu hinterlegen ist. Sobald alle Nachrichtenteile vorliegen, werden die Nachrichtenteile neu im Speicher ausgerichtet, um eine zusammenhängende Nachricht zu ergeben. Verarbeitungsfunktionen können den Speicherbereich direkt adressieren und darin enthaltene Daten mit Zeigern «dekorieren». Es reicht also z.B. für einen Read-Dienst aus, die Position im Speicher zu kennen, an dem die Request-Datenstruktur des Dienstes beginnt.

Die Dienstfunktion kann dann die Inhalte des Nachrichtenspeichers ab dieser Position schrittweise weiter decodieren und mit Zeigern dekorieren. Dementsprechend muss eine Dienstfunktion keinen lokalen Speicher vorhalten, um Teile der Nachricht in einer decodierten Form zu puffern. Nachteil dieses Verfahrens ist, dass ein zweiter Speicherbereich für das Schreiben einer Antwortnachricht notwendig ist, da der Nachrichtenspeicher durch die empfangene Nachricht belegt bleibt.

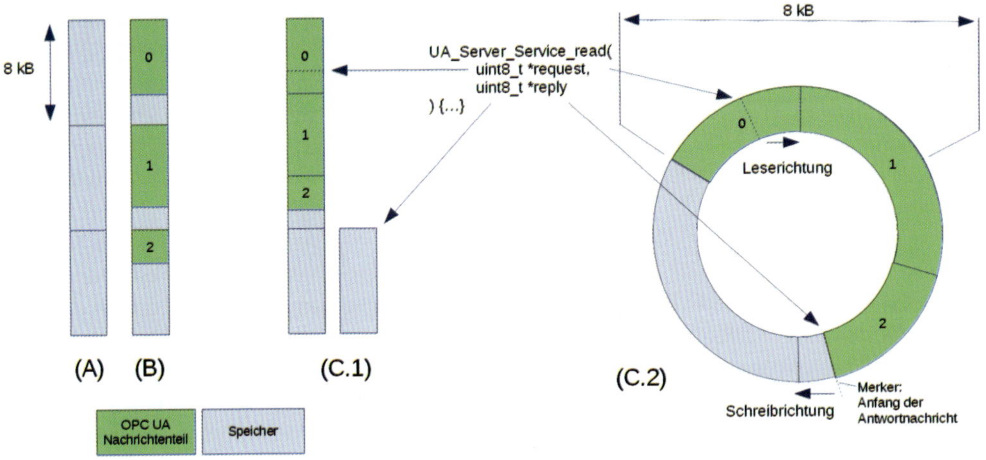

Bild 3.24 *Verwendungsmuster für einen Nachrichtenspeicher mit 3 Chunks. (A) Grundsätzliche Struktur. (B) Empfang und Hinterlegung einzelner Nachrichtenteile. (C.1) Darstellung des Nachrichtenspeichers als linearer Speicher nach der Neuausrichtung der Nachrichteninhalte. Für das Schreiben der Antwort ist ein separater Nachrichtenspeicher erforderlich, dass der Empfangspuffer potenziell voll ist. (C.2) Auslegung des Nachrichtenspeichers als Ringpuffer. Daten werden durch das Lesen einer Adresse wieder für Schreiboperationen (Antwortnachricht) freigegeben.*

Ein zweites Entwurfsmuster ist das Schreiben der Nachrichten in einen Ringpuffer (**F**irst-**I**n-**F**irst-**O**ut-Speicher, FIFO). Der Empfang von Nachrichtenteilen verläuft dabei identisch zum ersten Szenario: Es werden einzelne Chunks empfangen und danach im Speicher neu ausgerichtet, so dass sie einen zusammenhängenden, linearen Speicherbereich ergeben. Nachrichten werden daraufhin durch die Verarbeitungsfunktionen wie aus einem FIFO gelesen. Die Verarbeitungsnachricht «konsumiert» damit schrittweise die Inhalte des FIFOs und setzt dadurch Speicher frei. Teile der Antwort können daraufhin wieder in denselben FIFO geschrieben werden. Beim Senden der Antwortnachricht kann der Speicherbereich einfach als FIFO ausgelesen und der Nachricht angehängt werden. Das Verfahren ist dadurch wesentlich speichereffizienter. Allerdings vernichtet eine Verarbeitungsfunktion Daten im Speicher, indem sie gelesen werden – ergo müssen Verarbeitungsfunktionen lokalen Pufferspeicher vorhalten, um Inhalte der Nachricht für die spätere Verarbeitung vorrätig zu halten. Die Verarbeitung von Nachrichten aus FIFOs haben zusätzlich den Charakter eines Datenstromes: Nachrichten werden in fester Wortbreite aus dem FIFO gelesen bzw. in diesen geschrieben. Demnach muss die Verarbeitungsfunktion Datentypen aus dem Nachrichtenspeicher in lokalen Puffern zu OPC-UA-Datentypen sequenzieren, was deren Verarbeitung erschwert.

3.4.11 Hinterlegung von Adressrauminhalten

Auf triviale Weise implementiert, ist ein Adressraum gleich doppelt speicherintensiv: Ein im Laufzeitspeicher präsenter Adressraum ist zwar für die Applikation vorteilhaft, muss aber initialisiert werden. Die dafür notwendigen Daten sind Teil des Programmcodes, so dass die Informationen gleich zwei Speicherbereiche belegen. Für eingebettete Systeme mit wenigen Ressourcen ist diese häufig verfolgte Strategie eines Initialisierungscodes für einen dynamischen Adressraum gänzlich ungeeignet.

Vorab sollte für die Interaktion mit dem Adressraum eine Zugriffsschnittstelle existieren, die Knoten und deren Attribute im Adressraum bereitstellen kann bzw. dorthin persistiert. Die Inhalte des Adressraums selbst werden durch ein für eingebettete Systeme passendes Adressraum-Backend verwaltet. Das Adressraum-Backend und dessen Schnittstelle sollten durch den im Programmstruktur-Abschnitt beschriebenen Scheduler verwaltet werden, um zu vermeiden, dass etwa Suchoperationen nach Knoten in großen Adressräumen ein eingebettetes System längere Zeit blockieren können.

Zwei Lösungsansätze sind für die Persistierung des Adressraums anwendbar. Beide Ansätze gehen davon aus, dass für den OPC UA Stack ein Adressraum-Backend existiert, das Daten möglichst effizient in binärer Form speichert. Dadurch resultiert ein Speicherabbild des Adressraums, in dem alle Knoteninformationen enthalten sind. Hierfür ist eine Codierungsstruktur herzuleiten, die prinzipiell an OPC UA Binary angelehnt sein kann, aber für die Decodierung zusätzliche Informationen einbringt. Sinnvoll ist es beispielsweise, die Größe eines OPC-UA-Knotens im Speicherabbild zu codieren, um bei der Suche nach Knoten uninteressante Datenstrukturen überspringen zu können. Typenpräfixen vor Datenstrukturen in Variablen erleichtern deren Codierung und Decodierung. Beide Maßnahmen erhöhen zunächst den notwendigen Speicher. Um Speicher zu sparen, können Zeichenketten in BrowseName-, DisplayName- und Description-Attributen der Knoten komprimiert werden. Boolesche Attribute können – statt der 32-bit-Darstellung von OPC UA Binary – auf Bitfelder reduziert werden. Viele weitere Attribute können ebenfalls sinnvoll in ihrer Größe reduziert werden, darunter die Längen von String-Attributen, numerische Knoten-IDs usw. Vorteilhaft für Suchoperationen ist es zudem, Knoten-IDs auf numerische Werte zu beschränken und diese in aufsteigender Reihenfolge im Speicherabbild anzuordnen (Bild 3.25).

Der erste, besonders für einfache OPC-UA-Applikationen geeignete Ansatz zur Umsetzung eines Adressraum-Backends, ist das Hinterlegen des Speicherabbildes des Adressraums in einem nicht-flüchtigen Speicher (etwa dem Programmspeicher). Veränderlich in solchen einfachen Applikationen sind meistens nur eine isolierte Menge von 10 bis 100 Datenwerten von Variablenknoten, beispielsweise der Parametrisierung eines Sensors und dessen Messgrößen. Die für diese Datenwerte notwendigen Speicherbereiche werden im statischen, nicht veränderlichen Adressraum voralloziert. Der OPC UA Stack «maskiert» daraufhin bei Schreiboperationen auf die Variablen die gegebenen Speicherbereiche im flüchtigen Laufzeitspeicher. Auf diese Weise wird nur Laufzeitspeicher für Variablen verwendet, die auch in der Applikation veränderlich sind. Die Adressen der Variablen im Speicherabbild des Adressraums sind zur Entwurfszeit bekannt, so dass der Zugriff wesentlich erleichtert wird. Nachteil des Verfahrens ist, dass keine komplexeren Veränderungen am Adressraum möglich sind. Es können beispielsweise keine Knoten oder Referenzen angelegt oder gelöscht werden, die Variablentypen und Größen sind vordefiniert, und dynamische Arrays (etwa für historische Werte) sind nicht umsetzbar.

Ein zweiter, komplexerer Ansatz ist die Verwendung eines stark vereinfachten «Dateisystems» für das Adressraum-Backend, das an iNodes des EXT-Dateisystems oder FAT-Tabellen angelehnt ist. Dafür wird das Speicherabbild in kleinere Segmente unterteilt (z.B. 100 Byte). Im Speicherabbild verteilt finden sich eine Haupt- und mehrere Neben-Indize-Tabellen, in denen die Knoten-ID, Adresse und die zugewiesenen Speichersegmente der Knoten hinterlegt sind. Diese Speichersegmente können dabei entweder auf den Programmspeicher (statische Inhalte) oder einen Bereich im Laufzeitspeicher verweisen. Der Zugriff auf Knoteninhalte durch das Backend erfolgt damit nicht mehr adressbasiert, da Segmente untereinander nicht linear ausgerichtet sein müssen.

Ein solches Dateisystem-artiges Adressraum-Backend ist zweifelsohne komplizierter umzusetzen. Der Ansatz ermöglicht es allerdings, bestimmte Bereiche des Speicherabbildes vollständig dynamisch zu gestalten und trotzdem statische Adressrauminhalte in den Programmspeicher

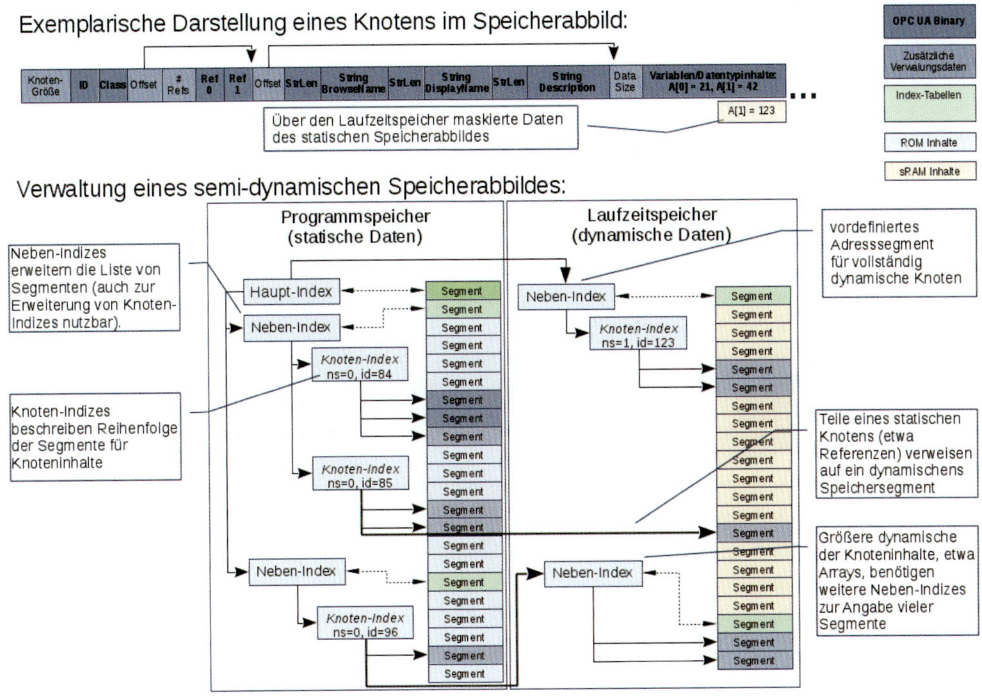

Bild 3.25 Oben: Linearisierte Darstellung des in OPC UA Binary codierten Adressraums (Speicherabbild wird mit zusätzlichen Navigationsinformationen versehen und in nicht-flüchtigen Speicher hinterlegt). Der Laufzeitspeicher maskiert einzelne Variableninhalte der statischen Abbildung. Unten: Das Speicherabbild wird in Segmenten in eine Dateisystem-Struktur gegliedert, so dass gesamte Knoten oder bestimmte Informationen zur Laufzeit dynamisch sein können.

auszulagern. Falls der Ansatz der «Maskierung» mit den Indize Tabellen kombiniert wird, können auch statische Inhalte modifiziert werden, indem statische Segmente des Speicherabbildes zur Laufzeit in den Laufzeitspeicher umgeleitet werden. Das Verfahren ist allerdings auch um einiges ineffektiver als ein statisches Speicherabbild mit maskierten Daten, da die Speichersegmente durch die Knoteninhalte nicht immer vollständig verwendet werden. Zudem ist bei stark variablen Adressräumen eine periodische Defragmentierung des dynamischen Speichers notwendig.

3.4.12 Methodenaufrufe und Interrupts

Methodenaufrufe in OPC UA sind eine praktische Möglichkeit, ein Zielsystem zu einer Handlung zu veranlassen. So können beispielweise Aktoren in einer Industrieanlage über OPC UA konfiguriert werden, ohne dass die Werte in die Regelung übernommen werden. Wird der Aktor über einen Methodenaufruf dazu angewiesen, übernimmt er simultan alle neuen Parameter. Ähnliche Verfahren in Bezug auf eine «Online»- und eine «Offline»-Konfiguration – ohne Bezug auf OPC UA – werden durch die DIN EN 61158 spezifiziert.

Methodenaufrufe in einem eingebetteten OPC UA Stack können, wie auch nicht eingebettete Stacks, prinzipiell Callback-Funktionen aufrufen. Interessanter ist hier jedoch die Fähigkeit, die Interrupts der Rechenplattform direkt zu nutzen. Falls die Zielplattform keine Software-Interrupts unterstützt, kann auch ein nicht genutztes Hardware-Interrupt-Flag gesetzt werden.

In beiden Fällen sollte sichergestellt werden, dass die Anwenderapplikation Parameter der Funktion in einer vordefinierten Reihenfolge und Form beziehen kann. Der OPC UA Stack sollte zwingend prüfen, dass der OPC UA Request die korrekte Anzahl von Parametern enthält und dass alle Datentypen den erwarteten Typen entsprechen. Prüfungen der OPC-UA-Datentypen sollten auf keinen Fall der Anwenderapplikation überlassen werden, da sonst rechentechnisch aufwendige Vergleichsoperationen in einer Interruptroutine stattfinden könnten. Letzteres Szenario könnte dazu führen, dass der Applikationscode nicht oder verspätet ausgeführt wird. Sollte eine rekursive oder fehlerhafte (Typen-Decodierungs-)Funktion des Stacks einen Stack-Overflow verursachen, würde zudem das System im privilegierten Interrupt- oder Supervisor-Modus irregulären Code ausführen.

In Kürze

Eingebettete Systeme sind in der industriellen Produktion weit verbreitet. Aufgrund beschränkter Ressourcen müssen zur Realisierung von OPC UA auf diesen Systemen spezielle eingebettete OPC UA Stacks zur Anwendung kommen. Die wichtigsten Rahmenbedingungen und Strategien, um die zukunftsträchtige Technologie OPC UA im Bereich eingebetteter Systeme umzusetzen, finden sich in diesem Abschnitt.

4 Implementierungshilfen

4.1 Entwicklerbibliotheken und Tools von Unified Automation

Dieses Kapitel befasst sich mit den Entscheidungskriterien für OPC-UA-Entwicklerbibliotheken, speziell den Fragen «kaufen?» oder «selber programmieren?». Hierfür werden neben den kommerziellen Endprodukten auch Entwicklerbibliotheken von unterschiedlichen Herstellern am Markt angeboten. Diese sind beispielsweise unter https://opcfoundation.org/products zu finden. Eine eigene Implementierung sollte stets vorab gut überdacht und abgewogen werden. Wenn Geräte oder Maschinen mit einer OPC-UA-Kommunikation ausgestattet und möglichst schnell auf den Markt gebracht werden sollen, sind die Entwicklungs- und Testzeiten entscheidend. Mit den kommerziell am Markt angebotenen SDKs und den dazu passenden Werkzeugen kann die Entwicklung erheblich vereinfacht werden. Weiterhin werden Möglichkeiten zur Migration von Bestandsanlagen aufgezeigt sowie Hilfsmittel zum Vergleich und zur Validierung unterschiedlicher Produkte vorgestellt. Nachfolgend werden die von Unified Automation angebotenen, plattformunabhängigen Software-Development-Kits (SDK) betrachtet. Aber auch die nachfolgenden Abschnitte 4.2 und 4.3 befassen sich mit kommerziellen und Open-Source-Entwicklerhilfen für die OPC-UA-Entwicklung.

4.1.1 Open Source oder kommerziell

Die Implementierung und Integration der OPC-UA-Technologie in bestehende Produkte und Anlagen stellen aufgrund der weitergehenden Möglichkeiten des Standards und der damit zusammenhängenden Komplexität eine besondere Herausforderung dar. Grundsätzlich gibt es drei mögliche Ansätze, zwischen denen je nach Anforderung unterschieden werden sollte.

1. «Build»
   Der offene OPC-UA-Standard steht jedem kostenfrei zur Verfügung. Anhand der OPC-UA-Spezifikationen oder der entsprechenden IEC-Norm kann eine Implementierung komplett durch die eigene Entwicklungsabteilung durchgeführt werden.

2. «Open Source»
   Die OPC Foundation stellt ihre Beispielimplementierungen, die zur Verifikation der Spezifikation verwendet wurden, seinen Mitgliedern, aber auch Nichtmitgliedern quelloffen zur Verfügung. Der Code wird mit einer Dual-License über Git-Hub bereitgestellt, wobei OPC-Mitglieder eine Reziproke-Community-Lizenz bekommen – ohne Verpflichtung zur Offenlegung des eigenen Codes. Dagegen bekommen Nichtmitglieder den Code lediglich mit GPLv2-Lizenz, die mit copy-left eine Offenlegung des eigenen Quellcodes verlangt. Firmen wie z.B. Microsoft beteiligen sich an dieser Entwicklung. Neben dem Beispielcode der OPC Foundation gibt es noch unzählige weitere Open-Source-Implementierungen von Universitäten, Instituten und Privatpersonen, die mit unterschiedlichsten Lizenz-Modellen in einer Vielzahl von Programmiersprachen angeboten werden.
3. «Buy»
   Dies ist die für kommerzielle Produkte derzeit meistgenutzte Option. Hier bieten Softwarefirmen kommerzielle Bibliotheken, sogenannte Toolkits, und SDKs unter kommerziellen Lizenz- und Support-Modellen an. Üblicherweise sind diese Bibliotheken regelmäßig auf Interoperability-Workshops (IOP) getestet und für Konformität (OPC UA Compliance) zertifiziert. Es gibt sie in unterschiedlichen Programmiersprachen und mit unterschiedlichem funktionalen Umfang (OPC UA Profiles – siehe Abschnitt 2.4). Spezialisierte SDK-Varianten gibt es für kleinste eingebettete Systeme mit speziellen Anforderungen an Ressourcen wie limitierten Arbeitsspeicher und geringe CPU Geschwindigkeit (Kleinstgeräte). Eine Entscheidung für eine der drei Varianten sollte erst nach Kenntnis der Rahmenbedingungen und mit einer groben Zielvorstellung getroffen werden.

Im Folgenden soll die «Buy»-Variante, speziell die SDKs der Firma Unified Automation GmbH, genauer betrachtet werden. Hierbei gilt es zunächst einzuschätzen, welches SDK für den eigenen Anwendungsfall am besten geeignet ist. Neben den rein funktionalen Kriterien sind auch die Architektur und Erweiterbarkeit bei zukünftigen Features ein wesentliches Entscheidungskriterium.

4.1.2 Sprache

Die erste und vermutlich einfachste Entscheidung ist die Programmiersprache. Hier bietet Unified Automation vier SDKs in den drei Sprachen: Ansi C, C++ und C#.NET für verschiedene Geräteklassen (Bild 4.1).

1. High Performance Ansi C SDK, für eingebettete Systeme mit geringer Leistung, z.B. IO/Sensoren, Kleinstcontroller
2. Ansi C SDK, für eingebettete Systeme höherer Leistungsklasse, z.B. Industriesteuerungen
3. C++ SDK, für PC-Systeme und leistungsstarke Steuerungen
4. C# .NET SDK, für windowsbasierte PC-Systeme

Bei der Integration in ein bestehendes System ist die bereits genutzte Programmiersprache das ausschlaggebende Kriterium. Die OPC-UA-Bibliothek sollte immer in der nativen Sprache verwendet werden, um zu vermeiden, dass die Daten zwischen Komponenten kopiert werden müssen, die in verschiedenen Programmiersprachen entwickelt wurden. Bei der Anbindung der OPC-UA-Server-Bibliothek an die zu repräsentierende Datenquelle müssen verschiedene Schnittstellen bedient werden. Der sogenannte Datenprovider hat zum einen das IO-Interface für

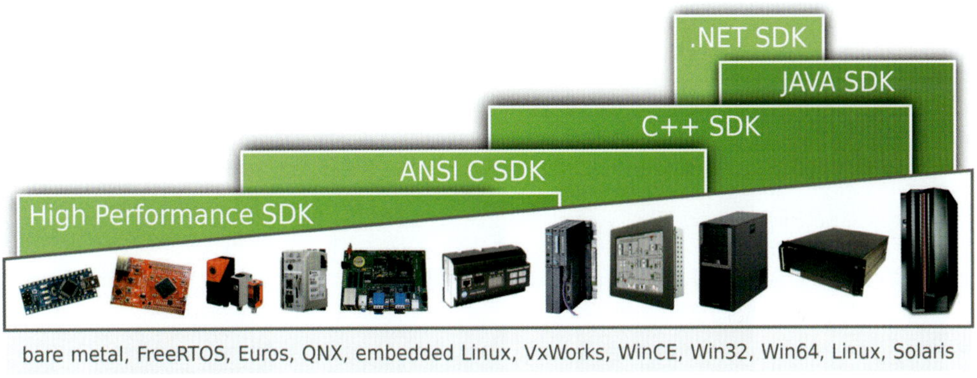

Bild 4.1 *Verschiedene Geräteklassen und ihre typischen Betriebssysteme und bevorzugten Programmiersprachen* [© Copyright Unified Automation GmbH, 2017]

den lesenden und schreibenden Zugriff auf die Datenquelle und zum anderen das Node-Interface zur Verwaltung des Adressraumes des Servers und zur Navigation des Clients innerhalb des Informationsmodells (Browse).

4.1.3 Betriebssystem

Die zweite Entscheidung betrifft die Plattform des Zielsystems. Die SDKs sind grundsätzlich plattformunabhängig, der Code ist für verschiedenste Betriebssysteme und CPU-Architekturen kompilierbar. Für .NET und Java werden entsprechende Interpreter auf dem Zielgerät benötigt; wo Java JRE immer schon für verschiedene Betriebssysteme verfügbar war, gibt es neben Mono für .NET Standard auch Interpreter für Linux und iOS. Alle betriebssystemabhängigen Funktionen werden über eine Plattformschicht abstrahiert. Nur diese Plattformschicht wird entsprechend des Zielsystems ausgetauscht bzw. angepasst. Der Aufbau der SDKs (wie in Bild 4.2 dargestellt) ist prinzipiell immer ähnlich. Unterschieden wird zwischen folgenden Komponenten:

- Plattformschicht, für betriebssystemspezifischen Code,
- OPC UA Stack, für die Netzwerkimplementierung, Encoding / Decoding und Security der OPC-UA-Nachrichten,
- OPC-UA-SDK-Bibliotheken, für die Bereitstellung der OPC UA Features wie Session, Subscription und Knotenverwaltung.

4.1.4 OPC-UA-Funktionalität

Die dritte Entscheidung betrifft den Abgleich der geforderten und der verfügbaren OPC-UA-Funktionalität. Die präziseste Beschreibung der Funktionalität bieten die OPC-UA-Profile (siehe Abschnitt 2.4). Diese stellen aus sogenannten Conformance Units in sich konsistente und logisch zusammenhängende Funktionsblöcke zusammen. Dabei wird zwischen kompletten Profilen und sogenannten Facets unterschieden. Komplette Profile wie z.B. Embedded OPC UA Server definieren die Basisfunktionalität, die ein OPC UA Server zur Verfügung stellen muss. Facets definieren

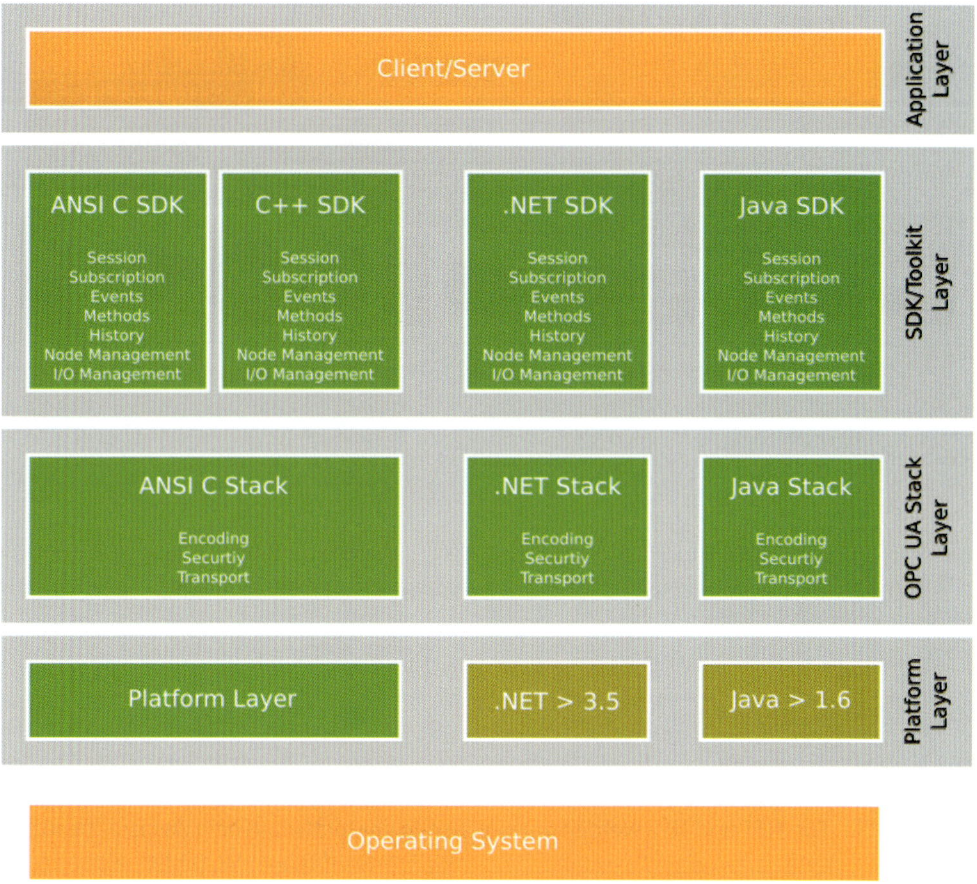

Bild 4.2 *OPC UA SDK – prinzipieller Aufbau, bestehend aus OPC UA Stack und SDK* [© Copyright Unified Automation GmbH, 2017]

zusätzliche Features, die darauf aufsetzen, wie z.B. Zugriff auf historische Daten oder die Bereitstellung von Events.

Ein OPC-UA-fähiges Produkt unterstützt typischerweise ein Profil und mehrere Facets. Es können auch einfach weitere OPC UA Features und damit Facets in weiteren Entwicklungsstufen eines Produktes hinzugefügt werden.

Speziell wenn die Umsetzung einer Companion Specification geplant ist, also wenn Spezifikationen von anderen Organisationen oder Branchen, die auf OPC UA aufsetzen, implementiert werden sollen, ist es zwingend erforderlich, dass im SDK die dafür benötigten Profile und Facets bereitgestellt werden. So müssen beispielsweise für die Umsetzung des Auto-ID-Informationsmodells (für RFID oder Barcodeleser) neben dem Basis-Serverprofil zusätzlich OPC-UA-Methoden, Events und strukturierte Datentypen unterstützt werden. Ein reines «Embedded-OPC-UA-Server-Profil» mit Data-Access-Funktionalität ist also nicht ausreichend, um dieses Gerätemodell umsetzen zu können.

4.1.5 Nutzbarkeit

Als viertes Entscheidungskriterium kommt die einfache Benutzbarkeit (Usability) und damit anhängig die Implementierungsgeschwindigkeit zum Tragen. Hier ist zum einen das Design der Anwenderschnittstelle entscheidend. Der Entwickler oder Integrator wünscht sich eine konsistente und einfache Schnittstelle, um seine Applikationsdaten schnell und fehlerfrei anbinden zu können. Hier sind auch Hilfsfunktionen und die Kapselung von wiederkehrenden Aufgaben willkommen.

Die Datenanbindung ist typischerweise keine große Herausforderung, der Zugriff auf die Daten ist in den Toolkit-Schnittstellen von Unified Automation stark vereinfacht und meist auf ein einfaches Read / Write heruntergebrochen. Deutlich aufwendiger können dagegen der Aufbau und die Implementierung des Adressraumes sein, speziell wenn dieser ein vorgegebenes Informationsmodell abbilden soll. Aus diesem Grund hat Unified Automation als erster Anbieter zu seinen Bibliotheken auch ein Modellierungstool (Bild 4.3) angeboten, in das ein Codegenerator integriert ist. Damit ist es möglich, standardisierte Informationsmodelle zu laden, eigene Informationsmodelle zu erstellen oder ein Standardmodell um produktspezifische Informationen zu erweitern. Für dieses Modell bzw. für die aufeinander aufsetzenden Modelle kann Quellcode generiert werden, der dann direkt im SDK verwendet werden kann. Hiermit wird die Implementierung stark beschleunigt und es wird die Codequalität deutlich verbessert. Ebenfalls lassen sich dadurch mit wenig Aufwand erste Prototypen zur Validierung erzeugen. Auch die Arbeitsgruppen der OPC Foundation verwenden den UaModeler©, das Modellierungstool von Unified Automation, um Informationsmodelle für Companion-Spezifikationen schnell und effektiv zu erstellen und zu implementieren.

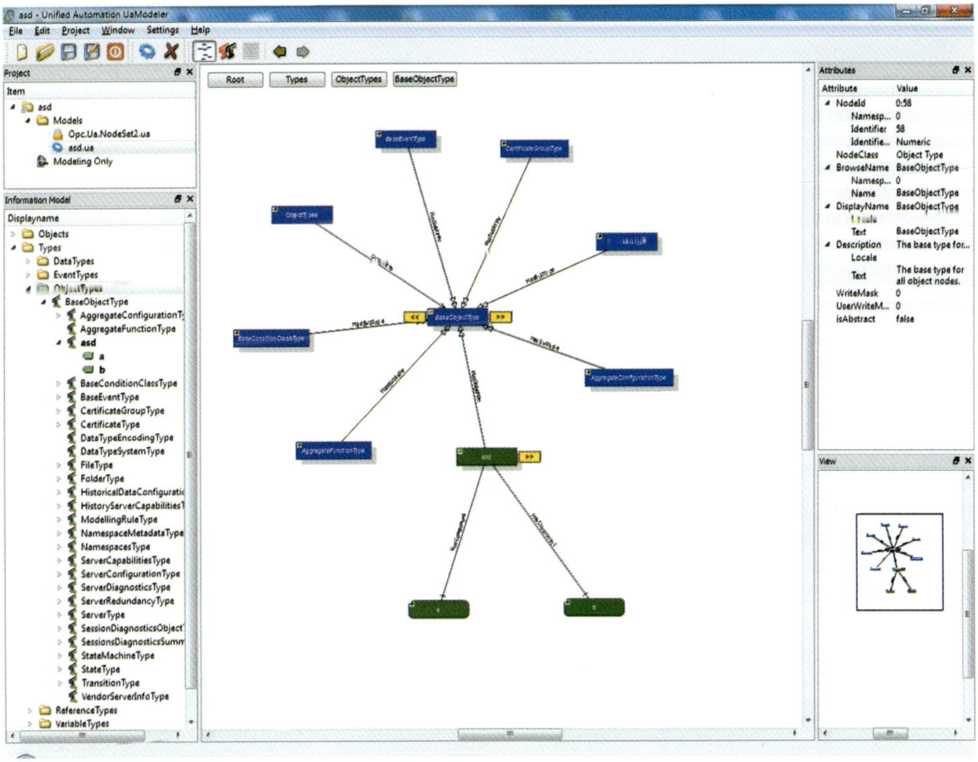

Bild 4.3 Screenshot UaModeler zum Erzeugen von Informationsmodellen und zur Codegenerierung [© Copyright Unified Automation GmbH, 2017]

4.1.6 Interface-Design

Die fünfte Entscheidung bezieht sich auf die Flexibilität des SDK. Ein gutes SDK sollte neben einer stark vereinfachten Schnittstelle für die schnelle Entwicklung auch eine «Experten-Schnittstelle» mit erweiterten Möglichkeiten zur anwendungsspezifischen Optimierung anbieten. Stark vereinfachte Schnittstellen bieten oft wenig Spielraum, um optimal auf spezielle Anwendungsfälle reagieren zu können. Wenn z.B. eine extrem große Anzahl von Objekten und Variablen über einen OPC UA Server bereitgestellt werden soll, kann flexibel über eine tiefere Interface-Ebene ein optimierter Zugriff realisiert werden.

Aus diesem Grund bieten die SDKs von Unified Automation immer zwei Schnittstellenebenen (Bild 4.4) an. Über die sogenannte Toolkitschicht können die OPC-UA-Funktionalitäten mit stark vereinfachten Schnittstellen angebunden werden. Damit ist für die meisten Anwendungsfälle eine schnelle Entwicklung der gewünschten OPC UA Features möglich.

Bei Bedarf können aber auch Teile der Datenanbindung über die zweite Schicht, die SDK-Schnittstelle, erfolgen. Hier hat der Entwickler direkten Zugriff auf die Funktionen, über die die Anwendungsdaten dem OPC UA Client zur Verfügung gestellt werden. Diese Schnittstelle verlangt Expertenwissen über OPC UA, bietet aber maximale Flexibilität. Das SDK erlaubt es, für jede einzelne Funktionalität zwischen den Ebenen zu wechseln.

Selbst wenn diese Flexibilität in einer ersten Implementierung nicht genutzt wird, ist sie dennoch wichtig und eventuell in weiteren Entwicklungsstufen notwendig. Dann können einzelne Features weiter optimiert werden, ohne dass die gesamte OPC-UA-Anbindung neu implementiert werden muss oder gar die UA-Bibliothek ausgetauscht werden müsste.

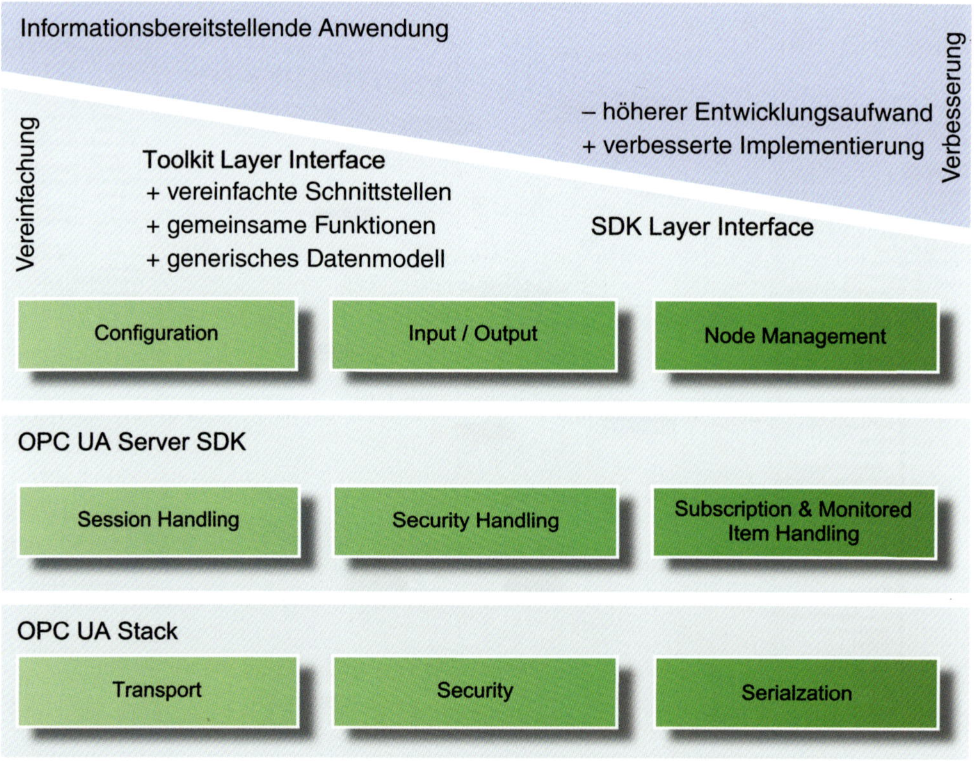

Bild 4.4 *Flexibilität des SDK durch mehrere Interface-Ebenen* [© Copyright Unified Automation GmbH, 2017]

4.1.7 Erweiterungen

Das sechste und letzte Kriterium zur Auswahl des passenden SDKs ist die Erweiterbarkeit bezüglich externer Bibliotheken und Features. Hierbei steht der Zusatznutzen im Vordergrund, der über weitere Bibliotheken hinzugefügt werden kann. Dem finalen Endprodukt kann somit der Zugang zu weiteren Funktionalitäten ermöglicht werden. Mit sogenannten AddOns kann beispielsweise Redundanz zwischen UA Servern realisiert werden. Das AddOn-Modul synchronisiert die notwendigen Informationen zwischen den redundanten Servern. Weitere AddOn-Module zur Anbindung von verschiedensten Datenbanken erweitern den UA Server und machen ihn zum Datenlogger. Die zur Archivierung ausgewählten Knoten können über die Funktionalität OPC UA **H**istorical **A**ccess (HA) wieder zur Verfügung gestellt werden. Auch die Security-Funktionen des Servers lassen sich über AddOns weiter erweitern. Üblicherweise legen UA Server ihre Zertifikate und Trust-Listen im Dateisystem des Gerätes ab. Die Sicherheit dieser Datei-Ablage kann entscheidend verbessert werden, wenn private Schlüssel in speziellen Hardware-Chips (Secure Elements) ausgelagert werden. In speziellen Chips können rechenintensive kryptografische Algorithmen berechnet werden. Das entlastet die Haupt-CPU des Gerätes und ermöglicht unter anderem eine stärkere Verschlüsselung; zusätzlich könnte am Gerät eine stärkere Entropiequelle angebunden werden. Die Integration derartiger Chips erfolgt wo immer möglich über Standardschnittstellen wie beispielsweise TPM (**T**rusted **P**latform **M**odule). Unified Automation ermöglicht über ein Partnerprogramm auch anderen Firmen, derartigen Zusatznutzen bereitzustellen. Die Firma Wibu-Systems AG bietet beispielsweise eine Anbindung des OPC UA SDK an ihre CodeMeter-Technologie und schafft damit Zusatznutzen für UA-Geräte. Weitere AddOns stellen Protokollerweiterungen bereit, wie z.B. OPC UA Pub / Sub mit einerseits AMQP oder aber MQTT zur direkten Cloud-Integration oder andererseits die Möglichkeit zur Datenübertragung über TSN (Time Sensitive Network). Unabhängig davon sind weitere Hilfsmodule (Utilities) erhältlich, um Informationsmodelle zu persistieren oder in effektive Datenformate zu konvertieren.

4.1.8 Performance und Ressourcen

Wenn die Ressourcen des Zielgerätes stark limitiert sind, kommen spezielle SDKs zum Einsatz. Obwohl OPC UA über die Profile stark skaliert werden kann, ist die Reduktion der OPC-UA-Funktionalität oft nicht gewünscht, vor allem dann nicht, wenn von den Features, die OPC UA ausmachen, wie Security, Monitoring oder einem detaillierten Informationsmodell, nichts übrig bleibt. Um den Einsatzbereich der OPC-UA-Technologie weiter in Richtung Kleinstgeräte und Sensoren / Aktoren zu verschieben, wurde bei Unified Automation ein speziell optimiertes SDK entwickelt. Auf Basis einer völlig neuen Architektur und unter konsequenter Berücksichtigung des Speicherverbrauchs und der Performance wurde das High Performance SDK implementiert. Inklusive der Funktionen des OPC UA Stack wurde von der Netzwerkschicht bis zur Applikationsebene alles für die Anwendung in kleinsten Geräten optimiert. Die Limitierungen von Implementierungen, die auf dem OPC UA Stack der OPC Foundation basieren, wurden damit aufgehoben. Dieses SDK reduziert die ohnehin schon geringen Anforderungen des AnsiC SDKs noch einmal um die Hälfte, wobei die Geschwindigkeit (Datendurchsatz) verdoppelt wurde. Mit diesem SDK sind OPC UA Server mit vollem Funktionsumfang auf ARM-M4-Prozessoren kleiner 200 kB RAM möglich.

Dieses neue High Performance SDK ist aber nicht nur für Kleinstgeräte interessant. Durch den geringen Ressourcenverbrauch sind auch auf leistungsstarken Geräten neue Anwendungen möglich. Beispielsweise können mehrere 1000 Verbindungen verwaltet oder riesige Adressräume mit >10 Mio. Knoten konfiguriert werden, wie es in großen Cloud- oder Big-Data-Anwendungen erforderlich ist.

4.1.9 Migration von Bestandsanlagen

Für die Anbindung von Bestandsanlagen oder Bestandsprodukten gibt es vielfältige Möglichkeiten. Obwohl die alten «klassischen» OPC-Schnittstellen, die auf der Microsoft-COM-Technologie basierten, funktional nicht annähernd den Umfang und die Möglichkeiten von OPC UA erreichen, sind sie dennoch weit verbreitet und vielfach im Einsatz. Die Anbindung derartiger Altsysteme ist über Software-Gateways möglich. Der Funktionsumfang reicht von einfachen «transparenten» Gateways bis hin zur Anreicherung von OPC-UA-spezifischen Informationen. Das UaGateway© von Unified Automation ist solch ein transparenter Umsetzer. Die Windows-Software wird direkt auf den PC installiert, auf dem der «alte» COM OPC Data Access Server läuft. Das UaGateway baut eine lokale Verbindung zu dem «Classic» OPC Server auf und kann nun seinerseits über das Netzwerk die Daten über OPC UA verfügbar machen. Hierbei stehen dann für die Netzwerkkommunikation die Sicherheitsfeatures von OPC-UA-Verbindungen zur Verfügung und die Daten können verschlüsselt und signiert übertragen werden. Die oftmals schwierige DCOM-Konfiguration entfällt, da das UaGateway lediglich eine lokale Verbindung zum COM DA Server hält. In gleicher Weise können auch Tunnel-Lösungen über sichere OPC-UA-Verbindungen geschaffen werden, indem auf beiden Seiten ein UaGateway eingesetzt wird. Die Bestandsanlagen können somit schrittweise nach OPC UA migriert werden.

4.1.10 Testtool und Performancevergleich

Um die Funktion von OPC UA Servern zu testen und zu vergleichen, bietet Unified Automation GmbH einen kostenlosen OPC UA Test Client, den UaExpert, der sich in den vergangenen Jahren zum Referenz-Client für Entwickler, aber auch Inbetriebnehmer und Anwender entwickelt hat. Der UaExpert ist eine QT-Anwendung, die mit dem hauseigenen C++ SDK geschrieben wurde, und ist als Windows- oder Linux-Anwendung verfügbar. Während der Inbetriebnahmephase wird mit dem intuitiv zu bedienenden Tool z.B. die Verbindung zum Server getestet und in der Diagnose-Ansicht werden alle von der OPC Foundation spezifizierten Diagnosewerte angezeigt, wie z.B. die Anzahl der derzeit aktiven Sessions oder die Summe der seit Serverstart angelegten Subscriptions.

Speziell beim Vergleich verschiedener SDKs oder Serverimplementierungen ist die Performance-Messung (Bild 4.5) sehr hilfreich. Der UaExpert führt eine Messreihe von OPC-UA-Operationen durch (z.B. OPC UA Read in einer Schleife) und variiert dabei die Anzahl der Knoten / Variablen, die pro Read-Service-Aufruf verwendet werden. Das Ergebnis wird grafisch dargestellt – sowohl als Mittelwert als auch jede einzelne Messung. Im hier dargestellten Beispiel wurden 1000 Datenpunkte (vom Typ UInt32) von zuvor registrierten NodeIDs in einer Schleife 100-mal gelesen und der Mittelwert gebildet. Die Roundtrip-Zeit des High Performance SDK (Demo-Server) liegt in diesem Beispiel durchschnittlich bei 0,87 Millisekunden. Die Werte von 20 000 Knoten werden im Durchschnitt innerhalb von 17 ms geliefert.

In Kürze

Wenn man professionelle, industrietaugliche Software auf Basis der OPC-UA-Technologie schreiben will, sollte man auf kommerzielle SDK / Toolkits, z.B. von Unified Automation, setzen, denn diese sind funktional umfangreich, tausendfach bewährt, und der Entwickler wird neben professionellem Support und Dokumentation zusätzlich durch eine Toollandschaft unterstützt, die die Geschwindigkeit und Qualität der Implementierung auf ein Niveau hebt, das ansonsten nur schwer erreichbar ist.

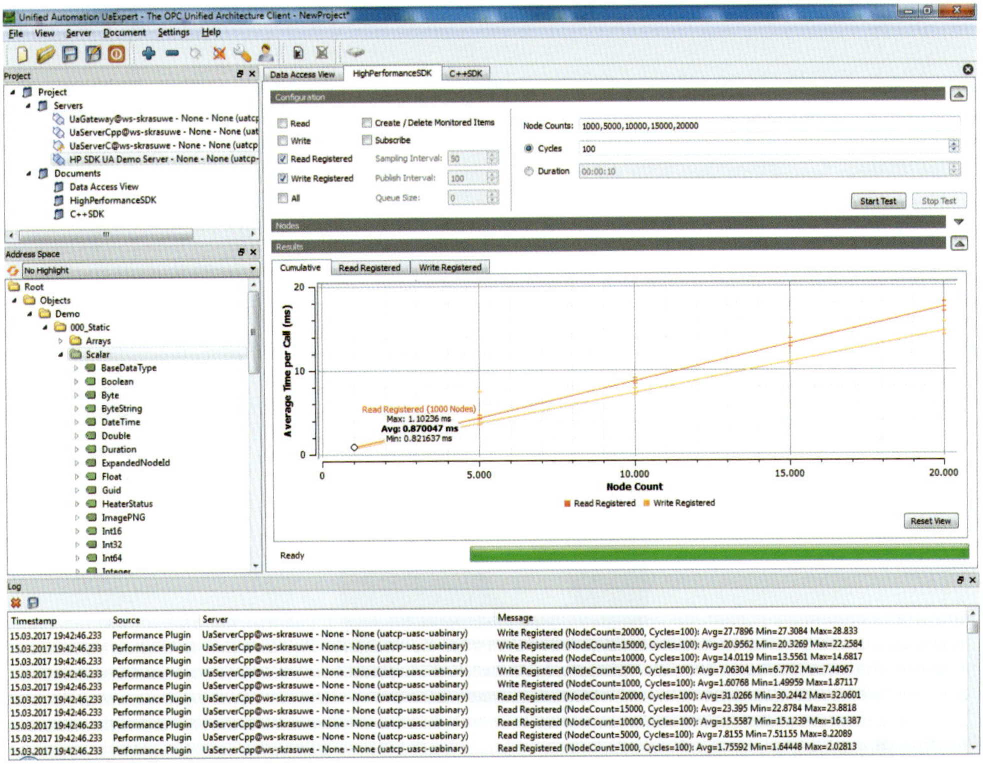

Bild 4.5 *Screenshot einer Performance-Messung mit UaExpert Client auf High-Performance-Server mit 1000 bis 20 000 Tags pro Operation* [© Copyright Unified Automation GmbH, 2017]

4.2 Entwicklerbibliotheken und Tools von Prosys OPC

Bild 4.6a

Die Weiterentwicklung des Industrial Internet und des Internet of Things schreitet rasant voran. OPC UA ist ein effizientes Kommunikationsprotokoll für die Entwicklung eigener Produkte und Systeme, die in dieses Framework integriert werden. So können verteilte Internet- und Cloud-basierte Systeme erstellt werden und Codebeispiele zum Einsatz, über die Geräte mit einem Kern-Server und einer Datenbank verbunden werden und die Funktionen wie Gerätediagnose und -überwachung, Reporting und weitere Applikationen ermöglicht werden.

Dieses Kapitel beschreibt neben einem weiteren kommerziellen SDK der Firma Prosys auch weitere OPC UA-basierte Lösungen und Produkte, die repräsentativ sind und viele Beispiele für den Einsatz von OPC UA geben. Das Prosys OPC UA Java-SDK ist von der OPC Foundation zertifiziert und bietet umfassende Möglichkeiten der OPC-UA-Applikationsentwicklung mit einer Schnittstelle, die für Java-Entwickler gut verständlich ist. Auf Basis unseres Java-SDK haben wir eine Reihe von Applikationen entwickelt, darunter Prosys OPC UA Historian, OPC UA Modbus-Server, sowie die kostenfreien Testanwendungen OPC UA Client, OPC UA Client für Android und OPC UA Simulation Server. Diese Java-basierten Produkte sind für viele verschiedene Plattformen erhältlich. Neben der SDK- und Produktentwicklung für OPC UA bietet Prosys auch Schulungen und Workshops, Design und Entwicklung, Beratung und Lifecycle-Services sowie Wartung und Support an.

Bild 4.6b *Prosys OPC UA Java-SDK*

4.2.1 Prosys OPC UA Java-SDK – Zertifizierte Multiplattform OPC UA

Entwicklung mit Java

Das Prosys OPC UA Java-SDK ist besonders für die Entwicklung von Multiplattform-OPC-UA-Systemen geeignet. Das SDK vereinfacht die Implementierung der Kommunikation über OPC UA. Die High-Level-Programmierschnittstelle gewährleistet eine schnelle Anwendungsentwicklung und beschleunigt den Entwicklungsprozess. Das Java-SDK unterstützt zahlreiche verschiedene Systeme; einzige Voraussetzung ist die Verfügbarkeit von Java SE 6 oder neuer.

Allgemeine Funktionen

Das Prosys OPC UA Java-SDK definiert eine rein Java-basierte Schnittstelle zu OPC-UA-Serviceaufrufen. Besonderes Augenmerk wurde auf das Design der SDK-Objekte gerichtet; die Schnittstelle lässt sich damit intuitiv und einfach in den unterschiedlichsten Anwendungen einsetzen. Mit dem SDK entwerfen Sie Ihre eigene Applikationslogik zum einfachen Handling der Daten des OPC UA Servers.

Das Prosys OPC UA Java-SDK bildet die wesentliche Infrastruktur für die Entwicklung eines voll ausgestatteten OPC UA Clients oder Servers, einschließlich

- Connection und Session Management,
- Subscription Management,
- Address Space Management,
- Security Certificate Management,

- Node und Attribute Management,
- Event Management und
- Method Services.

Für das SDK stehen ein Tutorial und Beispielapplikationen zur Verfügung, die den Einsatz der Bibliothek beleuchten und einen schnellen Einstieg in die Entwicklung eigener OPC-UA-Anwendungen ermöglichen. Das Java-SDK gibt es in vier verschiedenen Versionen: Client-only oder Client & Server, jeweils als reine Binärversion oder als Quellcode-Version.

Zertifizierte OPC-UA-Konformität

Eine Zertifizierung ist aufwendig, aber ein wichtiger Bestandteil von OPC UA. Sie sorgt dafür, dass Anwender wie vorgesehen mit ihren Produkten arbeiten können, d.h., sie müssen nur die Schnittstellen konfigurieren und können sich darauf verlassen, dass die Produkte unterschiedlicher Anbieter störungsfrei interagieren.

Die Konformität des SDK mit der OPC-UA-Spezifikation V1.02 ist zertifiziert für die Basis- und Datenzugriffsprofile sowohl auf Client- als auch Server-Seite. Konkret bedeutet die Zertifizierung, dass auch die Beispiele im SDK zertifiziert sind. Darüber hinaus erleichtern die Standardfunktionen des SDK eine Zertifizierung; alle mithilfe des SDK entwickelten Applikationen sollten zertifizierbar sein.

Prosys legt größten Wert darauf, dass das SDK alle Anforderungen hinsichtlich Qualität, Konformität mit dem OPC-UA-Standard sowie Zuverlässigkeit erfüllt. Das SDK wird kontinuierlich weiterentwickelt, um auch in Zukunft die Kompatibilität mit verschiedenen OPC-UA-Profilen sicherzustellen; dazu wird das SDK auch mit neuen Spezifikationsversionen kontinuierlich getestet.

Funktionen des Client SDK

In erster Linie arbeiten Anwender mit der UA-Client-Klasse. Sie kapselt die Verbindungen zum OPC UA Server und führt diverse Vorgänge der eigentlichen OPC-UA-Kommunikation aus. Damit steht eine einfache Schnittstelle für den Zugriff über Ihre Applikationen bereit. Für alle Client-Applikationen sind allgemeine Einstellungen zu definieren, z.B. Applikationsbeschreibung, Applikationsinstanz-Zertifikat und allgemeine Verbindungseinstellungen, wie Server-Endpoint für die Verbindung.

In diesem Kurzbeitrag überspringen wir die obligatorischen Fragen, was wo und wie anzuschließen ist, und beginnen stattdessen mit der Server-Verbindung. Sobald alle Einstellungen vorgenommen wurden, erfolgt die Verbindung mit dem Server einfach über

```
client.connect();
```

In der Regel ermitteln Anwender zuerst durch Browsen des OPC-UA-Adressraums (Address Space) die Server-Items, die sie lesen oder schreiben wollen. Der Adressraum besteht aus verschiedenartigen Nodes (Variablen, Objekte usw.) sowie Referenzen, also Beziehungen / Relationen zwischen den Nodes. In der OPC-UA-Kommunikation werden die Nodes anhand von NodeIds identifiziert. Darüber hinaus definiert das SDK das UA-Node-Konzept, eine Objektrepräsentation eines vollständigen OPC UA Nodes mit Zugriff auf seine Referenzen.

Den Adressraum können Sie beispielsweise so browsen:

```
// Fetch a node corresponding to a nodeId
UaNode node = client.getAddressSpace().getNode(nodeId)
// Fetch the references of the node
UaReference[] references = node.getReferences();
```

```
// The references can be used to browse mode nodes in the address space
for (UaReference r: references) {
     UaNode targetNode = r.getTargetNode();
     ...
}
```

Sobald die NodeId des Nodes, den sie lesen wollen, bekannt ist, können Sie die Attribute des Nodes lesen und schreiben, z.B. Value (Wert) einer Variablen oder DisplayName eines beliebigen Nodes. Der nachfolgende Code beschreibt das Lesen und Schreiben eines einzelnen Attribut-Wertes (der zweite Parameter ist attributeId, der das Node-Attribut definiert):

```
DataValue value = client.readAttribute(nodeId, Attributes.Value);
client.writeAttribute(nodeId, Attributes.Value, value);
```

Wenn Sie darüber hinaus überwachen wollen, ob sich Variablen im Server geändert haben, verwenden Sie hierzu am besten die unten beschriebenen Subscriptions; sie enthalten die überwachten Items. Hierzu verwenden Sie MonitoredDataItem.

```
  Subscription subscription = new Subscription();
  MonitoredDataItem item = new MonitoredDataItem(nodeId, Attributes.
Value, MonitoringMode.Reporting);
  item.setDataChangeListener(dataChangeListener);
  subscription.addItem(item);
  client.addSubscription(subscription);
```

Damit definieren Sie eine Subscription mit nur einem Item. Natürlich lassen sich auch beliebig viele Subscriptions bzw. Items in jeder Subscription definieren. Im Client sehen Sie dann die Änderungsmeldungen, die der Server übermittelt, sobald sich die Werte eines Items gegenüber den Subscription-Eigenschaften ändern. Dieser sogenannte Listener wird wie folgt definiert:

```
private static MonitoredDataItemListener dataChangeListener =
new MonitoredDataItemListener() {
  @Override
  public void onDataChange(MonitoredDataItem sender,
  DataValue prevValue, DataValue value) {
    MonitoredItem i = sender;
    System.out.println(dataValueToString(i.getNodeId(),
    i.getAttributeId(), value));
  }
};
```

Nach Beendigung der aktuellen Session starten Sie einfach den Aufruf

```
client.disconnect();
```

Zusätzlich zu den hier beschriebenen grundlegenden Funktionen unterstützt das Prosys OPC UA Java-SDK noch viele weitere, z.B. Event Subscriptions, History Access, OPC-UA-Methoden usw. Anhand dieser Kurzeinführung sind aber bereits die Grundlagen verdeutlicht, z.B. das Listener-Prinzip. Zur Vertiefung finden Sie nachfolgend eine kleine, aber vollständige OPC-UA-Client-Applikation:

```
/**
* A very minimal client application. Connects to the server and reads one
* variable. Works with a non-secure connection.
*/
public class SimpleClient {
    /**
    * @param args
    */
    public static void main(String[] args) throws Exception {
        UaClient client = new UaClient("opc.tcp:
        //localhost:52520/OPCUA/SampleConsoleServer");
        client.setSecurityMode(SecurityMode.NONE);
        initialize(client);
        client.connect();
        DataValue value = client.readValue(Identifiers.Server_
            ServerStatus_State);
        System.out.println(value);
        client.disconnect();
    }

    /**
    * Define a minimal ApplicationIdentity. If you use secure
    connections, you
    * will also need to define the application instance certificate and
    manage
    * server certificates. See the SampleConsoleClient.initialize()
    for a full
    * example of that.
    */
    protected static void initialize(UaClient client)
        throws SecureIdentityException, IOException, Unknown
        HostException {
    // *** Application Description is sent to the server
    ApplicationDescription appDescription = new
    ApplicationDescription();
    appDescription.setApplicationName(new LocalizedText
    ("SimpleClient", Locale.ENGLISH));
    // 'localhost' (all lower case) in the URI is converted to the actual
    // host name of the computer in which the application is run
    appDescription.setApplicationUri("urn:localhost:UA:Simple
    Client");
    appDescription.setProductUri("urn:prosysopc.com:UA:Simple
    Client");
    appDescription.setApplicationType(ApplicationType.Client);
    final ApplicationIdentity identity = new ApplicationIdentity();
```

```
        identity.setApplicationDescription(appDescription);
        client.setApplicationIdentity(identity);
      }
  }
```

Funktionen des Server SDK
Serverseitig arbeiten Anwender im SDK in erster Linie mit der UA-Server-Klasse; sie definiert die vollständige Implementierung eines OPC UA Servers, der in der Applikation verwendet werden kann. Der Server wird einfach durch folgenden Aufruf erzeugt:

```
UaServer server = new UaServer();
```

Alle Applikationen müssen eine Applikationsbeschreibung, ein Applikationsinstanz-Zertifikat und allgemeine Verbindungseinstellungen, wie Server-Endpoints und Security-Modes, definieren. Hauptsächlich dient das Java-SDK mit dem UA-Server-Objekt dazu, dass diese Initialisierung möglichst einfach vonstatten geht. Für applikationsspezifische Funktionen, wie z.B. User-Validierung, definieren Sie eine eigene Funktion und konfigurieren den UA Server so, dass Ihre eigene Implementierung verwendet wird. Wenn Sie beispielsweise User-Token verwenden, sollten Sie eine eigene UserValidator-Klasse implementieren.

```
  private static UserValidator userValidator = new UserValidator() {
  @Override
  public boolean onValidate(Session session, UserIdentity userIdentity)
{
  // Return true, if the user is allowed access to the server
  // Note that the UserIdentity can be of different actual types,
  // depending on the selected authentication mode (by the
  // client).
  println("onValidate: userIdentity=" + userIdentity);
  if (userIdentity.getType().equals(UserTokenType.UserName))
  if (userIdentity.getName().equals("opcua")
  && userIdentity.getPassword().equals("opcua"))
  return true;
  else
  return false;
  if (userIdentity.getType().equals(UserTokenType.Certificate))
  // Implement your strategy here, for example using the
  // PkiFileBasedCertificateValidator
  return true;
  return true;
  }
  };
```

Wenn Sie Ihre Version der UserValidator-Klasse definiert haben, können Sie sie mithilfe der folgenden Einstellung im UA Server verwenden:

```
server.setUserValidator(userValidator);
```

Neben Security- und weiteren wichtigen Funktionen ist der Adressraum der wichtigste Aspekt des Servers. Er definiert die Daten im Server und deren Verwaltung. Der Adressraum wird über NodeManager-Objekte verwaltet, die der Definition der OPC UA Nodes dienen. Um dem Adressraum Ihres Servers eigene Nodes hinzuzufügen, müssen Sie einen eigenen NodeManager mit eigenem Namespace definieren.

```
myNodeManager = new NodeManagerUaNode(server,
"http://www.prosysopc.com/OPCUA/SampleAddressSpacex0201C;);
```

Als Nächstes erstellen Sie die Node-Objekte und fügen diese Ihrem NodeManager hinzu.

```
int ns = myNodeManager.getNamespaceIndex();
// My Device
final NodeId myDeviceId = new NodeId(ns, "MyDevice");

// "this" references the NodeManager
myDevice = new UaObjectNode(this, myDeviceId, "MyDevice",
Locale.ENGLISH);
// to keep the example short, myDeviceType and myObjectsFolder
// initializations is not shown.
myDevice.setTypeDefinition(myDeviceType);
myObjectsFolder.addReference(myDevice, Identifiers.HasComponent,
false);
```

Die meisten OPC-UA-Typen werden mit einer Struktur definiert. Sowohl Objekte als auch Variablen sind *Instanzen* und können eine bestimmte Struktur enthalten, die in der jeweiligen TypeDefinition festgelegt ist. Ein neues DataItem lässt sich z.B. wie folgt erstellen:

```
DataItemType node = nodeManager.createInstance(DataItemType.class,
"DataItem");
```

Vereinfacht ausgedrückt, verwaltet ein NodeManager die Nodes im OPC-UA-Adressraum. Auch andere Bereiche der Serverfunktionalität werden in solchen Manager-Klassen verwaltet. Die Standardfunktionalität der Manager-Klassen ist in manchen Fällen ausreichend, in anderen nicht. Sie können die Serverfunktionalität an Ihre Anforderungen anpassen, indem Sie eigene Listener definieren oder die Standardimplementierung komplett überschreiben.

Zur Verwaltung von Lese- und Schreibaufrufen der Client-Applikationen werden z.B. I/O-Manager verwendet. In den Standardimplementierungen werden die Attribut-Werte direkt aus den `UaNode`-Objekten des NodeManagers gelesen. Für erweitertes Lesen, d.h. über den Standard-Lesevorgang des I/O-Managers hinaus, können Sie einen `IoManagerListener` verwenden. So behalten Sie den Standard-I/O-Manager, definieren jedoch einige der Methoden selbst. Alternativ können Sie auch einen eigenen `IoManager` implementieren und das Standardverhalten komplett überschreiben. So lassen sich anwenderspezifische Vorgänge durchführen und anwenderspezifische Ergebnisse erzielen.

Diese Funktionalität gibt es auch für Events, Methoden und History Access usw. Nach Initialisierung des Servers starten Sie den Server einfach durch folgenden Aufruf:

```
server.start();
```

Zum Beenden des Servers rufen Sie Shutdown auf. Auf diese Weise werden die Clients benachrichtigt, ehe der Server tatsächlich beendet wird:

```
server.shutdown(5, new LocalizedText("Closed by user",
Locale.ENGLISH));
```

Es ist womöglich nicht ganz einfach, diese Beschreibung nachzuvollziehen, wenn man nur den Code ohne weiteren Kontext sieht. Wichtigster Aspekt ist auf jeden Fall, dass bei der serverseitigen SDK-Schnittstelle die Standardimplementierungen überschrieben werden bzw. Listener für bestimmte, von Ihnen gewünschte Funktionen bereitgestellt werden können.

Codegenerator

OPC-UA-Informationsmodelle sind äußerst hilfreich, doch anwendungsspezifische Typen lassen sich nicht ohne Weiteres in einer Applikation implementieren und einsetzen. Zunächst muss der Programmierer einen geeigneten Encoder oder Decoder bereitstellen, damit ein bestimmter Typ seinen Zweck erfüllen kann. Es ist u.U. auch schwierig, die korrekte Typhierarchie im Server-Adressraum zu ermitteln und die passende Type-Dictionary-Datei bereitzustellen. Dies ist jedoch erforderlich, damit andere Applikationen diese Typen überblicken können. Dann ist auch noch zu berücksichtigen, dass das Informationsmodell sich ändern kann. Es sind also viele Details zu beachten, wenn man ein bestimmtes Ergebnis erreichen will. Kurz gesagt ist der Einsatz von Informationsmodellen in der Praxis nicht immer einfach.

Mithilfe des Codegenerators im Java-SDK können Informationsmodelle aus dem NodeSet2.xml-Format (ein von der OPC Foundation definiertes Standardformat) in Java-Klassen übertragen werden. Mit dem Codegenerator ist es z.B. wesentlich einfacher, eigene spezifische Typen und Strukturen zu verwenden.

Betrachten wir einen überschaubaren Anwendungsfall – das Erstellen eines Informationsmodells für ein Ventil. Der ValveType wird Variablen und Methoden enthalten, also vier Variablen – Stromfluss als Double-Variable, IsOpen als boolesche Variable, ValveState als Enum-Variable und ein BestBefore-Datum, das angibt, wann das Ventil zu überprüfen ist. Zusätzlich zu diesen Variablen wird eine Methode für die Zustandsänderung definiert. Bild 4.7 zeigt diesen einfachen Objekttyp.

Im NodeSet2.xml-Format wird dasselbe Informationsmodell wie folgt dargestellt:

```
<UAObjectType NodeId="ns=1;i=1001" BrowseName="1:ValveType">
<DisplayName>ValveType</DisplayName>
<References>
<Reference ReferenceType="HasProperty">ns=1;i=6012</Reference>
<Reference ReferenceType="HasComponent">ns=1;i=7001</Reference>
<Reference ReferenceType="HasComponent">ns=1;i=6010</Reference>
<Reference ReferenceType="HasComponent">ns=1;i=6011</Reference>
<Reference ReferenceType="HasComponent">ns=1;i=6002</Reference>
<Reference ReferenceType="HasSubtype" IsForward="false">i=58
</Reference>
</References>
</UAObjectType>
```

Die referenzierten Variablen und Methoden würden als eigene UAVariable- und UAMethod-Blöcke definiert. Der Einfachheit halber werden sie an dieser Stelle nicht dargestellt.

Der Generator erzeugt für dieses Informationsmodell fünf Klassendateien für einen vorgegebenen UA-Typ – eine Schnittstelle und vier Klassen. Für die Client- und Server-seitige Funktionalität

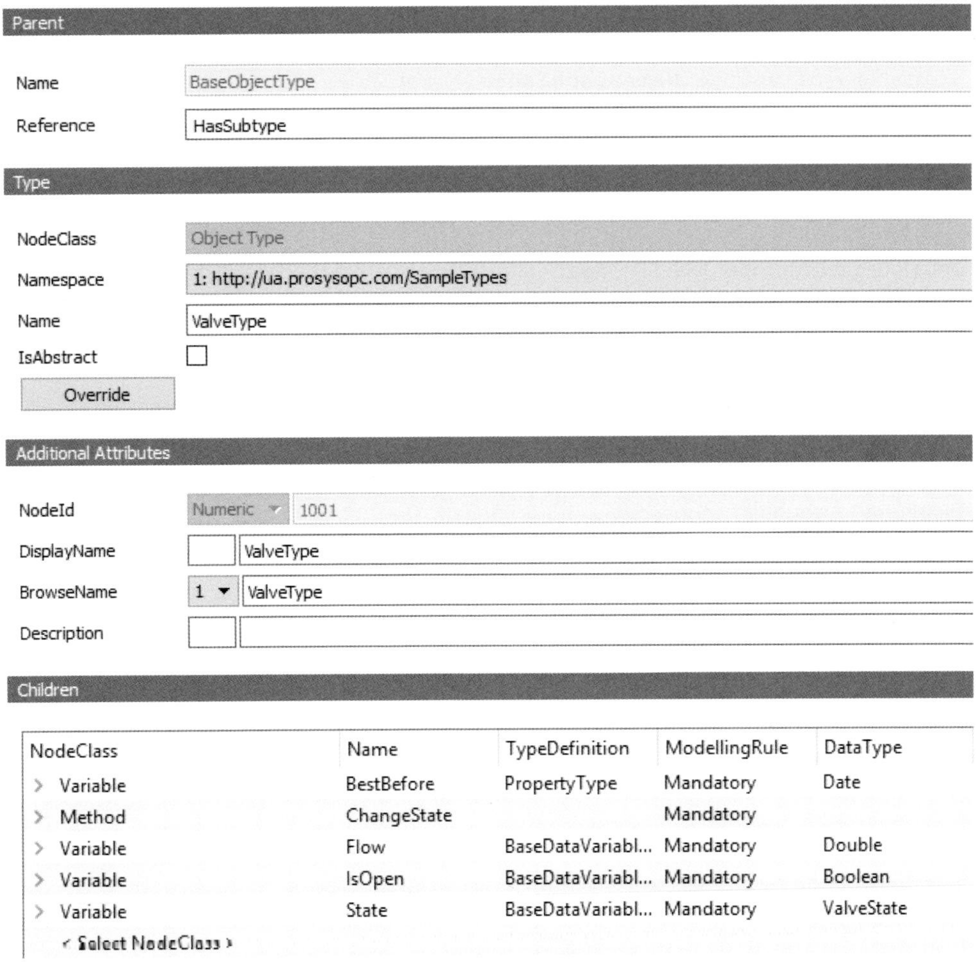

Bild 4.7 *ObjectType ValveType, modelliert in UaModeler (Beispiel)*

gibt es separate Klassen und zusätzlich eine abstrakte und eine normale Klasse, in denen der Anwender Änderungen vornehmen kann. Im Wesentlichen geht es darum, dass das Interface und die abstrakten Basisklassen immer erzeugt werden (d.h., sie unterliegen keinem Versionskontrollsystem) und die normalen Klassen selbstgeschriebenen Code enthalten können, z.B. Implementierungen der OPC-UA-Methoden und weiterer Methoden.

Somit können Sie den entsprechenden Typ wie unten gezeigt in Ihrem Code verwenden. Das serverseitige Handling sieht dabei wie folgt aus:

```
  // A sample generated ValveType
  ValveType myValve = createInstance(ValveType.class, "MyValve");
  myValve.setFlow(0.0);
  myValve.setIsOpen(true);
  myValve.setBestBefore(DateTime.parseDateTime
("2020-01-01T00:00:00Z"));
```

Clientseitig wird ValveType wie folgt verwendet:

```
int ns = client.getNamespaceTable().getIndex("http://www.prosysopc.
com/OPCUA/SampleAddressSpace");
NodeId myValveNodeId = new NodeId(ns, "MyValve");
ValveType myValve = (ValveType) client.getAddressSpace().getNode
(myValveNodeId);
```

Der Codegenerator des Java-SDK setzt OPC-UA-Informationsmodelle in einfach anwendbare Java-Klassen um. Dies funktioniert nicht nur für einfache, sondern auch für sehr komplexe Informationsmodelle. Dort offenbart sich der eigentliche Nutzen.

4.2.2 Kostenfreie Test-Tools

Auf Basis des Prosys OPC UA Java-SDK existieren drei Beispielapplikationen, die kostenfrei zum Testen und Debuggen verwendet werden können. Die Applikationen finden Sie auf https://prosysopc.com/products.

Prosys OPC UA Simulation Server

Der Prosys OPC UA Simulation Server (Bild 4.8) ist ein eigenständiger OPC UA Server, mit dem sich eine eigene Simulationsumgebung konfigurieren lässt. Mit ihm können OPC-UA-Client-Applikationen getestet werden. Außerdem hilft er dabei, sich mit der Technologie vertraut zu machen. Der Server wurde mit dem Prosys OPC UA Java-SDK entwickelt und ist plattformübergreifend geeignet für Windows, Linux und OS X.

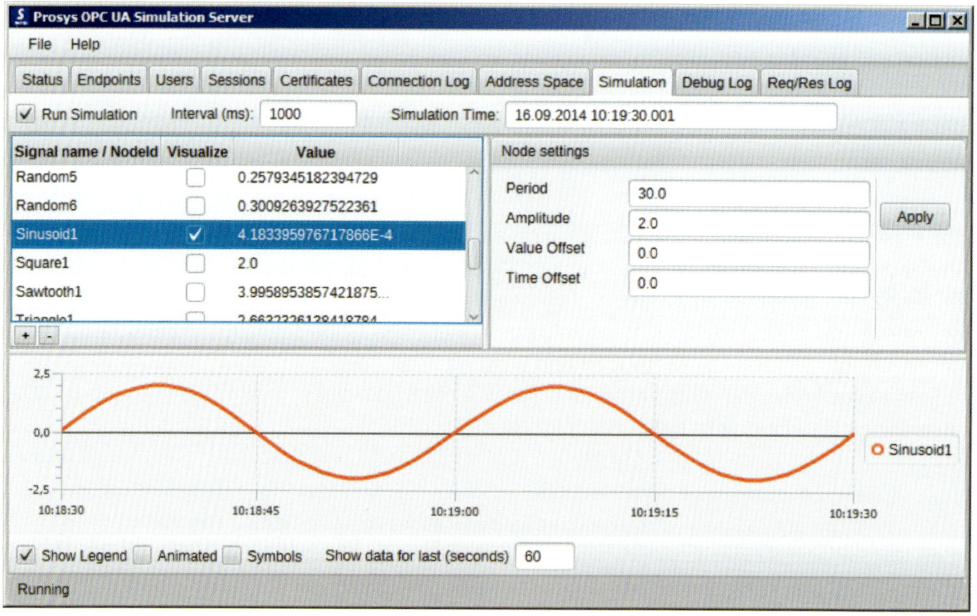

__Bild 4.8__ Prosys OPC UA Simulation Server

Prosys OPC UA Client

Der Prosys OPC UA Client (Bild 4.9) ist eine generische OPC-UA-Client-Applikation, entwickelt mit dem Prosys OPC UA Java-SDK. Der Client unterstützt OPC UA Data Access, Historical Access sowie Alarms & Conditions.

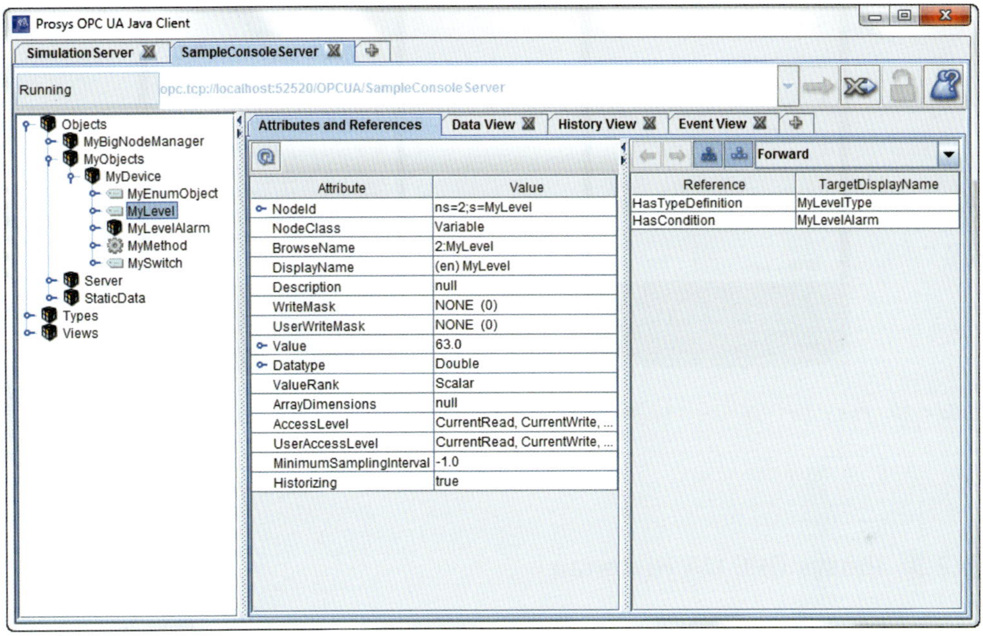

Bild 4.9 *Prosys OPC UA Client*

Prosys OPC UA Client für Android

Der Prosys OPC UA Client für Android (Bild 4.10) wird ebenfalls mithilfe des Prosys OPC UA Java-SDK erstellt. Das Java-SDK unterstützt also nachweislich die OPC-UA-Applikationsentwicklung für Android. Verbinden mit jedem OPC UA Server, Browsen des Adressraums, Lesen, Schreiben und Überwachen von Werten, Event-Benachrichtigungen, Zugreifen auf historische Daten und Methodenaufrufe – das alles ist von Android-Geräten aus möglich.

Diese Applikation ist kostenfrei über Google Play erhältlich.

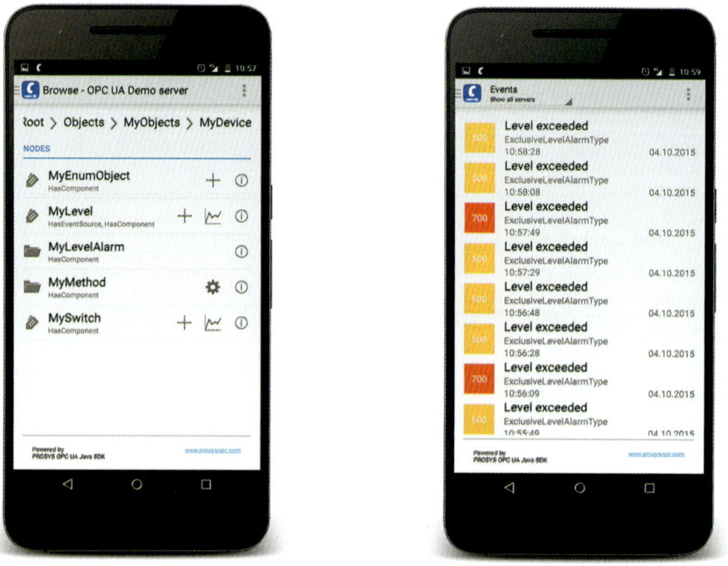

Bild 4.10 *Prosys OPC UA Client für Android*

4.2.3 Prosys OPC UA Historian

Einfaches, zuverlässiges und sicheres Datenlogging ist eine wichtige Funktion bei der Systemintegration sowie bei Lösungen für das Industrial Internet of Things. Viele Datenquellen, beispielsweise Industriegeräte, ermöglichen selbst keine Speicherung historischer Daten. Hier kommt der OPC UA Historian (Bild 4.11) ins Spiel.

Mit dem OPC UA Historian lassen sich nicht nur historische Daten aufzeichnen, sondern er dient auch als Gateway für den Zugriff auf Echtzeitdaten aus allen unterlagerten OPC UA Servern. Da alle Daten hinter einem Single Point of Access, also einem einzigen Zugriffspunkt, liegen, sind strengere Firewall-Einstellungen und damit eine bessere Netzwerk-Kontrolle möglich. Dies kann Ihre Systemarchitektur vereinfachen und zu mehr Sicherheit beitragen.

Dank dieser Funktionalität eignet sich Prosys OPC UA Historian hervorragend als Applikation für unterschiedlichste Anforderungen. Der OPC UA Historian ist ein wichtigster Baustein für das Management von Sensordaten in einem Produktionssystem.

Bild 4.11a *Prosys OPC UA Historian*

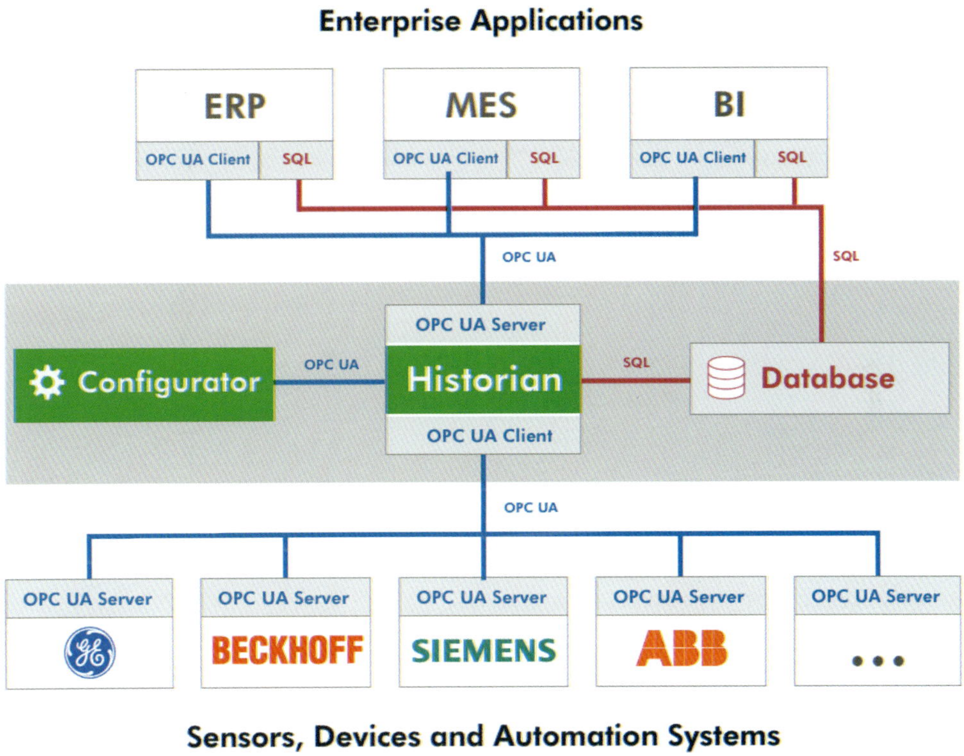

Bild 4.11b *Historian dient als Datenlogger und Gateway und lässt sich in eine bestehende IT- und Automatisierungsinfrastruktur integrieren.*

Überblick über die Funktionen des Historian

Derzeit werden MS SQL Server, MySQL und MariaDB-Datenbanken unterstützt. Die Parameter zur Datenerfassung, z.B. die Verweildauer historischer Daten in der Datenbank vor dem Löschen, lassen sich in der Applikation konfigurieren.

Der OPC UA Historian dient als OPC UA Client zu den Quellservern; die Verbindungskonfiguration wird also entsprechend durchgeführt. Er basiert auf dem Prosys OPC UA Java-SDK; die OPC-UA-Funktionalität bietet somit höchste Effizienz und sehr gute Interoperabilität mit anderen OPC-UA-Produkten.

Nach dem Definieren der Quellserver-Verbindungen können Collection-Items (Bild 4.12) von diesen Servern hinzugefügt werden. Standardmäßig erfolgt die Datenerfassung über OPC UA Subscriptions. Künftig ist auch die Datenerfassung über Leseaufrufe anstelle von Subscriptions denkbar.

Sobald der OPC UA Historian gestartet wurde, lässt er sich an jede OPC-UA-Client-Applikation anbinden. Die Client-Applikationen haben Zugriff auf aktuelle Daten aus den Quellservern sowie auf historische Daten der Variablen, die im OPC UA Historian entsprechend zur Datenerfassung konfiguriert sind.

Die Dokumentation bietet eine Erläuterung des Datenbankformats; so können Sie auch die SQL-Datenbank ohne weiteren Aufwand einsetzen. Die Datenbank enthält Informationen über die Quellserver sowie die Istwerte-Historie der konfigurierten Nodes.

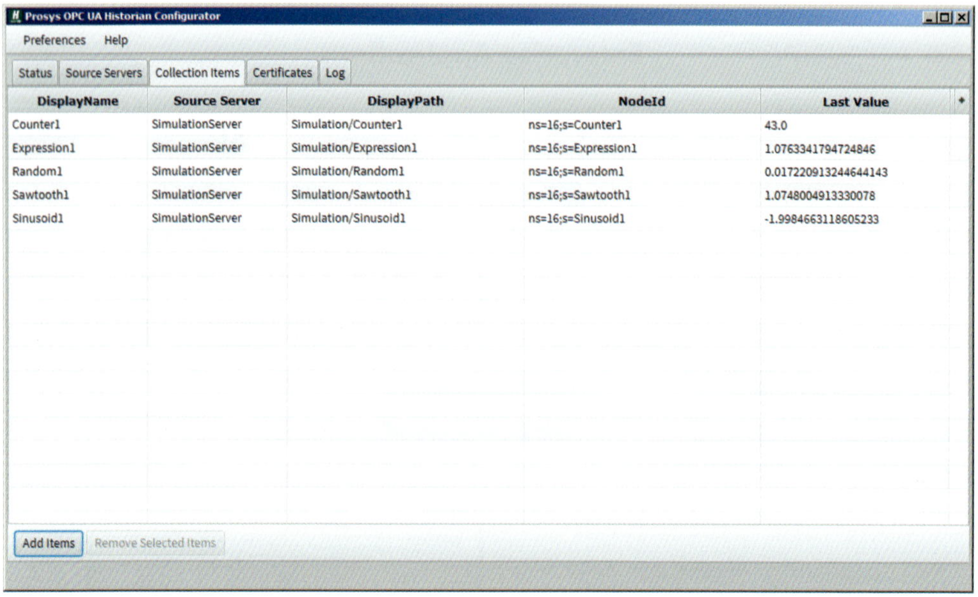

Bild 4.12 *Benutzeroberfläche Prosys OPC UA Historian*

Ausblick

Die Lösung bietet künftig weitere Kommunikationsprotokolle und Integrationsmöglichkeiten und ist entsprechend modularer ausgelegt. Der OPC UA Historian lässt sich auch zur Erweiterung unterlagerter Geräte mit übergeordneten Informationsmodellen einsetzen.

Weitere Informationen sowie eine Evaluierungsversion stehen hier zum Download bereit: https://prosysopc.com/products/opc-ua-historian/.

4.2.4 Prosys OPC UA Modbus-Server

Bild 4.13a *Prosys OPC UA Modbus-Server*

Der OPC UA Modbus-Server (Bild 4.13) ist eine OPC-UA-Serverapplikation, die Daten zwischen OPC UA und Modbus übersetzt. Der Modbus-Server überträgt Echtzeit-Produktionsdaten von Modbus-Geräten an OPC UA Clients und zurück.

Ziel war es, einen einfach bedienbaren und vielseitigen Protokollkonverter zu entwickeln. Der Modbus-Server ist also einfach zu konfigurieren und schnell einsatzbereit. Im Gegensatz zu vergleichbaren Gateways ist der Prosys OPC UA Modbus-Server eine eigenständige Applikation und eignet sich für die unterschiedlichsten Plattformen. Diese Lösung ist wirtschaftlicher als herstellergebundene Hardware-Devices und erlaubt den Einsatz der gewünschten Hardware.

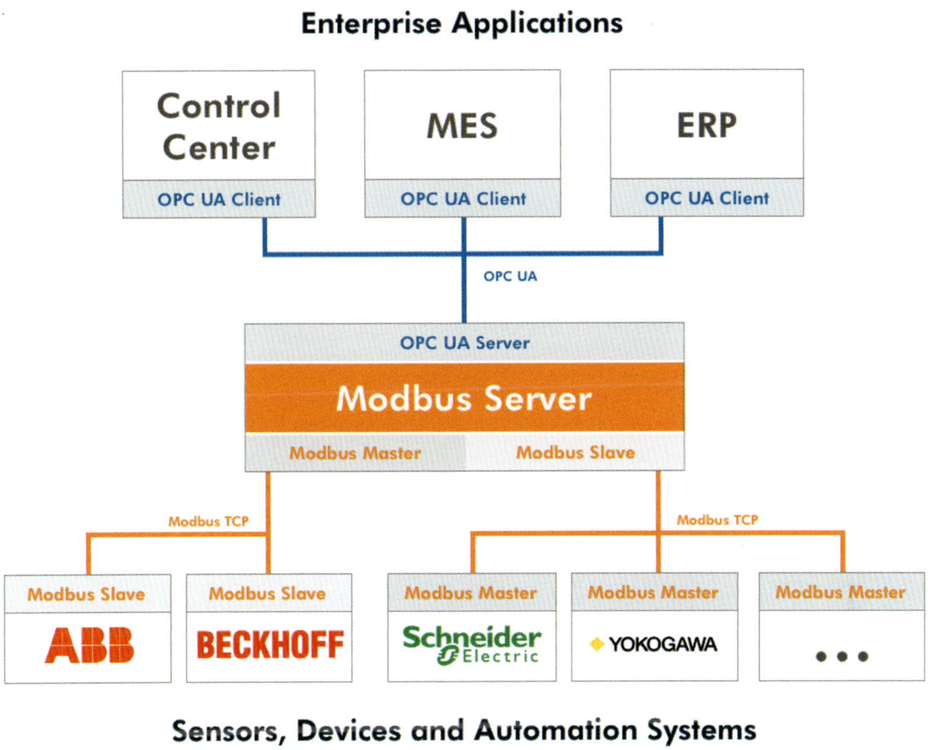

Bild 4.13b *Der OPC UA Modbus-Server lässt sich an viele Systeme unterschiedlicher Hersteller anbinden*

Sichere Datenkommunikation

Modbus ist ein bewährtes und vielseitiges Protokoll; nach heutigem Maßstab jedoch stellt mangelnde Datensicherheit ein massives Problem dar. Die Kommunikation über OPC UA gewährleistet integrierte Datensicherheit. Mit dem OPC UA Modbus-Server als Gateway zu Modbus-Geräten wird die Datensicherheit weiter verbessert. So können z.B. bestimmte Sicherheitsstufen entsprechend der Anforderungen der Applikation genehmigt werden, und nur den erforderlichen Applikationsinstanz-Zertifikaten wird Vertrauen geschenkt. Weiterhin kann entschieden werden, ob der Server an einem Discovery Server registriert wurde oder nicht.

Zusätzlich zur Authentifizierung von Applikationen mit Applikationsinstanz-Zertifikaten lassen sich Methoden zur User-Authentifizierung konfigurieren. Die User-Authentifizierung erfolgt über Passwort oder Zertifikat. Auch offene Sessions lassen sich einfach überwachen. Dies trägt zu einer höheren Vertrauenswürdigkeit bei.

Neue Integrationsmöglichkeiten

Da OPC UA ein herstellerunabhängiger Kommunikationsstandard ist, ermöglicht der OPC UA Modbus-Server die Verbindung mit zahlreichen Systemen unterschiedlicher Hersteller.

Allgemeine Funktionen

Als Modbus-Protokolle werden Modbus TCP und Modbus RTU over TCP unterstützt. Der Modbus-Server unterstützt Modbus Master und Modbus Slave Modes. So kann der gesamte Modbus-Traffic über OPC UA getunnelt werden. Die Einstellungen für die Modbus-Gerätekommunikation, z.B. IP-Adresse, IP-Port, Unit-ID und natürlich die Modbus-Registeradressen, sind konfigurierbar (Bild 4.14). Darüber hinaus unterstützt der Modbus-Server das Byte- und Word-Swapping von Registerwerten.

Der Adressraum des OPC UA Servers wird über das Informationsmodell eines Gerätes erzeugt; daher lassen sich die Daten der OPC-UA-Client-Applikationen leichter verstehen und verarbeiten. Die Modbus-Daten sind bereits auf sinnvolle OPC-UA-Datentypen gemappt und vereinfachen ihre Verwendung in der weiteren OPC-UA-Kommunikation. Derzeit werden folgende Datentypen unterstützt: BIT, INT (Int16) UINT (UInt16), DINT (Int32), UDINT (UInt32) und REAL (Float).

Ausblick

In Zukunft wird sich die Applikation noch einfacher auf weiteren Plattformen installieren lassen. Darüber hinaus wird an einer noch anpassbareren Adressraum-Erzeugung gearbeitet. Damit ist es möglich, den Modbus-Registern Metadaten hinzuzufügen und Daten in den Registern in Informationsmodelle zu übersetzen. Die Datensemantik in den Client-Applikationen wird damit besser verständlich und im OPC UA transparent.

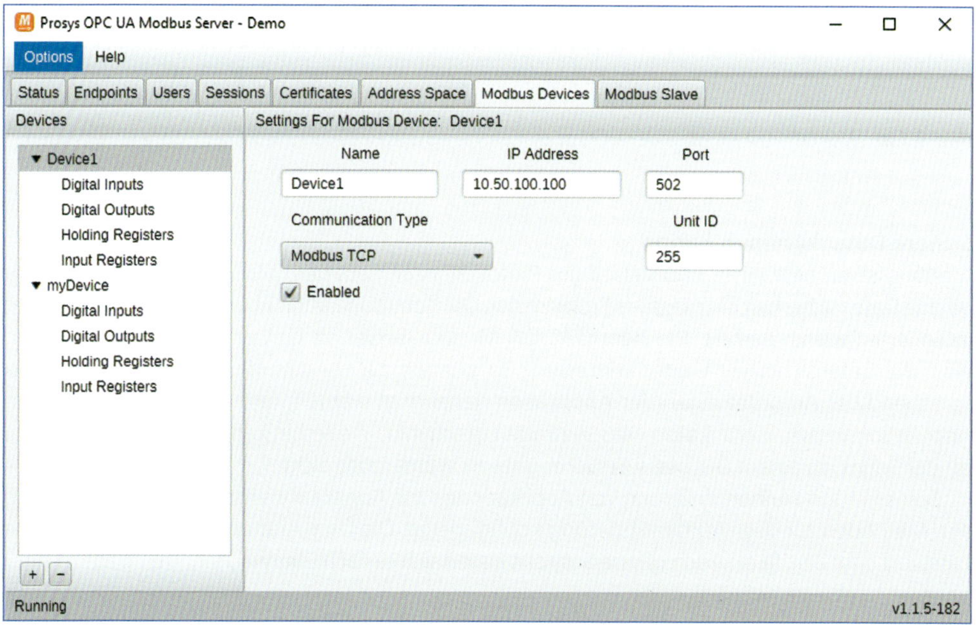

Bild 4.14 Prosys OPC UA Modbus-Server – Konfigurationsansicht

Weitere Informationen sowie eine Evaluierungsversion stehen hier zum Download bereit: https://prosysopc.com/products/opc-ua-modbus-server/.

Prosys ist ein namhafter Anbieter von OPC- und OPC-UA-Softwareprodukten und seit über 15 Jahren in diesem Bereich aktiv. Das Unternehmen bietet hochwertige OPC-und OPC-UA-Entwickler-Toolkits und Applikationssoftware an und unterstützt seine Kunden darüber hinaus mit professionellen Dienstleistungen. Entsprechend gewährleisten die Prosys-OPC-Produkte, dass die Systemlösungen zukunftssicher und langlebig sind. Die Produkte basieren auf bewährten Technologien und der hohen Fachkompetenz; mit systematischen Weiterentwicklungen wird neuen Erfordernissen begegnet. Unter den Kunden und Partnern sind Firmen aus der Industrie sowie dem Energie- und Hightech-Sektor.

Weitere Informationen finden Sie auf www.prosysopc.com.

In Kürze

Je leichter Entwickler und Anwender es mit der Technologie haben, desto schneller ist ein problemloser Einstieg realisiert. OPC-UA-basierte Lösungen und Produkte sowie Entwicklungshilfen stärken auch im kommerziellen Umfeld die Durchdringung des Marktes durch OPC UA. Codebeispiele, Beispielanwendungen und Tutorials gibt es daher von fast allen kommerziellen, aber auch Open-Source-Anbietern. Dies reduziert die technische Komplexität der umfangreichen Standard-Spezifikation um ein Vielfaches.

4.3 Open-Source-Implementierungen von OPC UA am Beispiel von open62541

In den letzten Jahren sind neben den kommerziellen SDKs eine Reihe von Open-Source-Implementierungen von OPC UA entstanden.

Eine Liste mit bekannten Open-Source-Implementierungen von OPC UA ist hier zu finden: https://github.com/open62541/open62541/wiki/List-of-Open-Source-OPC-UA-Implementations.

Mittlerweile hat auch die OPC Foundation die (reinen) Kommunikations-Stacks ihrer Referenz-Implementierung in verschiedenen Programmiersprachen unter einer Open-Source-Lizenz zugänglich gemacht. In diesem Abschnitt wird zunächst auf generelle Vor- und Nachteile der Verwendung von Open-Source-Implementierungen von OPC UA eingegangen. Anschließend werden die spezifischen Ziele der offenen open62541-Implementierung des OPC-UA-Standards vorgestellt.

4.3.1 Vorteile von Open-Source-Implementierungen

Offener Code bleibt verfügbar

Nach der Etablierung des OPC-Classic-Standards Mitte der 1990er-Jahre wurden von kommerziellen Herstellern SDKs entwickelt und vertrieben. Die am weitesten verbreiteten SDKs waren diejenigen des Herstellers FactorySoft aus Mansfield, Massachusetts. Doch heute, nach wiederholten Aufkäufen des Unternehmens, Umzügen und Umbenennungen gibt es zu FactorySoft OPC SDKs keinen kommerziellen Support mehr. Gerade in der Automatisierungstechnik sind technische Lösungen sehr langlebig und teilweise über Jahrzehnte im produktiven Einsatz. Eine offene Implementierung von Standards hat den Vorteil, dass auch nach vielen Jahren, unabhängig von geschäftlichen Veränderungen, der Quellcode verfügbar ist, gewartet werden kann und benutzt werden darf.

Es könnte zum Beispiel in den nächsten Jahren zu Durchbrüchen in der Kryptografie kommen, beispielsweise für das Berechnen von Kollisionen der kryptologischen SHA-256-Hashfunktion, die von OPC UA (bzw. einer SecurityPolicy von OPC UA) für das Signieren von Nachrichten verwendet wird. Bei der Verwendung von Open-Source-SDKs besteht die Möglichkeit, auch in vielen Jahren die Implementierung anzupassen und neue Versionen der SecurityPolicies umzusetzen. Kommerzielle SDKs verbieten zumeist Änderungen am SDK selbst durch den Nutzer. Dies könnte langwierige Umstellungen auf ein anderes SDK für bestehende Projekte notwendig machen.

Codequalität kann verifiziert werden

Von Linus Torvalds stammt der Spruch: «Gegeben genügend Augenpaare, sind alle Bugs nichtig». Open Source Code gibt Nutzern die Möglichkeit, sich von der Qualität des Quellcodes zu überzeugen und an dessen Verbesserung zu partizipieren. Schon seit vielen Jahren werden Werkzeuge zur Bestimmung der Komplexität und der Korrektheit von Quellcode eingesetzt. In den letzten Jahren haben sich die Anzahl und Qualität der Werkzeuge noch einmal drastisch verbessert. Zu den am häufigsten eingesetzten Werkzeugen zählen:

- statische Code-Analyse (z.B. Clang Analyzer, Coverity, Frama-C),
- dynamische Code-Analyse (z.B. Valgrind, Sanitizer-Plugins von GCC und Clang),
- Fuzzing-Tools (z.B. American Fuzzy Lop),
- Messung der Codeabdeckung durch Unit Tests (z.B. gcov).

Es ist anzunehmen, dass kommerzielle Hersteller auf diese Werkzeuge ebenso zurückgreifen wie Open-Source-Projekte. Das Ergebnis der Code-Analyse, mithin ein Maß für dessen Qualität, liegt aber nur für die Open-Source-Projekte vor.

Implementierungen sind mittelfristig Feature-Complete

Einige Open-Source-Projekte haben heute den Status einer «Infrastruktur», die ohne Bedenken als Substrat von darauf aufbauenden Projekten verwendet wird. Dazu zählen Standard-Programme, wie MySQL oder der Apache-Webserver, aber auch Software-Bibliotheken, wie die Boost-Klassen für C++ oder die POSIX-Implementierung der GNU C Library. Heutzutage kommen nicht einmal die Automobil-Hersteller umhin, Hunderte von Open-Source-Projekten in den Softwaresystemen ihrer Autos zu verwenden (http://www4.mercedes-benz.com/manual-cars/ba/foss/content/en/assets/FOSS_licences.pdf). Viele dieser Infrastruktur-Open-Source-Projekte sind im Kern «Feature-Complete». Dies ist sogar erwünscht, da alle Schnittstellen-Änderungen nachgezogen werden müssten.

OPC UA, als IEC 62 541 international standardisiert, beschreibt eine stabile Technologie. Auch wenn Erweiterungen wie ein Publish/Subscribe-Mechanismus zusätzlich hinzukommen, sind die OPC UA Services als der Kern des Standards unveränderlich, um Rückwärtskompatibilität mit bestehenden Implementierungen zu wahren. Alle aktiv weiterentwickelten Implementierungen werden damit mittelfristig Feature-Complete werden. Ab diesem Zeitpunkt können Open-Source-Projekte den «Modus» der Entwicklung umstellen und sich auf die Perfektion des definierten Feature-Umfangs konzentrieren. Ein kommerzielles Unternehmen ist hingegen an der ständigen Erweiterung um neue Features interessiert, um Nutzern einen Anreiz zum Kauf der Folgeversion zu geben. Damit wird jedoch weniger Fokus auf die Stabilisierung gelegt, die notwendig ist, um langfristig den Status einer «Infrastruktur-Technologie» zu erreichen.

Implementierungsdetails können nachvollzogen werden

OPC UA ist ein umfangreicher Standard, bestehend aus vielen hundert Seiten Definitionen. In den ersten Revisionen waren eine Reihe von Umfängen unterspezifiziert und sind seit dem ursprünglichen Erscheinen von OPC UA weiter detailliert ausgearbeitet worden. Zudem sind im internen Bugtracker der OPC Foundation über 3500 Einträge eingestellt worden. Die meisten davon betreffen Änderungen am OPC-UA-Standard. Selbst eine sehr umfangreiche Benutzerdokumentation einer OPC-UA-Implementierung kann nicht auf alle diese Details eingehen. Diese sollten jedoch für Nutzer mit speziellen Anforderungen einsichtig sein. Wird eine Open-Source-Bibliothek zu Entwicklung verwendet, so können Detailfragen immer anhand des Quellcodes nachvollzogen werden. Dies setzt jedoch eine entsprechend klare Organisation und Lesbarkeit des Quellcodes voraus.

Änderungen am Kommunikations-Stack für Forschungszwecke

Die Suchmaschine Google Scholar für wissenschaftliche Arbeiten findet zum Suchbegriff «OPC Unified Architecture» über 1400 Einträge. Einige Arbeiten haben sich im Detail mit der Performanz der Technologie möglicher Weiterentwicklungen beschäftigt [1; 2]. Für die Umsetzung und die Validierung ist der Zugriff auf eine offene Implementierung notwendig.

4.3.2 Nachteile einer Open-Source-Implementierung

Kein kommerzieller Support und keine Gewährleistung

In der Regel bieten Open-Source-Projekte keinen Support oder Gewährleistung an. Für kommerzielle Kunden ist dies jedoch häufig eine notwendige Voraussetzung. Das Gegenbeispiel zu dieser Regel ist das OpenOPC-UA-Projekt (http://www.openopcua.org/), dessen Entwickler kommerziellen Support anbietet, dafür aber auch, trotz einer «Open Source»-Lizenz, den Quellcode nur gegen Bezahlung überlässt.

Offener Quellcode hilft Schwachstellen zu finden

Die Suche nach potenziellen Sicherheits-Schwachstellen ist stark vereinfacht, wenn der Quellcode zur Verfügung steht. Dies hilft sowohl bei der Beseitigung von Schwachstellen, aber auch bei der Entwicklung von Angriffen. Welche Seite des Arguments schwerer wiegt, hängt stark von der verwendeten Entwicklungsmethodik und den verwendeten Prozessen und Werkzeugen ab. Es gibt sicherheitstechnisch sehr erfolgreiche Open-Source-Projekte, wie etwa das OpenBSD-Betriebssystem. Im Gegenzug sind andere Projekte, wie etwa die Kryptobibliothek OpenSSL, sicherheitstechnisch in Verruf geraten. Mehr Details und ein Vergleich der unterschiedlichen Ansätze anhand einer quantitativen Metrik sind in [3] zu finden.

Entwicklung und Wartung wird von individuellen Anforderungen getrieben

Ausgangspunkt eines jeden Open-Source-Projektes ist die Motivation von Einzelpersonen und Organisationen, sich an der Entwicklung zu beteiligen. Häufig ist die Motivation der Bedarf nach einem noch nicht existenten Feature oder der Lösung eines Fehlers für die eigene Anwendung. Im Umkehrschluss ist ein Contributor eines Open-Source-Projektes zu nichts verpflichtet. Es kann also passieren, dass sich die Entwicklung verlangsamt oder sogar ein Projekt komplett aufgegeben wird. Auch wenn der Quellcode weiterhin verfügbar ist, setzt der sogenannte «bitrot» ein – zum Beispiel, wenn verwendete Bibliotheken und Betriebssysteme ihre Schnittstellen ändern oder sogar die zugrundeliegende Programmiersprache weiterentwickelt wird. Mit einer wachsenden Größe der Nutzerbasis wird ein solches Verlassen eines Open-Source-Projektes jedoch zunehmend unwahrscheinlicher.

4.3.3 Ziele des open62541-Projektes

OPC UA ist im Kern ganz einfach, aber niemand weiß es

Viele OPC UA-SDKs benötigen viele Hunderttausende von Zeilen Code für die Umsetzung. Im offiziellen ANSI-C Stack der OPC Foundation werden allein 92 000 Zeilen Code (ohne Kommentare und Leerzeilen, Stand Anfang 2017) für die reine Konnektivität ohne spezifische Client oder Server Features aufgewendet. Dieser Umstand, zusammen mit der großen Seitenzahl der Spezifikation, hat OPC UA den Ruf eingehandelt, kompliziert zu sein. Auf der anderen Seite argumentieren die technischen Entwickler, dass OPC UA hinsichtlich der unterstützten Features sehr einfach und einheitlich gestaltet sei (siehe [4], Abschnitt 14.2 «Is OPC UA Complicated?»).

Im Kern beschreibt der Standard ein schlankes Meta-Modell für ein objektorientiertes Informationsmodell, ein Typsystem für die Definition von Protokollnachrichten und eine Reihe von Services zur Interaktion mit dem Informationsmodell, jeweils bestehend aus der Request- und Response-Nachricht. Ein Ziel von open62541 ist es, diese zugrundeliegende Einfachheit und Eleganz von OPC UA freizulegen und in einer Beispielimplementierung zugänglich zu machen. Für die Implementierung des Kommunikations-Stacks und des darauf aufbauenden Server-SDKs wurden insgesamt ca. 12 000 Zeilen C-Code aufgewendet (ausgenommen automatisch generierter, sehr repetitiver Code). Das komplexeste Service-Set, die Nodemanagement-Services, mit denen das Informationsmodell eines Servers zur Laufzeit modifiziert werden kann, nimmt bei open62541 nur 1500 Zeilen in Anspruch. Damit können die Mechanismen von OPC UA zusätzlich zur textuellen Definition im Standard einfach anhand des Quellcodes von open62541 nachvollzogen werden.

Der Apache Webserver für den Shopfloor

Nach dem Aufkommen von HTML und HTTP in den 90er-Jahren wurde 1995 der Apache HTTP Server veröffentlicht. Daneben gab und gibt es weiterhin kommerzielle HTTP Server, etwa von Netscape oder Microsoft. Das Aufkommen des Apache Servers hat aber maßgeblich zur Popularisierung der Web-Technologie beigetragen.

Eine ähnliche Entwicklung ist auch bei OPC UA zu beobachten. Mit der Verbreitung des Standards geht die Umsetzung von Open-Source-Implementierungen einher. Diese tragen im Gegenzug für die weitere Verbreitung des Standards bei, da sie die Einstiegshürde für die Verwendung von OPC UA, insbesondere bei prototypischen Anwendungen, verringern. Zu Beginn des open62541 gab es kein Open-Source-Projekt, das die äquivalente Rolle zum Apache Webserver hätte aufnehmen können. Bestehende Projekte waren durch die Wahl der verwendeten Technologien auf bestimmte Anwendungsfälle beschränkt. In der Automatisierungstechnik findet die Konnektivität häufig an der Schnittstelle von eingebetteten Technologien zu überlagerten Systemen statt. Die Wahl der Programmiersprache C für open62541 hat den Vorteil der Portabilität auf alle relevanten Betriebssysteme und der Eignung für ressourcenbeschränkte Anwendungsfälle.

Bereit für die Many-Core-Revolution

Bis Ende der 1990er-Jahre war es beliebt, für jede offene Client-Verbindung einen eigenen Thread zu öffnen und die parallele Abarbeitung von Abfragen durch die Threading-Mechanismen des Betriebssystems zu ermöglichen. Dieser Ansatz hat sich jedoch als fundamentaler Flaschenhals bei der Skalierung von Anwendungen erwiesen (http://www.kegel.com/c10k.html). Die Architektur von open62541 ist grundsätzlich Event-basiert und orientiert sich an den Erkenntnissen des NGINX Webservers, der Redis-Datenbank und des node.js Frameworks. Wird open62541 mit der Build-Option für Multicore-Verarbeitung kompiliert, so werden die neuen Events (ankommende

Netzwerknachrichten, intern ausgelöste Callbacks mit einem Wiederholintervall usw.) auf eine Anzahl Worker-Threads verteilt und dort unabhängig verarbeitet. Durch die Verwendung von lock-freien Datenstrukturen und atomischen CPU-Operationen können sich die Worker-Threads nicht gegenseitig blockieren und arbeiten mit der höchstmöglichen Geschwindigkeit. Insgesamt kann open62541 aus derselben Codebasis für kleinste Embedded-Anwendungen auf einem Prozessor und für Server auf Vielkern-Servern kompiliert werden. Damit ist die Architektur grundsätzlich geeignet für kommende Anwendungen auf hunderten Prozessorkernen. Seit dem Ende der ständigen Erhöhung der Taktfrequenzen ist dies der einzige Weg, Anwendungen noch weiter zu skalieren – etwa um das Echtzeitabbild einer ganzen Fabrik mit Hunderten von komplexen Maschinen und Anlagen in einem einzigen Informationsmodell vorzuhalten.

In Kürze

Voraussetzung für das heutige Internet war die technologische Konvergenz zu einer stabilen Menge offener Standards (HTTP, HTML, TCP/IP und viele weitere). Damit einher ging die Entwicklung von Open-Source-Implementierungen dieser Standards (Browser, Webserver, Datenbanken usw.). Die so entstandenen Softwaresysteme bilden heute das Rückgrat einer ganzen Industrie. Mit dem Aufkommen und der Verbreitung von OPC UA ergibt sich die Möglichkeit einer ähnlichen technologischen Konvergenz für die Kommunikation in industriellen Anwendungen. Ähnlich zu den Web-Standards sind bereits eine Reihe offener Implementierungen von OPC UA entwickelt worden. Damit ist für neue Nutzer ein einfacher Einstieg in die Technologie möglich. Dies fördert die weitere Verbreitung und das Verständnis für die Kernideen hinter OPC UA.

5 Anwenderberichte

5.1 Candy Hoover Use case

Das vorliegende Kapitel beschreibt eine Software-Lösung im Produktionsumfeld, die OPC UA als Kerntechnologie einsetzt. Die Lösung wurde von CEFRIEL und dem Fraunhofer IOSB im Rahmen eines europäischen Forschungsprojektes entwickelt. Diese I4.0-Lösung wurde im italienischen Werk der «Candy Hoover Group Srl» (im weiteren Text Candy genannt) umgesetzt. Candy ist ein italienischer Multimarken-Konzern und spezialisiert auf die Entwicklung und Herstellung von Haushaltsgeräten, wie Waschmaschinen, Geschirrspüler, Trockner, Kühlschränke, Gefrierschränke, Herde und Backöfen (eingebaut und freistehend). Mehr Informationen finden Sie auf der Candy-Website: http://www.candy.it.

Ziel dieser Industrie-4.0-Lösung ist es, den Produktions- und Qualitätsprozess zu optimieren – auf Basis von digitalen Technologien, Echtzeit-Daten und Standards.

Um die Anforderungen und komplexen Problemstellungen im Produktionsprozess zu verstehen, wurden in Interviews mit den Verantwortlichen bei Candy in der Niederlassung in Mailand kritische Bereiche identifiziert und digitale Neuerungen definiert, die erhebliche Auswirkungen auf die tägliche Arbeit der Fließbandarbeiter, Vorarbeiter und Werksleiter haben. Besonders problematisch war es, dass zu wenige Daten über den aktuellen Status der Fertigungslinien im Werk vorlagen und deshalb viel Zeit darauf verwendet werden musste, Qualitätsmängel zu identifizieren und zu beheben.

Die verteilte Lösung ist speziell auf bestimmte Fertigungslinien zugeschnitten (Bild 5.1), bestehend aus eigenständigen Software- und Hardware-Modulen, die über das OPC-UA-Standardprotokoll kommunizierten. Mithilfe digitaler Tools lassen sich so Qualitätsdaten gewinnen und Produktmängel identifizieren; zudem wurde der Papierverbrauch erheblich verringert. Darüber hinaus stehen den Vorarbeitern und Abteilungsleitern nun kumulierte Echtzeit-Produktionsdaten (Produktionsleistung, Qualitätsmängel usw.) zur Verfügung.

Die Arbeitsstationen an der Fertigungslinie sind mit IoT-Sensoren (Barcode-Scanner) und digitalen Tablets ausgerüstet, um zum einen die Arbeitsabläufe zu unterstützen und zum anderen das Aufspüren und Reporting von Qualitätsmängeln zu beschleunigen. Zudem werden entlang der Fertigungslinie Monitore und Mini-PCs für die Echtzeitüberwachung der Produktionsleistung und Qualität genutzt. Auf den Rechnern der Vorarbeiter und Abteilungsleiter existiert eine Dashboard-Applikation, über die sie auf Echtzeit-Produktions- und -Qualitätsdaten des Werks zugreifen und diese auswerten können. Ein zentraler Server speichert alle Daten und koordiniert den Datenaustausch zwischen den einzelnen Komponenten.

Bild 5.2 zeigt die wichtigsten Elemente der Lösungsarchitektur, die entsprechenden Netzwerkverbindungen sowie die nachgerüsteten Komponenten.

Der nachfolgende Text beleuchtet die Lösung genauer, ebenso die zugrundeliegenden Problemstellungen, die für Produktion und Qualität entwickelte Funktionalität sowie die OPC-UA-basierte Architektur. Zudem werden Betrachtungen zum Einsatz des OPC-UA-Protokolls und den damit erzielten Ergebnissen angestellt.

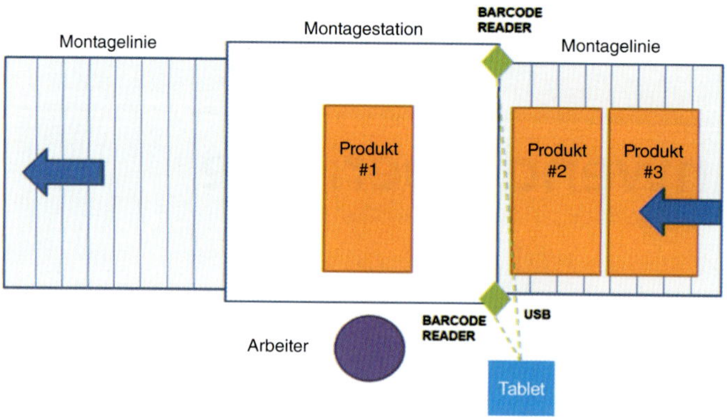

Bild 5.1 Fließbandstation

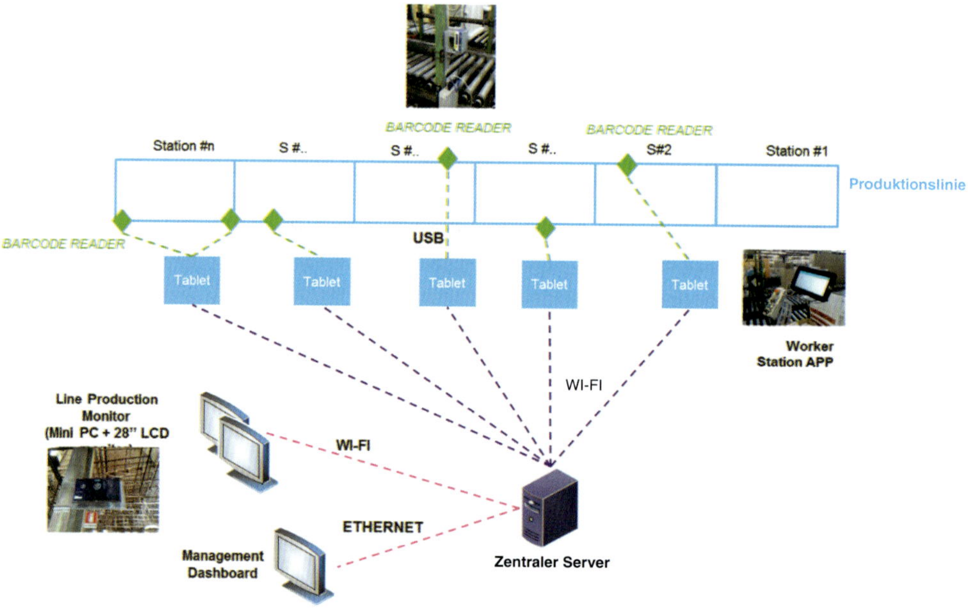

Bild 5.2 Elemente der Lösung

5.1.1 Produktionsszenario

Gemeinsam mit dem Kunden wurden die Anforderungen an die Lösung im Hinblick auf das Produktionsmanagement definiert: Bereitstellung von Echtzeitdaten über das aktuell in der Montage befindliche Produkt für die Arbeiter; Erstellung und Bereitstellung eines Gesamtüberblicks über den Produktionsstatus – pro Tag gefertigte Stückzahlen, stündliche Produktionsrate usw. – sowie die Generierung und Speicherung täglicher Produktionsberichte.

Vorab wurde in einer Machbarkeitsstudie ausgewertet, welche Beschränkungen seitens des Werks vorlagen und welche Anforderungen seitens des Kundenprozesses zu berücksichtigen waren. Die Ergebnisse führten zu der Entscheidung, bestimmte Arbeitsstationen mit einem Tablet und Barcode-Scanner auszustatten.

Entwickelt wurde unter anderem eine Windows-Applikation mit der Bezeichnung «Worker Station App», die auf allen Tablets installiert wurde. Die Applikation liest den Code von dem Produkt ab, das gerade an der Arbeitsstation montiert wird, holt Produktdaten vom zentralen Server und zeigt dem Arbeiter die erforderlichen Daten an, mit denen er seine Arbeit effizient ausführen und Montagefehler vermeiden kann.

Das Backend-System im zentralen Server verfolgt die Daten, die von jeder Worker Station App übermittelt werden. Es sammelt und kumuliert sämtliche Daten und erstellt daraus Produktions-Leistungskennzahlen, z.B. Anzahl der Produkte, hergestellt je Arbeitsstunde und je Tag. Ergänzend wurde eine Dashboard-Applikation mit der Bezeichnung «Line Production Monitor» erstellt, mit der die Vorarbeiter den Produktionsfortschritt in Echtzeit überwachen und potenziell kritische Situationen identifizieren können. Darüber hinaus wurde die «Management Dashboard»-Applikation entwickelt, mit der die Werksleiter alle relevanten Leistungskennzahlen in Echtzeit überwachen und historische Daten analysieren können.

Über Nacht konsolidiert die Lösung dann die Produktionsdaten und generiert Produktionsberichte, die digital abgelegt werden. Über die «Management Dashboard»-Applikation haben die Abteilungsleiter Zugriff auf diese Berichte.

Bild 5.3 zeigt einen Überblick über den Produktionsdatenfluss innerhalb der Lösungsarchitektur.

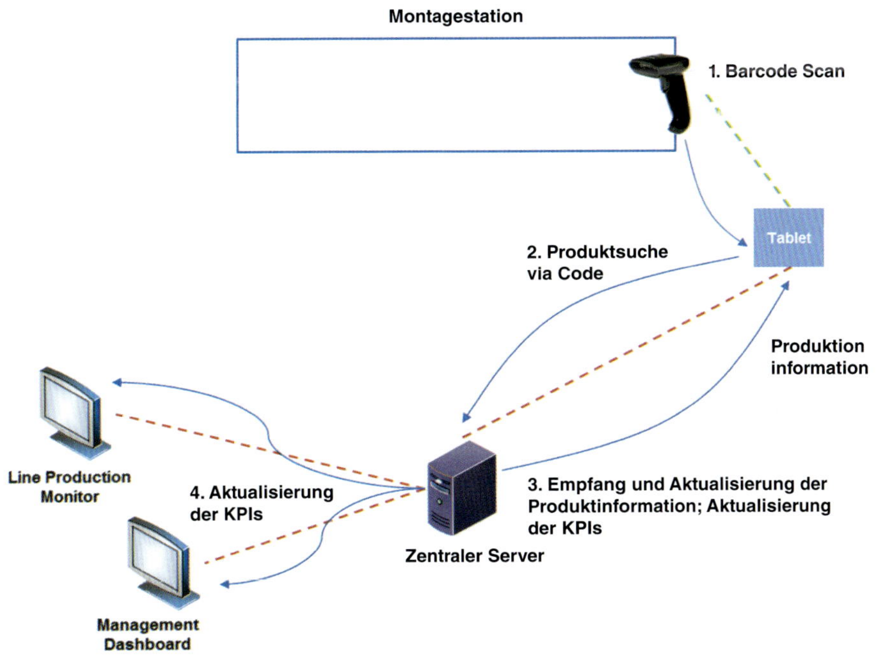

Bild 5.3 Datenfluss im Produktionsszenario

5.1.2 Qualitätsszenario

Die Lösung soll an Fertigungslinien mit manuellen Montagearbeiten eine digitale Möglichkeit zum Tracen, Verwalten und automatischen Überwachen von Qualitätsmängeln bereitstellen. Darüber hinaus sollten Qualitäts-Leistungskennzahlen in Echtzeit kalkuliert und dargestellt werden.

Bestandteil der Lösung ist die Tablet-Applikation «Worker Station». Die Applikation zeigt Produktdaten an, generiert Berichte über alle Mängel, die in jedem Montageabschnitt an den Produkten identifiziert werden, und stellt darüber hinaus eine Liste weiterer Qualitätsmängel bereit, die sich dem jeweiligen Produkt an einer bestimmten Montagestation zuweisen lassen.

Die Lösung ermöglicht es, den Status und Code eines zugewiesenen Qualitätsmangels zu verwalten und zu ändern. Der zentrale Server erhält von den Stationen sämtliche Qualitätsdaten, kumuliert diese und aktualisiert die Qualitäts-Leistungskennzahlen, die auf den Management- und Vorarbeiter-Dashboards angezeigt werden. Zudem generiert er jeden Tag automatisch Berichte über die Gesamtqualität an den Fertigungslinien.

Wenn neue Mängel oder ein kritischer Zustand erkannt werden, löst dies einen Alarm aus. So kann eine fundierte Entscheidung getroffen und schnell auf Vorkommnisse reagiert werden. Letztendlich lassen sich die pro Tag gefundenen Fehler damit reduzieren bzw. die Auswirkungen solcher Fehler auf den Produktionsprozess mindern. Diese Funktionalität reduzierte zudem den Papierverbrauch und verbesserte gleichzeitig die Qualität und Genauigkeit der Daten.

Bild 5.4 zeigt einen Überblick über den Qualitätsdatenfluss innerhalb der Lösungsarchitektur.

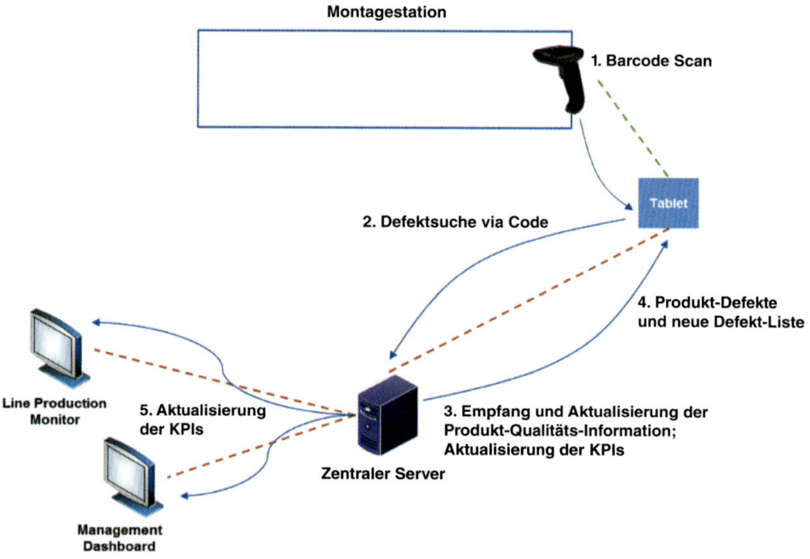

Bild 5.4 *Datenfluss im Qualitätsszenario*

5.1.3 Beschreibung der Applikation

Zusätzlich zum Backend-Server mussten drei verschiedene Applikationen entwickelt werden. Jede Applikation bietet verschiedene Funktionen an und ist vom Administrator konfigurierbar. Je nach Einsatzfall und Endanwender lassen sich bestimmte Funktionen und Berechtigungen aktivieren, einschränken oder abschalten.

Die Worker-Station-Applikation ist eine Windows-8.1-Tablet-Applikation. Sie läuft auf handelsüblichen Windows-Tablets und zeigt den Arbeitern an der Fertigungslinie Daten über das aktuell an der Station befindliche Produkt sowie eine Liste der für dieses Produkt bereits gefundenen Fehler an. Zusätzlich kann der Arbeiter aus einer dynamischen Liste weitere Qualitätsmängel auswählen und dem Produkt zuweisen. Mithilfe der Applikation lässt sich darüber hinaus der Status des Qualitätsmangels ändern (nur durch bestimmte Benutzer) und ein Produkt als «fertig» kennzeichnen, wenn es das Montageband verlässt.

Die in Bild 5.5 dargestellte GUI zeigt die folgenden Daten an:

- aktuelle Produktionsdaten (Seriennummer, Modellcode, Gehäuse-Modell, Trommel-Modell),
- Liste möglicher Qualitätsmängel, die dem aktuellen Produkt zugewiesen können,
- Liste von Qualitätsmängeln, die für das aktuelle Produkt gefunden wurden, mit Beschreibung und Fehlerstatus,
- App-Einstellungen (z.B. Konfiguration der Station oder des Scanners), Zugriff mit Anmeldedaten.

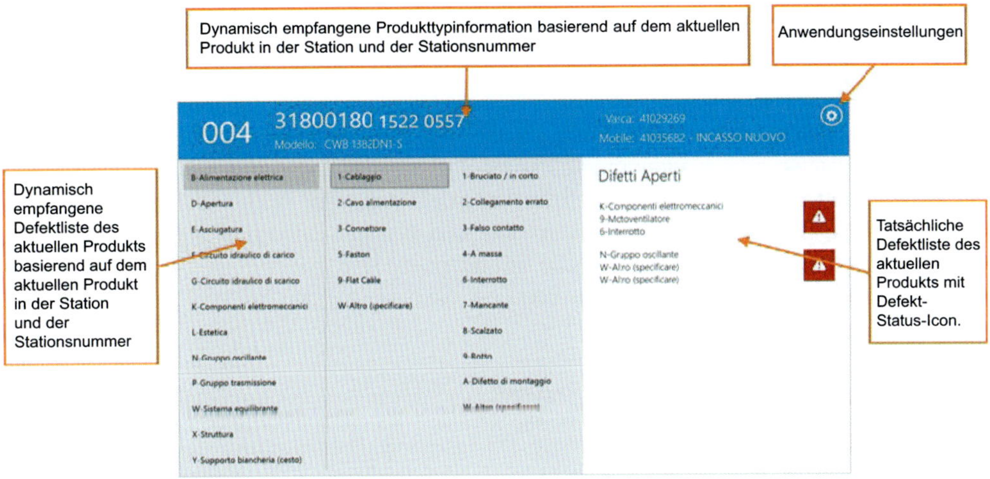

Bild 5.5 *GUI der Worker-Station-Applikation*

Die «Line Production Monitor»-Applikation ist ein Dashboard, das die Echtzeitdaten und Leistungskennzahlen einer bestimmten Fertigungslinie darstellt. Die GUI dieser Applikation zeigt einen definierten Umfang kritischer Leistungskennzahlen auf großflächigen Monitoren entlang der Fertigungslinie an und löst bei kritischen Zuständen einen Alarm aus. Diese Applikation wird hauptsächlich von den Vorarbeitern genutzt, um den Fortschritt der Produktion zu überwachen, schnellere Entscheidungen zu ermöglichen und die Fehler je Tag zu reduzieren. Die in Bild 5.6 dargestellte GUI umfasst die folgenden Daten:

- Gesamtzahl der je Tag gefertigten Produkte, mit Echtzeit-Aktualisierung,
- aktuelle Produktionsrate je Stunde,
- Anzahl der pro Tag gefundenen Fehler,
- Anzahl der pro Tag gefertigten Produkte, mit Echtzeit-Aktualisierung, kumuliert je Produktmodell.

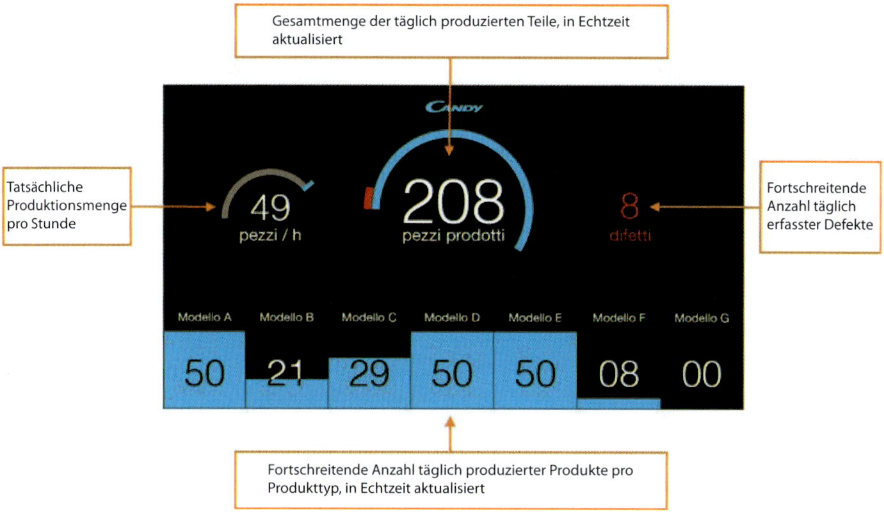

Bild 5.6 *GUI der Line-Monitor-Applikation*

Die Management-Dashboard-Applikation (Bild 5.7) stellt umfassende, kumulierte Daten für das Management bereit, speziell für Produktionsleiter, Werksleiter und das Qualitätsteam. Die Daten werden in Grafiken oder Diagrammen aufbereitet und bieten, basierend auf bestimmten Leistungskennzahlen, einen schnellen Überblick über den Status der Produktionsqualität. Mit der Applikation lassen sich historische Produktions- und Qualitätsdaten analysieren und tägliche Produktions- und Qualitätsberichte für jede Fertigungslinie anzeigen.

Die Applikation umfasst verschiedene Bereiche, die die folgenden Daten bereitstellen:

- tägliche Produktionsdaten,
- bedarfsbasierte historische Produktionsdaten,
- bedarfsbasierte historische Qualitätsdaten,
- Berichte.

5.1.4 OPC-UA-Architektur

Als Basis dieser Lösung dient der OPC-UA-Standard dazu, alle Datenflüsse zwischen den Geräten der Applikation zu integrieren – unabhängig von den Kommunikationstechnologien – und um die Services und Datenmodelle für den Datenaustausch zwischen den Komponenten festzulegen. Das maßgeschneiderte Informationsmodell mit semantischem Ansatz auf Serverebene erfüllt die Anforderungen der Lösung und stellt sicher, dass sie skalierbar ist. Das Protokoll unterstützt den sicheren und bidirektionalen Austausch angereicherter Daten zwischen den Knoten.

Der Ansatz erfüllt die Anforderungen der ursprünglichen Design-Spezifikation:

- funktionale Äquivalenz: OPC UA bildet alle Spezifikationen aus COM OPC Klassik ab, das zuvor bei Candy im Einsatz war;
- Plattformunabhängigkeit: vom Embedded-Mikrocontroller bis hin zur Cloud-basierten Infrastruktur;
- Security: Verschlüsselung, Authentifizierung, Auditing;

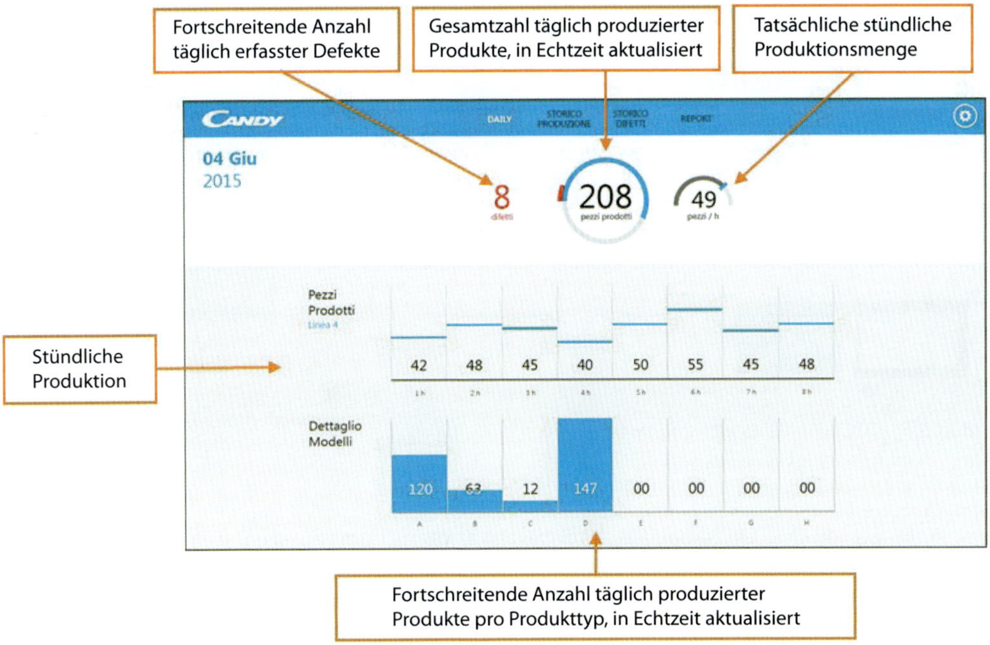

Bild 5.7 *GUI der Management-Dashboard-Applikation (Startseite)*

- Erweiterbarkeit: keine Beeinträchtigung des bestehenden Systems beim Implementieren neuer Funktionen;
- umfassende Datenmodellierung: Definierbarkeit komplexer Daten.

Die entwickelte Architektur, wie sie in Bild 5.8 dargestellt wird, umfasst mehrere OPC UA Server – für die Datenerfassung, als Information Provider –, einen zentralen OPC-UA Aggregationsserver zur Datenverarbeitung sowie OPC UA Clients zur Visualisierung der übermittelten Daten. Die Entscheidung, verschiedene OPC UA Clients zu verwenden, fiel während der Entwicklungsphase und gewährleistet Flexibilität für künftige Erweiterungen.

Die Lösung basiert auf folgenden Software Development Kits (SDKs), die für die jeweilige Aufgabe zielgerichtet eingesetzt wurden:

- Unified Automation C++ OPC UA Server-SDK,
- Prosys Java-OPC UA Client-SDK.

5.1.5 Der Einsatz von OPC UA: Nutzen und Betrachtungen

Die OPC-UA-basierte Lösung wurde im Candy-Werk einige Monate lang getestet, validiert und verfeinert. Während dieser Zeit wurden der Einsatz und die Vorteile von OPC UA bewertet.

OPC UA ist ein Standardprotokoll. Das heißt, es gewährleistet den sicheren, kompatiblen und zuverlässigen Austausch von Daten zwischen verschiedenen Systemknoten. Die Kommunikation ist unabhängig von der Programmiersprache der jeweiligen Applikation. Zur Implementierung mussten Windows-basierte Tablets genutzt werden, da keine Komponenten für andere mobile Betriebssysteme, wie z.B. Android und iOS, zur Verfügung standen. Diese Situation hat sich mittlerweile geändert.

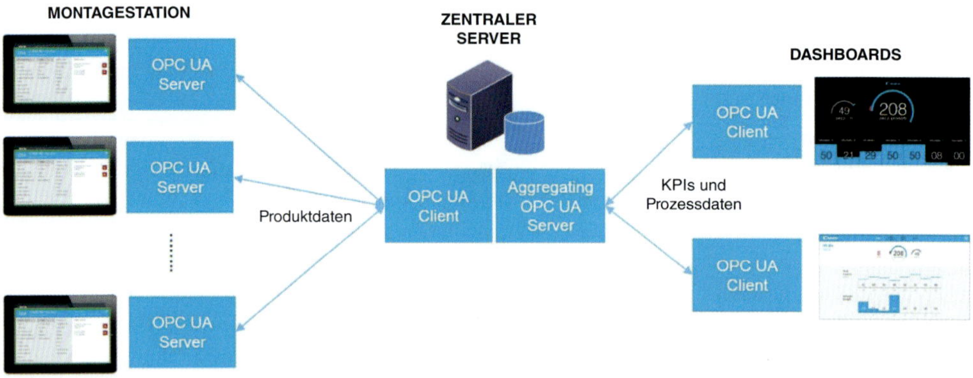

Bild 5.8 *OPC-UA-Architektur im Use case*

Auf Basis von OPC UA haben alle autorisierten Knoten Zugriff auf die Daten – zu jeder Zeit und ohne größere Verzögerungen. Dies ist ein unabdingbares Kriterium für industrielle Anwendungen, die kurze Übertragungszeiten sowie Echtzeit-Datenverfügbarkeit erfordern.

Wir konnten zudem basierend auf den Usecase-Anforderungen ein flexibles Informationsmodell definieren, das Erweiterungen und Änderungen nachfolgender Entwicklungen uneingeschränkt erlaubte. Das Modell war serverseitig definiert und hat keine Auswirkungen auf die Datenorganisation in der Server-Datenbank. Auch lassen sich Alarme und Zustände festlegen, die ein Event auslösen. Zum Zeitpunkt der Implementierung stand noch kein Cloud-Support zur Verfügung; daher musste vor Ort ein Onsite-Server entwickelt und eingerichtet werden. Auch dies ist zum jetzigen Zeitpunkt nicht mehr der Fall.

In Kürze

OPC UA als vereinheitlichende Software-Lösung im Produktionsumfeld bietet sich auf verschiedenen Ebenen der Automatisierungsarchitektur, für unterschiedlichste Informationen (sowohl direkt aus dem Prozess erfasste als auch berechnete Auswertungsinformation) und unterschiedlichste Geräte (Eingabe / Ausgabe, mobil / stationär usw.) an. Dabei kann für die Entwicklung eines konkreten Anwendungsfalls auf entsprechende Hilfen in Form bestehender Tools, Entwicklungs-Toolkits und fertigen Komponenten zurückgegriffen werden.

5.2 Voith – OPC UA aus Anwendersicht

5.2.1 Einleitung

Das Ziel eines Produktionsstandortes ist per Definition effizient und effektiv zu produzieren, um am Ende Gewinn zu erwirtschaften. Um dieses Ziel zu erreichen, gibt es in der Industrie und in der Literatur viele verschiedene Vorgehensmodelle und Methoden, die zur Anwendung kommen können. Die Aufgabe von Führungspersonen ist es, diese Methoden und Vorgehensmodelle weltweit einzusetzen und somit den nachhaltigen unternehmerischen Erfolg sicherzustellen. Im Grunde lässt sich die Kernaufgabe im Q-K-L-Dreieck (Qualitäts-, Kosten-, Leistungsmodell und deren Wechselwirkung zueinander) wie folgt beschreiben: Produktivität steigern, Fehler reduzieren und Kosten senken.

Durch die oben kurz beschriebene Vorgehensweise erhält man einen tiefen Einblick in die Arbeitskultur von Industriebetrieben sowie dem Selbstverständnis zu den Themen Produktionsorganisation und Informationssysteme (IT). Mit der Einführung von IT-Systemen zur Unterstützung der Prozesse wie z.B. ERP-Systeme (**E**nterprise-**R**esource-**P**lanning-Systeme) oder produktionsnahe Systeme wie MES (**M**anufacturing **E**xecution **S**ystem – computergestützte Produktionsplanung & -steuerung) und CAQ(**C**omputer **A**ided **Q**uality Assurance – computergestützte Qualitätssicherung)-basierte Systeme werden die großen Unterschiede in der Wahrnehmung und von Prioritäten in der Arbeitskultur sichtbar. Die größten Gräben sind erfahrungsgemäß zwischen den Zielen und Maßnahmen der operativen Bereiche und den Möglichkeiten und Lösungen von IT-gestützten Systemen. Allerdings wird in dieser Ausführung nicht weiter auf diese Methoden eingegangen. Sie helfen jedoch, einen Einstieg in den hier vorliegenden Erfahrungsbericht (beschrieben aus der eigenen Perspektive) zu bekommen und die damit verbundenen Entscheidungswege besser zu verstehen.

Ein wichtiger Schritt zum Erfolg ist die richtige Management- und Steuerungsmethodik. So wurden umfangreiche Workshops und Maßnahmen definiert, um globale Lean-Management-Ansätze nach dem Benchmark-Führer Toyota zu implementieren. Es wurden Technologieführer-Betriebe identifiziert und man begann entsprechende Know-how- und Ressourcentransfers zu organisieren, um langfristig wettbewerbsfähiger zu sein. Weiter ging es mit Kennzahlensystemen und Investitions- und Sparprogrammen sowie der Identifizierung von neuen Handlungsfeldern. Alle Projekte hatten immer eines gemeinsam: Die Informationsbeschaffung, um wirtschaftliche und / oder strategische Entscheidungen zu treffen, gestaltete sich oftmals als sehr schwierig, zeit- und ressourcenintensiv. Vor allem die Beschaffung von produktions- und anlagenbezogenen Informationen war hiervon betroffen. Teilweise wurden Entscheidungen auf einer Basis getroffen, die von einem nicht unerheblichen Anteil von Annahmen geprägt war. Dies war dem Grund geschuldet, dass es weder technologische noch IT-bezogene Lösungen gab, um die geforderten Informationen in einem vertretbaren Zeitrahmen, mit adäquatem Aufwand und in einer sinnvollen und Art und Weise zu erheben. Das Paradoxe daran war allerdings, dass man trotz der unzureichenden Gegebenheiten die Lösungen und Möglichkeiten, die durch den Einsatz von IT-gestützten Systemen möglich gewesen wären, nicht ernsthaft in Erwägung zog. Die IT wurde stets als Fremdkörper in einem Produktionsumfeld wahrgenommen – als etwas, das einen Prozess verkomplizierte, Kosten verursachte, aber keinen nennenswerten Nutzen stiftete. Zusammenfassend könnte man folgende Faktoren dafür benennen und grob skizzieren:

- Sowohl bei den Mitarbeitern als auch bei den Führungskräften ist ein fachlicher Fort- und Weiterbildungsmangel in diesem Bereich festzustellen. In vielen Fällen sind die vorhandenen Möglichkeiten, die mit modernen, produktionsnahen IT-Systemen verbunden sind, nicht bekannt und haben somit auch keinen Einfluss auf Entscheidungen.
- Die Produktion als solche wurde bisher nicht als strategisches Handlungsfeld mit einem Bedarf an Kernsystemen und Funktionen von der IT entdeckt. Nachhaltig angelegte Integrationskonzepte sind in den meisten Betrieben nicht vorhanden und werden auch nicht von der Geschäftsführung erwartet und / oder gewünscht.
- Mangels Nachfrage haben sich auch Hersteller und Beratungsunternehmen nicht mit diesem Themenfeld auseinandergesetzt. Dadurch kommt es natürlich zu der Situation, dass bekannten, herkömmlichen Lösungen der Vorzug gegeben wird.

5.2.2 Herausforderung für den Aufbau eines Industrie-4.0-Projektes im Konzern

Zur Mitte des Jahres 2015 wurde zusammen mit der Geschäftsführung der Firma Voith Composites (Voith Composites GmbH & Co. KG; 85748 Garching, Daimlerstraße 27. http://voith.com/composites-de) in Garching, im Rahmen eines übergeordneten automotiven Projektes, ein Industrie-4.0-Projekt ins Leben gerufen. Ziel dieses Projektes war es, Industrie-4.0-Ansätze auf die sich gerade in Aufbau befindliche Carbon-Produktion anzuwenden bzw. entsprechende Möglichkeiten zu identifizieren und zu entwickeln.

Die Voith Composites GmbH & Co. KG

Mit über 20 Jahren Erfahrung im Bereich der Faserverbundtechnologie wird die Herstellung von Hochleistungskomponenten industrialisiert. Eine deutliche Verkürzung der Prozesskette ist das Ergebnis. Basierend auf der Strategie «Von der Faser direkt ins Bauteil» werden teure Halbzeuge aus dem Fertigungsprozess eliminiert. Eine enorme Reduktion der Prozessdurchlaufzeit sowie der Fertigungskosten sind die Folge. Darüber hinaus wird die Fertigung unter dem Leitgedanken «Carbon Production 4.0» vollständig digitalisiert und vernetzt. Durch diese Technologie sowie die CFK- und Maschinenbau-Expertise werden Unikate als auch Klein- und maßgeschneiderte Großserien realisiert. Das breite Serviceportfolio, wie z.B. Konstruktion, Berechnung / Simulation, Muster-/Prototypenbau, Bemusterung und Qualitätssicherung, ermöglicht eine umfangreiche Unterstützung des Kunden entlang des gesamten Produktentwicklungsprozesses. Der Marktfokus liegt vor allem auf den Märkten Energie, Öl & Gas, Papier sowie Transport & Automotive …

Die Projektidee

Das erwähnte übergeordnete Projekt am Standort Garching bei München verfolgte die Zielstellung, eine innovative Serienfertigung für Produkte aus Kohlenfaser-Verbundwerkstoffen zu etablieren, um einen Meilenstein in der Industrialisierung von Fertigungsprozessen zu demonstrieren. Mit dem Aufkommen der Industrie-4.0-Themen wurde schnell klar, dass die durch die digitalen Technologien getriebenen Entwicklungen einen erheblichen Einfluss auf die bestehenden Geschäftsmodelle haben werden. Voith hat erkannt, dass es für den zukünftigen unternehmerischen Erfolg zwingend notwendig ist, selbst digitalen Service und vor allem vernetzte Produkte anzubieten und sich damit am digitalen Wertschöpfungspotenzial zu beteiligen. Um dieses Potenzial nutzen zu können, bedarf es jedoch eines tiefen Verständnisses der digitalen Technologien und ihrer Abhängigkeiten.

Der Wille, eine physikalische Umgebung zu erschaffen, in der es möglich ist, erste Erfahrungen unter Berücksichtigung der momentanen industriellen Möglichkeiten im Bereich der digitalen Transformation zu sammeln, führte zu dem Entschluss, eine Industrie-4.0-fähige Produktion innerhalb der neu zu definierenden Produktionsstraße zu etablieren. Auf diese Weise sollte eine Grundlage für weitere Entscheidungen und Entwicklungen geschaffen werden. Das Ausloten von technischen Möglichkeiten und möglichen Alternativen sowie deren Wechselwirkungen hinsichtlich Konzepten, Systemen und Organisation war einer der Kernpunkte zum Start und während des gesamten Projektes.

Letztendlich wurden die im Pilotwerk Garching ermittelten Erkenntnisse dem Konzern zur Verfügung gestellt. Die Ergebnisse wurden durch die zentralen Organisationen analysiert, standardisiert und schließlich allen Beteiligten als Lösung zur Verfügung gestellt. Gleichzeitig wurden die zum Betreiben der Applikationen und Lösungen notwendigen Ressourcen strategisch aufgebaut.

Voith Composites ist das CFK-Entwicklungs- und Produktionszentrum des Voith-Konzerns (Voith GmbH; 89518 Heidenheim, St. Pöltener Str. 43. http://voith.de).

Der Standort

Der Standort Garching bei München wurde aus unterschiedlichen strategischen Faktoren gewählt:

- keine Begrenzung durch Bestandsinfrastruktur an Gewerken,
- keine etablierten operativen IT-Systeme,
- Forschungs- und Projektmanagement-erfahrene Mitarbeiter,
- hohe Dichte an hochspezialisierten Fachkräften im Bereich IT und Automatisierung,
- hohe Dichte an Fakultäten und Instituten,
- Ballung von Innovations- und Startup-Unternehmen.

Rückblickend war vor allem die organisatorische Struktur am Standort ein wichtiger Garant für den Projekterfolg. Der Standort wurde von einem Startup-Charakter geprägt. Alle Mitarbeiter waren es gewohnt, in mehreren kleinen Teams effizient und projektbezogen zu arbeiten. Die offene mentale Haltung zu neuen innovativen Entwicklungen war fundamental wichtig und in dem täglichen Arbeiten der Mitarbeiter verankert. Durch die Tatsache, dass die Geschäftsführung der Voith Composites sich an dem Projekt beteiligte, konnte ein schneller Projektfortschritt in der Organisation sichergestellt werden. Dies war darin begründet, dass das Projekt durch die Präsenz der Geschäftsleitung die notwendige Aufmerksamkeit bekam. Zudem war ein tiefes Verständnis für die Anforderungen ebenso hilfreich wie das Verständnis für technische und technologische Herausforderungen einer Carbon-Produktion.

Hinzu kam, dass durch den Pilotcharakter des Standortes schnell Entscheidungen getroffen und diese bei Notwendigkeit an die neuen Erkenntnisse angepasst werden konnten. Das Prinzip «Fail Fast» war eines der Grundvoraussetzungen, um messbaren Projektfortschritt in vielen Themenbereichen zu erzielen. Zudem konnten viele Lösungen und Ansätze in kleinen Labors bzw. Versuchen zunächst erprobt werden. Später wurden diese dann an die neu und während des Projektes entstandenen Anforderungen angepasst und in Gänze etabliert. Die für eine vertikale Integration so wichtige «Update»-Mentalität hat somit ebenfalls stark zum Projekterfolg beigetragen.

Die Auswahl der Partner

Ein weiterer wichtiger Punkt bei der Standortwahl ist die Verfügbarkeit von Know-how-Trägern und unterstützenden Fakultäten und Instituten, die sowohl als Berater, aber auch als Ideengeber dienen. Vor allem die Dichte von beiden am Standort hat sich sehr positiv auf die Entwicklung und auf die Geschwindigkeit des Projektfortschritts ausgewirkt.

Im Projekt wurde festgelegt, OPC UA als Standard-Kommunikationsplattform zu verwenden. Dabei wurde zunehmend klar, dass eine wichtige Aufgabe im Projekt die Moderation der Arbeitsgruppen aus Vertretern unterschiedlicher Disziplinen ist. Die Aufgabe bestand darin, die verschiedenen Know-how-Träger aus Anlagen- und Maschinenbau, aus Automatisierung und IT sowie Prozess- und Domänenwissensträger zu vernetzen und zu koordinieren. Auf Basis der gemachten Erfahrung benötigt man bei der Arbeit mit OPC UA Spezialisten im Bereich Steuerungsprogrammierung und Automatisierung, da diese die inhaltliche Grundlage für die Vernetzung von Anlagen bilden. Darauf aufbauend müssen die jeweiligen Lieferanten in die Projektarbeit eingebunden und mit Hilfe der Spezialisten befähigt werden, Anpassungen an ihren Anlagen in der Form vorzunehmen, dass sie in das Kommunikationskonzept vollständig integriert werden können. Sollte diese Integration aus einem Grund scheitern, ist es wichtig, weitere Anbieter als Alternative im Projekt einzubinden, die in der Lage sind, bei der Vernetzung der Themen zu unterstützen. Erfahrene Projektpartner im Bereich Programmierung und Orchestrierung von Systemen und / oder Maschinen helfen einen gemeinsamen Nenner zu finden zwischen der IT und den Anforderungen von Maschinenlieferanten. Vor allem durch die Unterstützung eines unabhängigen Forschungsinstitutes wie das Fraunhofer IOSB in Karlsruhe konnte ein tragfähiges Konzept entstehen, das sowohl auf wissenschaftlichen als auch auf wirtschaftlich relevanten Fakten aufgebaut ist. Das IOSB unterstützte bei der Erstellung des Konzeptes und der Beratung von Lieferanten bei technischen Fragen.

Die Projektmethode

Das Projekt begann mit einem klassischen Wasserfall-Projektansatz. Es wurden Teams gebildet und Arbeitspakete definiert. Es gab Terminpläne, Kick-off-Meetings, JourFixe, Regeltermine sowie Kostenanalysen und ein vollständig integriertes Projektcontrolling.

Im Laufe der ersten zwei Projektphasen wurden jedoch Schwächen des Projektansatzes sichtbar. Das Abarbeiten von geschlossenen Arbeitspaketen erlaubte die notwendige horizontale und vertikale Vernetzung nicht. Die Ursache hierfür ist der hohe Grad an Neuheiten und Ansätzen, für die es in vielen Fällen zum einen noch keinen «Proof of Concept» gab / gibt und zum anderen, dass die Themen selbst bzw. Lösungen sich noch in der Entwicklung befanden und ständigen Änderungen unterlagen. Hinzu kam, dass viele Hersteller die mit ihren Produkten gemachten Versprechen nicht einhalten konnten. Als Beispiel sind hier die Umsetzungen von OPC UA Servern zu nennen. Als Ergebnis wurde die Abstimmung der Projektteilnehmer komplexer und die Überwachung der Umsetzung sehr aufwendig und schwierig, da es für das gleiche Problem unterschiedliche Lösungen gab.

Aus diesem Grund wurde im laufenden Projekt die agile Projektmanagementmethode «SCRUM» eingeführt. Die Einführung gestaltete sich am Anfang sehr schwierig, da vor allem die externen Unternehmen auf diese Methode nicht eingerichtet und zumeist am klassischen Wasserfall-Modell verankert waren. In den Phasen der agilen Projektmanagementmethode SCRUM gab es einige Rückschläge, da die Gruppe mit der agilen Arbeitsweise noch nicht umgehen konnte. Dennoch stellte sich nach kurzer Zeit eine erhebliche Verbesserung ein. Die Kommunikation zwischen allen Beteiligten hatte sich merklich verbessert. Der Arbeitsfortschritt wurde harmonisiert. Die Entwicklungen waren im Sinne des Kunden und die ersten Ergebnisse konnten zeitnah präsentiert werden.

5.2.3 Anbindung der Gewerke mittels OPC UA

Wie bereits erwähnt, war es das Ziel von Voith, die Möglichkeiten von Industrie-4.0-Anwendungen in der Produktion zu identifizieren und erste Erfahrungen damit zu machen. Somit war eine der Aufgaben, eine Lösung zu erarbeiten für die vertikale Vernetzung der Gewerke und produktionsnahen Komponenten (Sensoren, Scanner, Drucker und weitere) mit der darüber liegenden IT-Welt, wie z.B. einem Manufacturing Service Bus oder MES. Um ein tragfähiges Konzept aufzubauen, war es zunächst notwendig, eine Vision zu definieren. Diese Vision wurde zusammen mit Instituten wie dem Fraunhofer IOSB und IWU sowie mit befreundeten Lieferanten und Partnern aus der Industrie und IT entwickelt. Es hat sich schnell herausgestellt, dass die großen Aufgaben die Herstellung der IP-Fähigkeit der Anlagen und deren semantische Vernetzung waren.

Auswahl OPC UA als M2M-Maschinenkommunikationsprotokoll

Kurz vor der Hannover Messe 2015 gab es (und gibt es bis heute) eine Vielzahl an möglichen zukunftsfähigen Protokollen und Methoden, um Anlagen im System zu vernetzen. Die Prämisse für die Auswahl einer Technologie sowie deren Anbindung war, dass wir einen möglichst offenen und modernen Standard implementieren, der die Realisierung von Industrie-4.0-Prinzipien unterstützt. Diese M2M-Kommunikation sollte in der Lage sein, nicht nur Daten zu transportieren, sondern auch die Möglichkeit haben, diese semantisch zu beschreiben. Unter dem Aspekt einer skalierbaren Vernetzung von Anlagen, die Parameter, Messwerte und sogar Regelgrößen als maschinenlesbares Protokoll übermitteln, war OPC UA eine aus heutiger Sicht sinnvolle Entscheidung.

Automatisierungskonzept mittels OPC UA

Die Einführung einer OPC-UA-Schnittstelle als Kommunikationsgrundlage zwischen den Gewerken, einem ERP und MES war für die meisten Lieferanten eine neuartige Aufgabe und konnte nicht ohne Weiteres gelöst werden. Hinzu kam, dass die Idee einer selbstbeschreibenden Maschine und Anlage auf Unverständnis stieß, da viele Lieferanten-Geschäftsmodelle darauf aufsetzen, die Bereitstellung von Informationen sowie die Anbindung der Anlagen an Steuerungseinheiten und / oder MES als zusätzliche Dienstleistung anzubieten. Um die Themenkomplexität beherrschbar zu machen, wurde daher im Pilotprojekt in Garching ein Zwei-Stufen-Plan für die Vernetzung der Gewerke eingeführt. Im ersten Schritt wurde die «Selbstbeschreibung» der Maschine in reduzierter Form umgesetzt und sich auf statische Informationen der Gewerke konzentriert sowie ein erster geringer Informationsaustausch zur Steuerung der Produktion zwischen MES- und CAQ-System durchgeführt. In der späteren Vollausprägung sollen die Maschinen sich vollständig selbst beschreiben und sich autark auf Basis von Echtzeitinformationen steuern. Die damit verbundenen Schlagwörter im Industrie-4.0-Kontext sind «PLUGandWORK» sowie «CPS (Cyber Physical Systems).

Aus diesem Grund wurden zwei Arbeitspakete definiert, die sich zum einen mit dem Thema der Anlagenkonnektivität beschäftigte und zum anderen mit der semantischen Ableitung der Informationen. Beide Arbeitspakete waren inhaltlich miteinander verbunden und beeinflussten sich in einer direkten Wechselwirkung. Ziel des ersten Arbeitspaketes war es, technologische Lösungen zu finden, um die Kommunikation zwischen den Gewerken mit den IT-Systemen zu standardisieren und somit Industrie-4.0-Prinzipien umsetzen zu können. Ziel des zweiten Arbeitspaketes war es, Datenstrukturen und Semantiklösungen zu erarbeiten und diese zusammen mit den jeweiligen Herstellern umzusetzen.

Standardisierung der Konnektivität

Im Rahmen des Arbeitspaketes wurde ein Vorgehen definiert, um die Anlagen im Brownfield IP-fähig zu machen und OPC UA als Standardkommunikationsprotokoll einzuführen. Das Vorgehen kann in folgenden Schritten zusammengefasst werden (Bild 5.9):

- Analyse der Anforderungen
- Erweiterung der Lastenheft(LH)- und Betriebsmittelvorschriften (BMV)
- Prüfung der LH und BMV sowie Anbieterbewertung
- Migration und Lieferantenbefähigung

Als Ergebnis wurden drei Szenarien identifiziert, auf die man sich als Unternehmen einstellen sollte, und eine geeignete Lösung, die eng mit der eigenen IT abgestimmt ist (Bild 5.10):

- Integrierte OPC UA Server, herstellerbezogene Integration des Servers mit Standards, auf dem Markt verfügbare «Boardmittel»
- Externer OPC UA Server als Hardwarelösung. Dieser wird nachträglich an das Gewerk oder die Anlage angebracht. Dadurch wird ggf. ein Reengineering der FC- oder Datenbausteine auf der Logik der Anlage in der Steuerung notwendig.
- OPC UA Server von Drittanbietern, die durch den Hersteller eingebaut und zur Verfügung gestellt werden

Phase	Vorgehen	Ergebnisse
1 Analyse und Anforderungen	• Erarbeitung einer Checkliste auf Basis VDI/VDE 3694 für die GAP-Analyse der Lastenhefte hinsichtlich horizontaler und vertikaler Kommunikation • Aufzeigen von Handlungsbedarf bei den Lastenheften • Ableitung von Soll-Ausprägungen zur Umsetzung des Industrie 4.0 Kommunikationskonzepts auf der Feldebene	• Checklist für die Analyse von Lastenheften • Abgeleiteter Handlungsbedarf • Kommunikationskonzept
2 Erweiterung der LH und BMV	• Erweiterung der bestehenden VOC Betriebsmittelvorschrift um die Ausprägungen und konkreten Technologien im Kontext Industrie 4.0 • Erweiterung der Lastenhefte um die entwickelten Ergebnisse (Kommunikationskonzept, RFID, etc.)	• Erweiterte VOITH VOC Betriebsmittelvorschrift • Geprüfte und erweiterte Lastenhefte
3 Prüfung der LH und Anbieterbewertung	• Prüfung der Angebote und Pflichtenhefte im Kontext vertikaler und horizontaler Vernetzung • Einordnung der unterschiedlichen Lieferanten in definierten Ausbaustufen, z. B. mit einer Vernetzungsskala	• Abgeleiteter Handlungsbedarf je Lieferant • Formulierung der Change-Requests bzw. Auftragsvergabe an Drittunternehmen
4 Migration und Lieferantenbefähigung	• Erarbeitung eines Maßnahmenkatalogs inkl. möglicher Lieferanten und Kosten für die Migration der Anlagen und Gewerke • Gemeinsamer Workshop zur Erreichung der Zielstellung und Schaffung der Grundlage für die Umsetzung der User-Storys	• Maßnahmenkatalog für die Migrationsstrategie im Kontext Industrie 4.0 • Einheitliche Kommunikation und Schnittstellen der Lieferanten

Bild 5.9 *Phasenmodell zur Befähigung von Lieferanten*

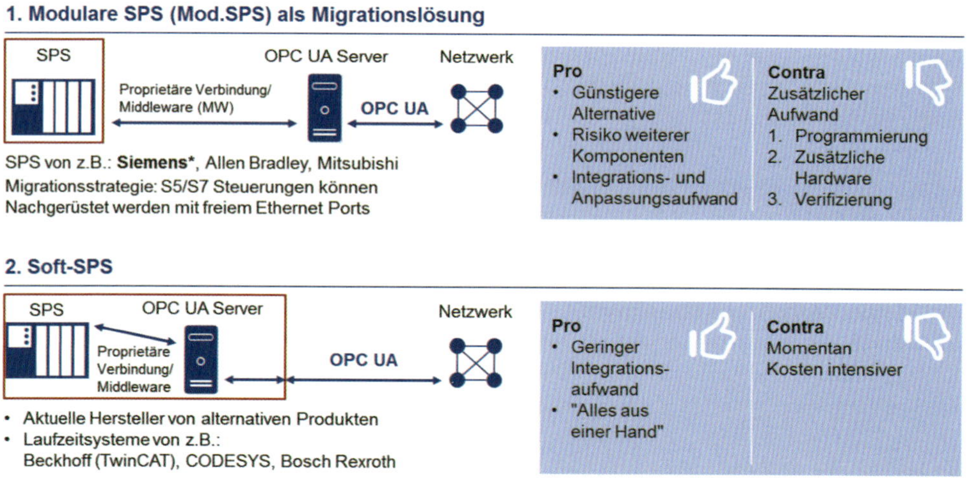

Bild 5.10 *Integrationsformen von OPC UA Servern*

Zusammengefasst liegt die größte Problemstellung in der Bereitstellung von Lösungen. Es gibt viele Möglichkeiten und Lösungen auf dem Markt, die fast alle ihre Vor- und Nachteile in verschiedenen Bereichen haben und somit für unterschiedliche Problemstellungen im Anwendungsfall geeignet sind. Zudem ist selbst der OPC-UA-Standard von Hersteller zu Hersteller unterschiedlich ausgeprägt, so dass man immer im Detail auf die Umsetzung der Lösung durch den Hersteller achten und ggf. einsteuern muss. Daher ist eine enge kommunikative Zusammenarbeit mit den Herstellern für ein solches Projekt unerlässlich. Während des Projektes hat sich auch herausgestellt, dass die Anbindung durch externe Produkte von Dritten sehr empfehlenswert ist, da hier zumeist viel Know-how bezüglich der Anbindung und den damit verbundenen Anforderungen vorliegt und die Maschinen- und Anlagenhersteller momentan diese Anforderungen meistens kaum erfüllen können. Eine frühe Einarbeitung in das Lastenheft sowie die Auswahl von ein bis zwei Lieferanten für die technische Anbindung sind daher sehr empfehlenswert. Eine solche Lösung ist zum Beispiel das vom Fraunhofer IOSB entwickelte «PLUGandWORK Cube» (siehe Abschnitt 5.4). Zudem sollte immer das Prinzip «Fail Fast» angewendet werden. Eine frühzeitige Pilotinstallation von jedem Hersteller sowie ein Integrationstest sind aufgrund der vielen unterschiedlichen Möglichkeiten zur Realisierung solcher Lösungen unerlässlich, um ein terminliches Projektrisiko zu vermeiden.

Datenmanagement und Semantik

Mit diesem Arbeitspaket wurden zwei Ziele verbunden. Zum einen sollten Informationsmodelle für die gesamte Fertigung basierend auf dem vertikalen Informationsaustausch definiert werden. Zum anderen sollte eine Voith-Automation- ML(AutomationML)-Bibliothek zum Austausch zwischen Maschinen und MES entwickelt werden mit dem Ziel, eine Transformation der AutomationML-Modelle in OPC UA zu realisieren.

Dazu wurde im ersten Schritt das Datenmodell erstellt. Dabei wurden in sogenannten Key-Notes und «SCRUM»-Workshops die Anforderungen aus unterschiedlichen Gewerken / Bereichen ermittelt. Dazu war es zunächst zwingend notwendig, das Domänenwissen aus diesen Bereichen in das Projekt einzubinden. So entstand ein Datenmodell, bestehend aus den Anforderungen aus Entwicklung, Qualität, Produktion und Controlling, das Inhalte zu den Aspekten Geometrie, Kinematik und Logik umfasst. Danach erfolgte der Abgleich des Modells mit der VDI 5600-3 [VDI 5600-3], um die Grundlage für die semantische Bibliothek zu bilden. Im Folgenden wurden die Inhalte in regelmäßigen Integrationsmeetings mit den Herstellern besprochen und angepasst bzw. am Ende mit ihnen zusammen verabschiedet.

Auf diesem Fundament wurde zusammen mit dem Fraunhofer IOSB die Voith-AutomationML-Bibliothek entwickelt, die eine einheitliche semantische Struktur von allen IP-fähigen Komponenten im Produktionsumfeld abbildet. Anfangs war angedacht, dass dieses Modell dafür genutzt werden kann, alle Hersteller, sei es Anlagen- und Maschinenbauer oder aber MES- und CAQ-Hersteller, ohne aufwendige IT-Integration-Aufwendungen einzubinden. Es war das definierte Ziel, ein offenes, unabhängiges, XML-basiertes Datenformat zum Austausch von Anlagendaten zu haben, ergo eine einheitliche Sprache zur Anlagenbeschreibung, mit der die Interoperabilität zwischen Systemen, Netzwerken und Werkzeugen möglich ist.

Im Projekt hat sich allerdings gezeigt, dass mit Ausnahme von einem Hersteller bisher noch niemand in der Lage war, dieses Konstrukt sinnvoll in seiner Schnittstellenspezifikation einzubinden. Der Nutzen der AutomationML-Beschreibung von Objekten hat sich erst mit der Entwicklung des Manufacturing Service Bus gezeigt. Zusammen mit dem Produkt Orchestra der Firma Soffico wurde eine Lösung geschaffen, die eine effiziente Datendrehscheibe für die vertikale und horizontale Kommunikation enthält, die auch ohne tiefes IT-Verständnis betrieben werden kann. Dieser Anbieter entwickelt zusammen mit der Firma Voith Composites GmbH einen AutomationML Channel in seiner Integrationssoftware, wodurch eine «PLUGandWORK»-Umsetzung zum Greifen nahe kommt.

Zusammengefasst war eine der größten Herausforderungen, dass die in der Theorie entwickelten Konzepte der Datenmodelle in der Realität nicht umsetzbar waren. Erst im eingerichteten Laborbetrieb war es möglich, ein sinnvolles Datenmodell, das den IT-Ansprüchen an Datenverfügbarkeit, -integrität, -sicherheit sowie Echtzeit entspricht, zu entwickeln und umzusetzen. Die Lösung zum Erfolg liegt darin, die unterschiedlichen Ansätze hinsichtlich der Datenverarbeitung zwischen IT und Maschinenbau zu verstehen, zu harmonisieren und letztendlich sinnvoll umsetzbare Lösungen zu finden. Denn die Möglichkeiten des Maschinenbaus sind hier stark begrenzt und auch mit großen Kostenfaktoren verbunden. Ergo benötigt man Labore zum Testen und ein Team, bestehend aus IT-Fachleuten und Ingenieuren, die es verstehen, sich in beiden Welten zu bewegen. Zudem ist die flächendeckende Umsetzung von AutomationML nicht wirklich absehbar. Sollte man sich auf dieses Thema fokussieren, so ist eine genaue Beleuchtung und Absprache mit Partnern und Lieferanten zwingend notwendig.

In Kürze

Die alten Organisations-, Prozess- und Projektmodelle passen in das sich rapide ändernde Industrie-4.0-Umfeld nicht mehr. Die Disruption der Märkte kommt vor allem von außen, von Playern, die bisher im Normalfall nichts mit der Branche oder den Produkten zu tun hatten. Dies gilt auch für den Einsatz von neuen Technologien in diesem Umfeld wie OPC UA und AutomationML.

Eine große IT-Organisation kann zwar unterstützen und verfügt über genügend Ressourcen, um sich Themengebieten zuzuwenden, allerdings ist eine derartige Organisation sehr schwerfällig und benötigt sehr lange für eine Kursänderung. Die Lösung mit einem kleinen effizienten Pilotwerk und einem Pilotprojekt hat sich dabei als eine sehr effektive Methode herausgestellt, um eben diesen Problemstellungen im Konzern entgegenzuwirken. Die heutige Arbeit mit innovativen Techniken und Technologien erfordert eine flexible Organisation, die sich schnell an Veränderungen oder Erkenntniszugewinne anpassen kann. Für die Anforderungen von Smart Manufacturing gibt es bis heute noch kein «Proof of Concept», wovon die Entwicklungen einer «Fail Fast»- und «Update»-Mentalität abhängig sind. Letzteres beschreibt eine grundsätzliche Einstellung zum Produkt und dessen Entwicklung. Es ist gesellschaftlich und organisatorisch verankert, dass eine Null-Fehler-Toleranz eine der Maxime bei der Entwicklung von Lösungen in deutschen Unternehmen darstellt. Dementsprechend langfristig sind Projekte angelegt. Es geht darum, jeweilige Risiken auszuschließen, um eine hohe Investitionssicherheit zu erhalten. Die «Update»-Mentalität geht davon aus, Produkte schnell auf den Markt zu bringen und die Funktionen und den Kundennutzen in kurzen Zyklen ständig den Anforderungen der Kunden anzupassen und / oder zu erweitern. Hinzu kommt, dass bei großen Organisationen das «Mindset» oftmals wenig Innovationsenergie besitzt. Die Mitarbeiter bewegen sich in Verantwortlichkeiten und haben wenig Interesse daran, neue Dinge auszuprobieren und mit ihnen zu scheitern. Dies ist bei heutigen deutschen Unternehmenskulturen zumeist mit massivem Reputationsverlust verbunden, den es als Mitarbeiter zu vermeiden gilt.

Weitere wesentliche Punkte für eine erfolgreiche Umsetzung von OPC UA und AutomationML-Lösungen im Produktionsumfeld ist die Verwendung von agilen Projektmanagementmethoden. Mit klassischen Projektmethoden ist die Dynamik, die ein solches Projekt mit sich bringt, in der Regel nicht einzufangen und das Projekt läuft Gefahr, anhand der nicht vorhandenen Flexibilität bezüglich notwendiger Anpassungen zu scheitern.

Auch ist es wichtig, tiefe persönliche Partnerschaften, die über ein Lastenheft hinausgehen, aufzubauen.

Die «Lessons Learned» im Projekt haben gezeigt, dass viele Lieferanten zwar mit den Themen aus der Industrie-4.0-Architektur spielen, aber selbst zumeist noch keine Vorstellung haben, was sich dahinter verbirgt. Als Folge dessen, dass auch bei den Lieferanten der Spirit und die Ideen, die sich hinter den Industrie-4.0-Prinzipien verbergen, nicht vollständig die Organisation durchdringen, kommt es zu teilweise kuriosen und schwierigen Situationen. So kann es passieren, dass während sich die Teilnehmer auf

Entscheidungsebene über die Vision und Ziele der Industrie-4.0-Prinzipien einig sind, auf der operativen Ebene dieser Ansatz nicht weiter umgesetzt wird. Man ist auf dieser Ebene eben nicht bereit, ein Risiko mit neuen Konzepten einzugehen bzw. versteht auch die Anforderungen bzw. die Notwendigkeit nicht. Hier gilt es, besonderes Augenmerk zu setzen und stets einen Abgleich zwischen Entwicklung, Vision und Umsetzung zu machen. Aus diesem Grund ist die agile Projektmanagementmethode unerlässlich.

In Summe bildet die OPC-UA-Technologie nun für alle «Use cases» des Projektes die Basis und somit die Grundlage für weitere Entwicklungen. Mit dieser Technologie war es möglich, die Gewerke, Anlagen, Sensoren und IT-Systeme sowohl vertikal als auch horizontal zu vernetzen. Aufgrund des Open-Source-Charakters zeichnet sich eine starke und schnelle Verbreitung der OPC-UA-Thematik bei Herstellern von Anlagen und Lieferanten von Software ab. OPC UA bildet eine ideale Ausgangsbasis, um Industrie-4.0-Prinzipien in einem Produktionsumfeld in einem vernünftigen Kosten-Leistungs-Verhältnis umsetzen zu können. Aufgrund der umfangreichen Spezifikation und simplen Aufbauweise ist OPC UA schnell in IT-Organisationen einzubinden und verfügt über ausreichend Strukturen und Mechanismen, um den IT-Anforderungen an Sicherheit, Interoperabilität, Integrität und Echtzeiterfassung gerecht zu werden. OPC UA erweist sich vor allem bei der Anbindung eines Manufacturing-Services-Busses als äußerst effektiv, da eine gemeinsame Semantik über alle Teilnehmer eine Datenintegration einfacher gestaltet.

5.3 OPC-UA-Funktionalität für bestehende Steuerungen von Festo mittels Firmware-Update

Die Anwendung von OPC UA zur Vernetzung von Maschinen und Anlagen ist Bestandteil vieler Automatisierungsszenarien und bietet neue Möglichkeiten der durchgängigen und standardisierten Vernetzung sowie zur vereinfachten Bereitstellung von Produktions- und Maschinendaten. Die hierfür benötigte Technologie ist in neu anzuschaffenden Geräten bereits häufig verfügbar. Bei Bestandsanlagen ist die Verfügbarkeit von OPC UA derzeit noch selten, so dass ein Austausch von Hardware erforderlich ist, wenn ein Umstieg auf die Vernetzung über OPC UA gewünscht ist. Neben dem Austausch von Hardware ist es aber unter gewissen Voraussetzungen auch möglich, die Funktionalität von OPC UA mittels eines Firmeware-Updates verfügbar zu machen. Dieser Abschnitt wird ein solches Szenario anhand eines praktischen Beispiels der Festo AG & Co. KG beleuchten.

5.3.1 Motivation und technische Voraussetzungen

Industrielle Steuerungstechnik unterscheidet sich von Büro- und Unterhaltungsanwendungen durch die deutlich erhöhte Laufzeit. Von den Bereichen der elektronischen Konsumgüter und der Unterhaltungselektronik abgesehen, in denen sich kurze Produktzyklen auch auf die Fertigungsanlagen für die Produkte auswirken, sollen Fertigungsanlagen über viele Jahre stabil und zuverlässig produzieren können. Ein Umstieg auf neue Kommunikationstechnologien kann dennoch sinnvoll sein, gerade wenn man Verbesserungen an bestehenden Anlagen durchführen will. Beispiele für solche Maßnahmen zur Ermöglichung einer Verbesserung sind die Einführung von Condition Monitoring oder auch die nachgerüstete Energieverbrauchsüberwachung.

Für einige industrielle Steuerungen ist es nun möglich, dass die Funktionalität von OPC UA Servern oder Clients über ein Update der Steuerungsfirmware nachrüstbar ist. Im Idealfall lässt sich vorhandener Steuerungscode nach einem Firmware-Update sogar weiternutzen, so dass der Arbeitsaufwand gering bleibt und die Leistungsfähigkeit der betrachteten Anlage nicht gesenkt wird. Es muss dabei jedoch beachtet werden, dass durch die OPC-UA-Funktionalität zusätzliche Ressourcen der Steuerung genutzt werden, die vorher als Leistungsreserve vorhanden gewesen sein müssen.

Dieser Abschnitt des vorliegenden Buches betrachtet die Besonderheiten eines solchen Nachrüstszenarios, das sich von der Neuinstallation in erheblichen Elementen des ingenieurwissenschaftlichen Planungsablaufs unterscheidet. Hierbei sollen die Planungsaufwände minimiert werden, um die wirtschaftliche Rechtfertigung einer kommunikationstechnischen Umrüstung auf OPC UA möglichst deutlich hervorzuheben. Voraussetzung für einen reibungslosen Ablauf ist jedoch wie bei jedem ingenieurwissenschaftlichen Planungsprozess eine nutzbare Dokumentation des Ist-Standes der Produktionsanlage.

Eine weitere Voraussetzung für eine erfolgreiche Umsetzung eines Nachrüstszenarios ist, dass der Hersteller der auszurüstenden Komponente OPC UA unterstützt. Um Gewährleistung und Sicherheit der installierten Anlage nicht zu kompromittieren, wird ein Firmware-Update in den meisten Fällen nur durch die Unterstützung des Herstellers der zu aktualisierenden Komponente sinnvoll sein.

Des Weiteren ist es für ein Firmware-Update im Normalfall notwendig, die Anlage für eine gewisse Zeit aus dem Produktionsbetrieb herauszunehmen. Diese Anforderung wird nicht in jeder Industrie und unter allen Bedingungen erfüllt sein. Ob ein solcher Prozess, beispielsweise im Rahmen einer routinemäßigen Wartung, möglich ist, wird jeder Ingenieur für seinen individuellen Fall prüfen müssen.

Sind diese Voraussetzungen erfüllt – das heißt, das Nachrüsten von OPC-fähiger Firmware ist möglich, die Produktionsanlage ist hinreichend dokumentiert und diese Dokumentation steht zur Verfügung, darüber hinaus ist ein Außer-Betrieb-Setzen der Anlage möglich –, dann stellt sich die Frage, ob eine solche Umrüstung auch aus wirtschaftlicher Sicht erwünscht ist. Die langfristige Kosten-Nutzen-Rechnung wird insbesondere in solchen Szenarien positiv ausfallen, wo auch in Zukunft Änderungen und Austauschtätigkeiten im Produktionsprozess zu erwarten sind. Je häufiger die Anlage «angefasst», also in irgendeiner Form geändert werden muss, umso eher wird sich der verringerte Engineeringaufwand für OPC-UA-Lösungen im Gegensatz zu älteren Vernetzungslösungen amortisieren. Ebenfalls sollte auch die geplante Restlaufzeit einer Anlage in der Kalkulation berücksichtigt werden. Für diese Fälle, in denen ein Nutzen in einer Nachrüstung erkennbar ist, werden wir im Folgenden einen Umsetzungsvorgang anhand eines praktischen Beispiels beschreiben.

5.3.2 Beispiel zur Einrichtung eines OPC UA Servers durch ein Firmware-Update

Der eigentliche Prozess des Firmware-Updates kann sich bei industriellen Feldgeräten und Steuerungen signifikant unterscheiden. In jedem Fall muss die Firmware in irgendeiner Form als Datenpaket an das Gerät übergeben werden. Ob dies über Datenträger, Netzwerkverbindungen oder einen anders gearteten Zugriff auf das Gerät erfolgt – in jedem Fall ist die Bereitstellung dieses Zugriffs sicherzustellen. Da die Firmware für die elementaren Funktionsabläufe des Gerätes nötig ist, muss die Gerätefunktion praktisch immer ausgesetzt werden, um das Datenpaket der Firmware auf dem Feldgerät auch tatsächlich einzuspielen. Der handelnde Ingenieur wird hierbei die Sicherheit und Zuverlässigkeit des betroffenen Prozesses sicherstellen müssen, im Normalfall wird die Produktion für die Dauer eines solchen Updates ausgesetzt.

Sobald der proprietäre Prozess des Firmware-Updates vollzogen ist, der in den jeweiligen Handbüchern vermutlich ausführlicher und genauer beschrieben wird als das hier in einer allgemeinen Form erfolgen könnte, beginnt die eigentliche Einrichtung des OPC UA Servers. Bevor diese Tätigkeit jedoch beim Gerät im Feld vollzogen wird, lohnt es sich, verschiedene Vorüberlegungen für die beabsichtigte weitere Verwendung des Gerätes und die resultierende Konfiguration des OPC UA Servers anzustellen.

Ausgangspunkt für das Datenmodell, das der OPC UA Server nach dem Update bereitstellen soll, sind zwei Mengen von Informationen. Die eine Menge setzt sich zusammen aus denjenigen Daten, die die Steuerung oder das Feldgerät schon vor dem Update nach außen kommuniziert hat. Üblicherweise sind hier funktionale Daten ausreichend, der sogenannte Overhead für die Kommunikation wird im Allgemeinen durch OPC-UA-Strukturen ersetzt werden. Ausnahmen gibt es dort, wo die alte Kommunikationsinfrastruktur weiterverwendet werden soll. Die zweite Menge an Informationen entspricht dem Anforderungsprofil, das durch die neu bereitgestellte OPC-UA-Funktionalität erfüllt werden soll. Dieses Anforderungsprofil ergibt sich in den meisten Fällen aus der im Vorfeld angestellten Kosten-Nutzen-Rechnung (siehe Abschnitt 1.1). Nach dem Update soll der neu vorhandene OPC UA Server nun diese vereinten Informationsmengen durch sein Datenmodell zugreifbar machen.

Die nachfolgenden Abschnitte stellen das technische Vorgehen eines Firmware-Updates dar. Aufgrund des individuellen Vorgehens für die jeweilige Komponente wurde ein konkretes Beispiel gewählt. Entsprechend liegt der Fokus in diesem Abschnitt beispielhaft auf der Kleinsteuerung CPX CEC C1 V3 von Festo.

Vorbereitende Maßnahmen

Sollte nach der Kosten-Nutzen-Rechnung ein positives Ergebnis vorliegen, ist zunächst zu überprüfen, ob es eine Firmware mit OPC-UA-Funktionalität gibt, die kompatibel mit den eingesetzten Komponenten ist. Informationen zur den eingesetzten Komponenten sollten in der entsprechenden Anlagendokumentation verfügbar sein. Ein nachträgliches Asset Assessment, also eine Feststellung des Istzustandes der verbauten Komponenten, ist zwar möglich, erhöht aber die Gesamtkosten des Projektes, sofern den verantwortlichen Entscheidern nicht die allgemeine Notwendigkeit einer solchen Erfassung über das konkrete Projekt hinaus deutlich gemacht werden kann. Informationen zu kompatibler Firmware kann in der Regel über die Homepage des Steuerungsherstellers bezogen werden. Meist sind weitere Softwarewerkzeuge für den Firmware-Update erforderlich, die auf gleiche Weise bezogen werden können. In manchen Fällen verfügt auch das Softwarewerkzeug für das Firmware-Update über die Möglichkeit, die Firmware herunterzuladen und die Kompatibilität automatisch zu überprüfen. Dies vereinfacht den Prozess entsprechend.

Bei Festo kann Firmware und das **F**esto **F**ield Device **T**ool (FFT), das zum Durchführen des Firmware-Updates benötigt wird, über das Support-Portal bezogen werden. Das Support-Portal ist über die Homepage von Festo erreichbar (http://www.festo.de/sp).

Es sollte überprüft werden, ob die verwendete Entwicklungsumgebung kompatibel zur neuen Firmware ist. Auch hier kann ein Update auf eine neuere Version erforderlich sein. Im Fall der Steuerung von Festo muss mindestens Codesys 3.5 SP7 und das zur Firmware passende Target Support Package vorhanden sein. Das Target Support Package kann ebenfalls über das Support-Portal bezogen werden.

Sind alle technischen Voraussetzungen erfüllt, sollte abschließend eine Sicherungskopie des vorhandenen Steuerungscodes erstellt werden. Dies kann mit Hilfe des Festo Field Device Tools (FFT) durchgeführt werden. Dazu muss eine direkte Netzwerkverbindung zwischen dem Computer, auf dem das FFT ausgeführt wird, und der Steuerung bestehen. Durch Auswählen der Steuerung kann mit der Schaltfläche «Sichern» eine Sicherungskopie auf den Computer übertragen werden (Bild

5.11). Detaileinstellungen im darauffolgenden Dialogfenster legen den Umfang der Sicherungskopie fest. Neben dem Steuerungscode können so auch die Konfiguration der Steuerung sowie weitere Dateien auf der Steuerung übertragen und gesichert werden. Es empfiehlt sich, auch die Verfügbarkeit der derzeitigen Firmware sicherzustellen, damit bei auftretenden Problemen im Updateprozess die Wiederherstellung der Ausgangssituation möglich bleibt.

Ebenfalls sollte überprüft werden, ob der Quellcode (bzw. die Quellprojektdateien) verfügbar und zugänglich ist. Für das hier gezeigte Bespiel müssen die Quellprojektdateien nach dem Firmware-Update modifiziert, neu kompiliert und auf die Steuerung übertragen werden.

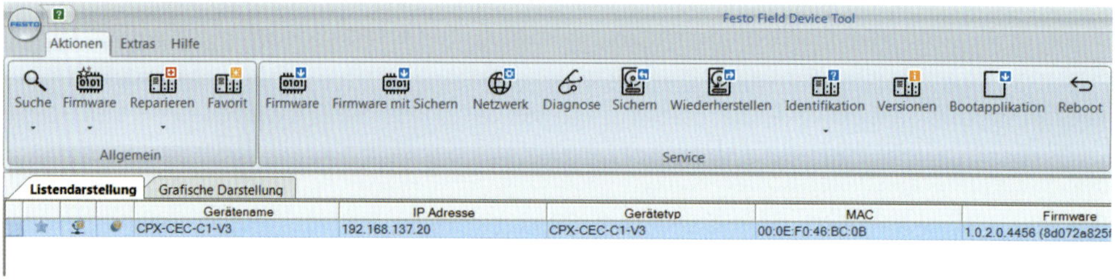

Bild 5.11 *Werkzeugleiste des Festo Field Device Tools*

Sind alle Schritte durchgeführt worden, kann nachfolgend mit dem eigentlichen Firmware-Update begonnen werden. Eine Zusammenfassung der hier beschriebenen vorbereitenden Tätigkeiten ist in Bild 5.12 exemplarisch dargestellt, individuelle Abweichungen und Ausgestaltungen sind möglich und je nach Situation erforderlich.

- ☐ Firmware mit OPC UA Funktionalität verfügbar?
- ☐ Außer Betrieb setzen der Anlage möglich?
- ☐ Kosten-Nutzen-Rechnung mit positivem Ergebnis durchgeführt?
- ☐ Anlagendokumentation vorliegend?
- ☐ Neue Firmware vorliegend?
- ☐ Benötigte Softwarewerkzeuge vorliegend?
- ☐ Kompatibilität zur Entwicklungsumgebung sichergestellt?
- ☐ Sicherungskopie der Steuerungsdaten erstellt?
- ☐ Derzeitige Firmware für einen möglichen Rollback vorliegend?
- ☐ Derzeitige Steuerungsquellcode für eine Portierung vorliegend?

Bild 5.12 *Checkliste vorbereitender Tätigkeiten*

Firmware-Update

Grundlegend gibt es, wie eingangs erwähnt, viele Möglichkeiten für ein Firmware-Update. Im gewählten Beispiel wird von einem Firmware-Update mittels eines zusätzlichen Softwarewerkzeugs ausgegangen.

Zunächst muss sichergestellt werden, dass mehrmaliges Neustarten der Steuerung möglich ist und keine Gefahr darstellt. Daraufhin kann die Verbindung zwischen dem Computer, der das

Softwarewerkzeug für das Update ausführ,t und der Steuerung hergestellt werden. Beim FFT geschieht das am besten über eine direkte kabelgebundene Netzwerkverbindung. Daraufhin kann der Prozess des Firmware-Updates durch Auswahl der Steuerung in der Liste und Klick der Schaltfläche «Firmware» (siehe Bild 5.11) gestartet werden. Die Steuerung wird nach der Bestätigung des Nutzers neu gestartet. Sobald sich das FFT automatisch mit der Steuerung wiederverbunden hat, kann die gewünschte Firmware aus der Liste ausgewählt werden (Bild 5.13). Alternativ dazu kann auch eine andere Firmware-Datei über die Schaltfläche «Durchsuchen» ausgewählt werden.

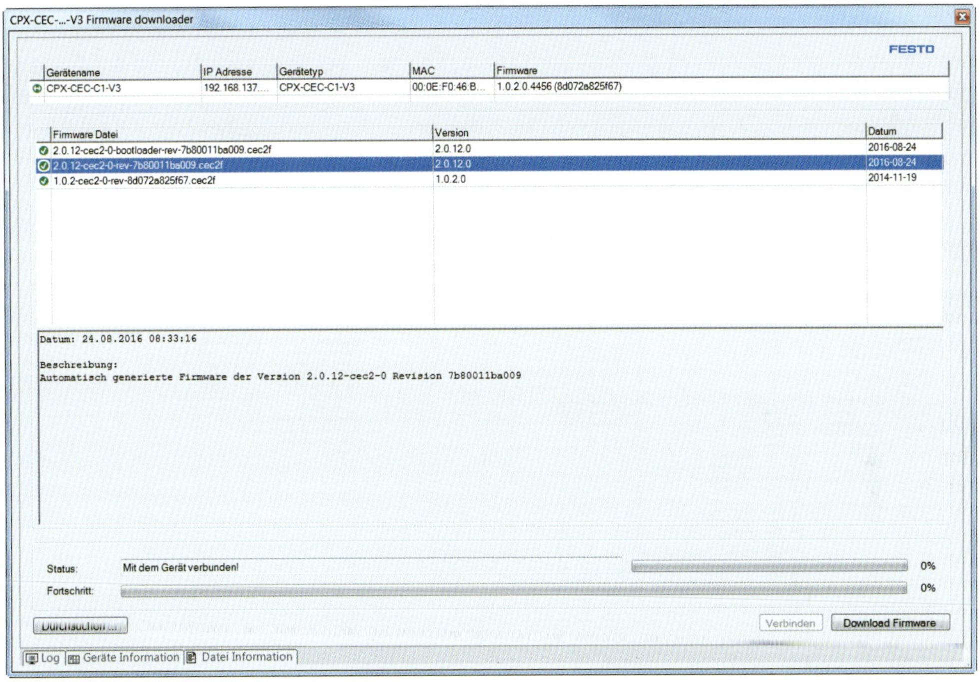

Bild 5.13 *Dialog zum Starten des Firmware-Updates im Festo Field Device Tool*

Mit einem Klick auf die Schaltfläche «Download Firmware» wird das Firmware-Update gestartet. Dazu wird die neue Firmware auf die Steuerung übertragen und dort gespeichert. Das Firmware-Update endet mit einem Neustart der Steuerung und der Anzeige eines Reports. Der Report sollte in die Anlagendokumentation eingefügt werden.

Bei Problemen kann mit dem gleichen Vorgehen ein früherer Stand der Firmware wiederhergestellt werden.

Nutzen von OPC UA in Codesys

Das Bereitstellen eines OPC UA Servers auf einer Steuerung ist nicht dadurch erledigt, dass eine aktuelle Firmware eingespielt wird. Entscheidend für die erfolgreiche Nutzung einer OPC-UA-Lösung ist das Erstellen eines Informationsmodells, das die durch OPC UA Clients abrufbaren Daten definiert und strukturiert. In der aktuellen industriellen Praxis haben sich dabei Steuerungshersteller dadurch profilieren können, dass oftmals bereits ein funktionierendes Informationsmodellgerüst vordefiniert wird. Als Beispiel für das Arbeiten mit solchen Steuerungen dient hier Codesys, ein Produkt der Firma 3S, das auf Lizenzbasis in Industriesteuerungen verschiedener

Hersteller Verwendung findet. Insbesondere erlaubt das Beispiel Codesys, neben der breiten Marktabdeckung, bei dem konkreten Festo-Beispiel einer Kleinsteuerung CPX CEC C1 V3 zu bleiben.

Die Nutzung des OPC UA Servers in Codesys ist einfach gehalten. Um den OPC UA Server zu aktivieren, muss in Codesys 3.5 SP7 ein Objekt vom Typ Symbolkonfiguration zur Applikation hinzugefügt werden (Bild 5.14 links). Im darauf erscheinenden Dialog muss darauf geachtet werden, dass die OPC-UA-Funktionalitäten unterstützt werden (Bild 5.14 Mitte). Nach dem Übersetzen können nun die verschiedenen Variablen über OPC UA verfügbar gemacht werden (Bild 5.14 rechts). Neben der Freigabe an sich können beispielsweise über die Zugriffsrechte die Lese- und /oder Schreibberechtigung für OPC UA Clients eingestellt werden. Die Konfiguration des OPC-UA-Adressraumes ist grundsätzlich frei definierbar. Bei Steuerungen, die auf Codesys basieren, ist eine freie Gestaltung des Adressraumes seitens der Entwicklungsumgebung jedoch nicht vorgesehen. Im Gegenzug ergibt sich durch die von Codesys vorgegebene Struktur der Items eine Vereinfachung im Engineeringprozess der Lösung.

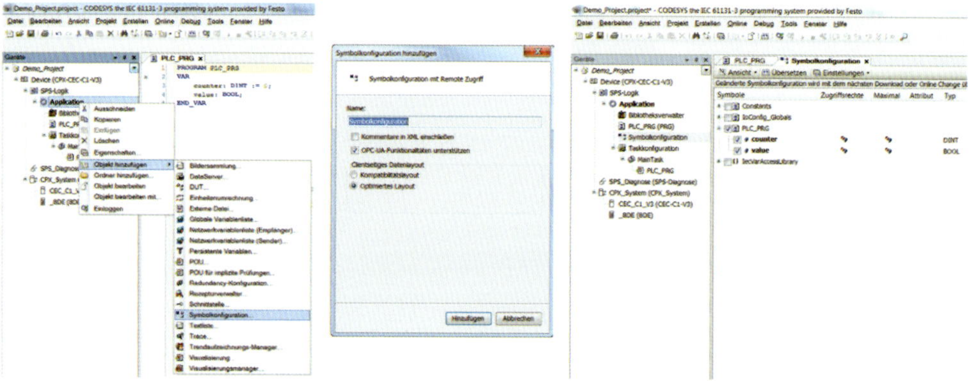

Bild 5.14 *Nutzen von OPC UA in Codesys*

Bei der Portierung von vorhandenem Steuerungscode kann es notwendig sein, eine Aktualisierung des Zielsystems durchzuführen. Um dies zu erreichen, muss zunächst ein zur neuen Firmware der Steuerung passendes Target Support Package installiert werden. Mit Hilfe des Dialogs «Gerät aktualisieren …» lässt sich in Codesys das Zielsystem ändern (Bild 5.15). Wie der Hinweis des in Bild 5.15 dargestellten Dialogfeldes andeutet, kann es hierbei, abhängig von den unterstützten Funktionen, zu Informationsverlusten kommen, weshalb das Vorhalten einer Sicherungskopie ratsam ist.

Aufbau einer Verbindung und Testen des Servers

Zum Aufbau einer Verbindung und zum Testen des Servers wird eine OPC-UA-Clientsoftware benötigt. Hier kann auf einige kostenfrei verfügbare Produkte zurückgegriffen werden, die sich besonders für das Testen und das Debugging eignen. Zum Aufbauen der Verbindung müssen die IP-Adresse oder der Hostname der Steuerung sowie gegebenenfalls die Zugangsdaten bekannt sein. In Abhängigkeit des Leistungsumfangs der OPC-UA-Clientsoftware können die Verbindungsmöglichkeiten (Endpoints) des Servers automatisch erkannt werden. Unterstützt die Clientsoftware diese Funktion nicht, müssen neben den zuvor genannten Informationen auch die Art der Signatur und der Verschlüsselung sowie der Port des OPC UA Servers bekannt sein.

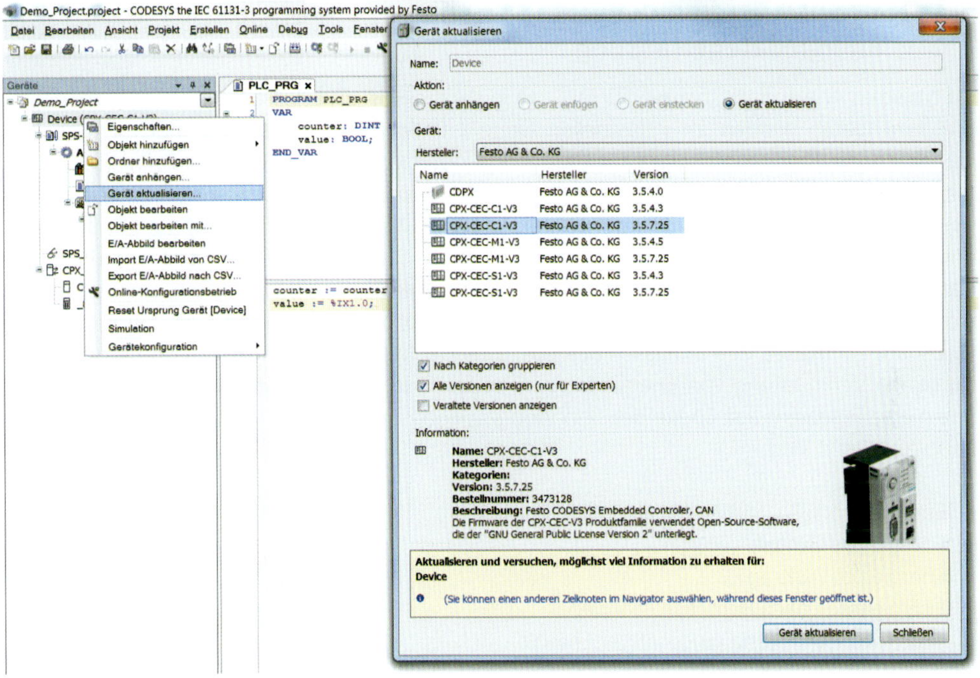

Bild 5.15 *Aktualisierung des Zielsystems in Codesys*

Ist die Verbindung erfolgreich aufgebaut, gibt es in der Regel die Möglichkeit, den Adressraum zu durchsuchen. Für den programmatischen Zugriff auf Variablen im OPC-UA-Adressraum wird in den meisten Anwendungsfällen der Objektidentifikator (NodeID) des Variablenknotens benötigt. Dieser kann ebenfalls mit gängiger OPC-UA-Clientsoftware ermittelt werden. Die NodeID besteht dabei, wie in Bild 5.16 dargestellt, aus drei Teilen. Das obere Beispiel stammt aus der oben als Beispiel verwendeten Steuerung CPX-CEC-C1-V3 von Festo.

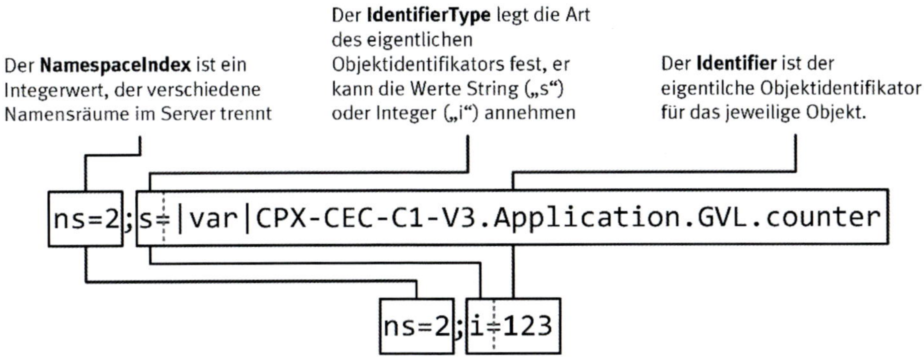

Bild 5.16 *Objektidentifikatoren in OPC UA*

5.3.3 Beispiel der kombinierten Maschinen- und Energiedatenerfassung

Ein typisches Anwendungsbeispiel für OPC UA in der Praxis ist die Erfassung von Maschinendaten. Maschinendaten werden im industriellen Umfeld unter anderem für die Überwachung und Steuerung der Produktion sowie zur Produktionsoptimierung eingesetzt. In den vergangenen Jahren ist darüber hinaus das Thema der Energieeffizienz in der Produktion zunehmend bedeutender geworden. Zur Steigerung der Energieeffizienz ist neben einem effektiven Management und der Verankerung in der Organisation auch ein gewisser Grad an Energietransparenz erforderlich. Um von Energieverbrauchsdaten auf die Energieeffizienz zu schließen, werden jedoch weitere Daten zur Produktivität benötigt. Diese sind üblicherweise in den Maschinen- und Betriebsdaten enthalten und umfassen Betriebszustände, Maschinenstunden oder gefertigte Teile. Durch die Verknüpfung von Energiedaten mit Maschinen- und Betriebsdaten können für das Energiemanagement auf Ebene des Shopfloors wichtige Kennzahlen errechnet werden. Einige Beispiele hierfür sind:

- Energie pro Teil
- Energie pro Gutteil
- Energie pro Auftrag
- Energieanteil nach Betriebszuständen
- Anteil wertschöpfend eingesetzter Energie

Im Folgenden geht es um ein Anwendungsbeispiel, das im Leitwerk von Festo für die Ventilproduktion – der Technologiefabrik Scharnhausen – durchgeführt wurde. Bei diesem Anwendungsfall wurde vor dem dargelegten Hintergrund die Maschinendatenerfassung um Energiedaten auf Maschinenebene erweitert, um diverse Leitsysteme und Energiedatenvisualisierungen bereitzustellen. Hierfür wurde zusätzliche Sensorik und Messtechnik für die Erfassung des elektrischen Energiebedarfs sowie der genutzten Druckluft nachgerüstet. Diese aus den Messstellen gewonnenen Daten werden auf dezentraler Ebene vorverarbeitet und über einen OPC UA Server zur Verfügung gestellt.

Das Kernstück des entwickelten Konzepts bildet eine zusätzliche Kleinsteuerung mit integriertem OPC UA Server. Über modulare Schnittstellen können hier – abhängig von der Anlage, an der das Konzept angewendet wird – verschiedene Sensoren und Messgeräte angebunden werden. Die Sensoren und Messgeräte werden dabei für die Erfassung verschiedener Energieflüsse innerhalb einer Anlage eingesetzt. Zur Erfassung des Maschinenzustandes verfügt die Kleinsteuerung über eine Schnittstelle zur Hauptsteuerung der Anlage. Die erfassten Daten können von der Kleinsteuerung aggregiert, vorverarbeitet und mittels OPC UA Server bereitgestellt werden. Bild 5.17 zeigt eine schematische Darstellung des kombinierten Erfassungskonzeptes.

In klassischen Systemen zur Energiedatenerfassung sah die Architektur eine getrennte Erfassung der Produktionsdaten und Energiedaten vor. Eine Herausforderung bei der getrennten Erfassung von Daten ist das spätere Zusammenführen ebendieser, beispielsweise aufgrund verschiedener Zeitstempel oder unterschiedlicher Übertragungsverzögerungen. Durch die kombinierte Erfassung von Energie- und Maschinendaten wird diese Herausforderung bereits auf Maschinenebene gelöst. Leitsysteme können die benötigten Daten somit auf übersichtliche Weise von einem Datenzugriffspunkt pro Maschine beziehen. Darüber hinaus bietet OPC UA die Möglichkeit, die Daten standardisiert und damit einheitlich bereitzustellen. Im Konzept ist dies durch ein auf Werksebene standardisiertes Datenmodell für Energiedaten realisiert. Es lassen sich

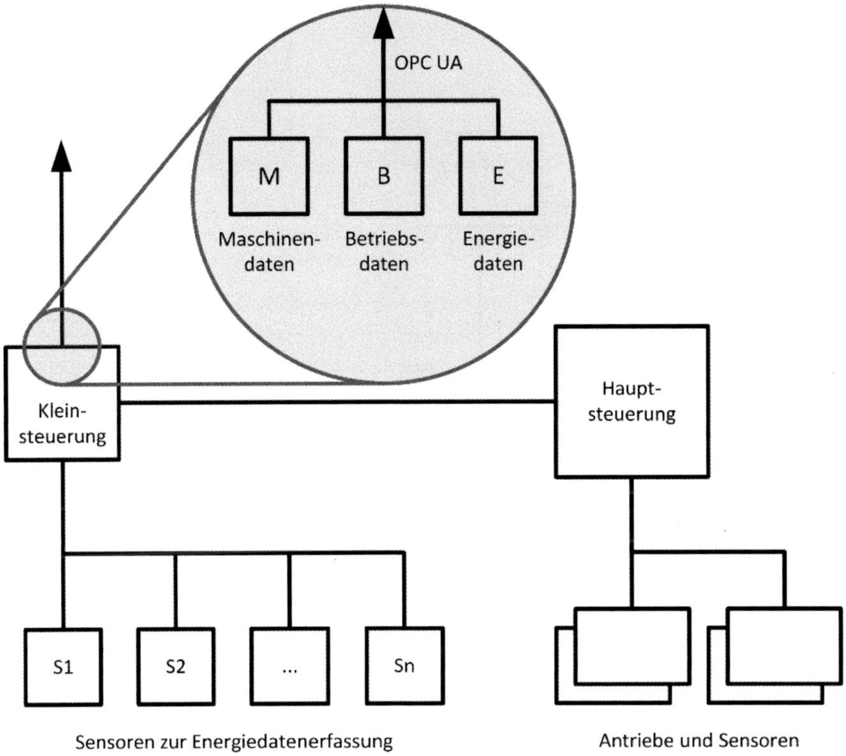

Bild 5.17 *Konzept zur kombinierten Erfassung von Energie- und Maschinendaten*

darüber hinaus aber auch herstellerübergreifende Datenmodelle verwenden, die in verschiedenen OPC UA Companion Specifications festgelegt werden. Weiter erlaubt die Verwendung von OPC UA den Datenzugriff von verschiedenen Systemen, neu hinzugefügte oder geänderte Systeme müssen dabei nicht durch eine Änderungen an der Steuerung bekannt gemacht werden. Bild 5.18 stellt die derzeitige Architektur der Energie-, Maschinen- und Betriebsdatenerfassung dar. Leitsysteme wie das Manufacturing Execution System (MES) oder die Energiemanagement-software greifen dabei nur auf die Objekte im OPC-UA-Adressraum zu, die für die jeweilige Aufgabe benötigt werden.

Aufgrund des modularen Systemaufbaus können Erweiterungen mit vergleichsweise geringem Aufwand realisiert werden. So können für eine zukünftig zu realisierende prädiktive Instandhaltung weitere Sensoren, beispielsweise für Schwingung oder Temperatur, hinzugefügt werden. Die Kleinsteuerung ermöglicht die Implementierung weiterer Funktionen in Software, ohne dass hierfür eine Abnahme der gesamten Anlage erforderlich ist. Auf Fabrikebene können jederzeit weitere Softwaresysteme eingesetzt werden. Ein Beispiel hierfür ist ein für die Produktionsoptimierung eingesetztes Werkzeug für Datenanalysen (Bild 5.18).

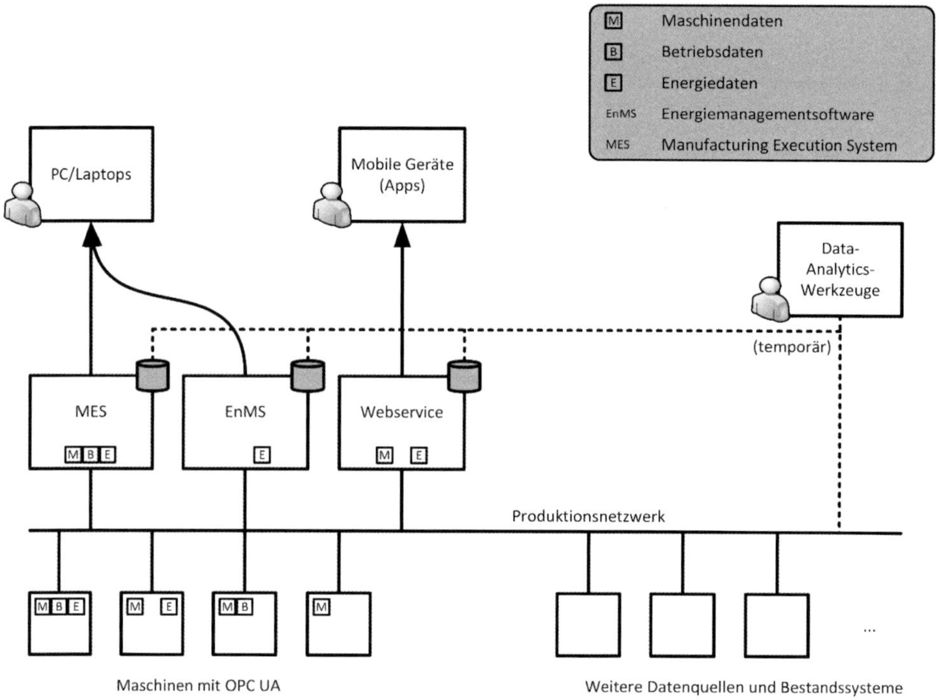

Bild 5.18 *Architektur für die Energie-, Maschinen- und Betriebsdatenerfassung*

In Kürze

Die Vernetzung von Maschinen und Anlagen ist auch für Bestandsanlagen erfolgskritisch. So wird in diesem Abschnitt ein Beispiel für die Nachrüstung von OPC-UA-Funktionaliät per Firmware-Update auf bestehende Steuerungen vorgestellt. Dies kann beispielsweise genutzt werden, um auch bei bestehenden Anlagen durch die einheitliche Maschinen- und Energiedatenerfassung eine Produktionsoptimierung z.B. im Bereich des Energiemanagements durchzuführen.

5.4 PLUGandWORK mit OPC UA und AutomationML

5.4.1 PLUGandWORK und Industrie 4.0

In einer heterogenen Industrie-4.0-Welt oder in Zeiten des Industrial Internet sind Produktionssysteme geprägt von Individualisierung und stetiger Veränderung. Gerade im ständigen Wandel und durch die Forderung nach Flexibilität ist der Wunsch nach effizienten und aufwandsarmen Veränderungen und Anpassungen in einem Produktionssystem verständlich.

DEFINITION
«PLUGandWORK ist die Forderung, die «Interoperation zwischen zwei oder mehr Beteiligten mit minimalem Arbeitsaufwand herzustellen, zu ändern oder aufzulösen.»

Die Anforderungen zur Realisierung von PLUGandWORK in heutigen Produktionssystemen lassen sich wie in [at] beschrieben vereinfachen. Benötigt werden

- ... eine funktionsorientierte Komponentenbeschreibung, die Eigenschaften, Fähigkeiten und Kommunikationsschnittstellen zusammenfasst;
- ... Mechanismen zum Vergleich von funktionsorientierten Komponentenbeschreibungen für eine effiziente Komponentenauswahl;
- ... standardisierte Schnittstellen für den Komponentenzugriff (auch zum Informationsaustausch);
- ... eine modulare und selbst-adaptierende Komponentensteuerung (z.B. für verschiedene, teils auch unbekannte Einsatzszenarien der Komponente).

PLUGandWORK nach dem Vorbild von USB am PC ist in der Produktion ungleich komplexer. Dies liegt nicht zuletzt an der heterogenen System- und Toolwelt und an zahlreichen existierenden Standards, ohne dass es einen allumfassenden Standard gibt und in Zukunft geben wird, mit dem alle Beteiligten leben könnten und der alle Spezialitäten jeder Domäne abbildet.

Mit der Industrie-4.0-Komponente [Begriffe] und den Forderungen an diese bezüglich ihrer Kommunikationsfähigkeit kommt bei deren Umsetzung die Frage auf, wie eine solche Industrie-4.0-Komponente in der Praxis realisiert werden kann. Es muss hierfür geklärt werden, wie Informationen zwischen Komponenten ausgetauscht werden und wie der Zugang zu den Komponenten realisiert werden kann. Ebenso muss klar sein, welche Informationen von den Komponenten preisgegeben werden sollen. Alle physischen Komponenten oder Assets erhalten also eine virtuelle digitale Repräsentation. Diese wird in einigen Fällen als Digitaler Zwilling bezeichnet.

Hierfür werden in Zukunft Laufzeit- und Engineeringdaten kombiniert und intelligent verwendet (siehe [DIN SPEC]). Modelle enthalten nicht nur die reinen Nutzdaten, sondern ebenfalls die zugrunde liegenden «Bibliotheken» und Typbeschreibungen und die Semantik.

5.4.2 OPC UA und AutomationML – Technologien für die Praxis

Zwei bestehende Standards, die hier zum Einsatz kommen können, sind OPC UA und AutomationML.

AutomationML als XML-basierte Normenreihe (IEC 62 714) dient der Beschreibung und Modellierung von vernetzten Produktionsanlagen und -komponenten. OPC UA als plattformunabhängige Normenreihe (IEC 62 541) dient der Kommunikation von industriellen Automatisierungsgeräten und -systemen, die in vernetzten Produktionssystemen kombiniert werden. Bildlich gesprochen: AutomationML ist das Werkzeug, das vom Handwerker OPC UA eingesetzt wird, um etwas zu erreichen bzw. erschaffen. Dies schafft mehr Effizienz im Engineering und mehr Transparenz zur Betriebszeit der Produktion.

In der Produktion werden überlagerte IT-Systeme, z.B. Manufacturing- Execution-Systeme (MES) genutzt, um die Produktion für die beteiligten Personen transparenter zu machen. Sie erfassen Maschinen-, Qualitäts- und Betriebsdaten. Dies ist beispielsweise in der [VDI] beschrieben. Hier bietet sich OPC UA als Technologie an, um zum einen Informationen «von unten» (aus dem Feld) zu aggregieren und zum anderen Informationen in strukturierter Form für überlagerte IT-Systeme anzubieten. Redundanzmechanismen sind Teil der OPC-UA-Spezifikation, ebenso wie die Möglichkeit, Sichten (Views) für verschiedene Abnehmer der Information (Clients), z.B. überlagerte IT-Systeme, bereits im OPC UA Server aufzubereiten und für diese einheitlich bereitzustellen. Ebenso aber gilt es hier alle «gesammelten» Informationen in einem Informationsmodell zu vereinen oder sogar verschiedene bereits vorhandene Companion Specifications zu harmonisieren [Autom.kongress2]. Hier bietet sich AutomationML als Grundgerüst – als «Klebstoff» – an.

Das wahre Potenzial von OPC UA zeigt sich erst bei der Nutzung von komplexen Informationsmodellen (siehe Abschnitt 2.5) und vorhandenem Domänen-Know-How in Form von Companion Specifications [Autom.kongress1]. Mechanismen zum Austausch und zur Speicherung dieser Modelle, z.B. das XML-Schema (siehe Bild 5.19), um diese als XML persistent zu speichern, helfen bei der Umsetzung. Als wichtiges Gut sind aber gerade diese Informationen zum Teil besonders schützenswert und dürfen nur eingeschränkt, zum Beispiel für bestimmte Partner, zugänglich sein. Auch hierfür bietet OPC UA Mechanismen und Lösungen für das Thema Security (siehe Abschnitt 2.3), die sich «by design» und nahtlos integrieren lassen.

```
<UAObject NodeId="ns=1;i=5002" BrowseName="1:InterfaceClassLibs" ParentNodeId="ns=1;i=1005">
  <DisplayName>InterfaceClassLibs</DisplayName>
  <References>
    <Reference ReferenceType="HasTypeDefinition">i=61</Reference>
    <Reference ReferenceType="HasComponent" IsForward="false">ns=1;i=1005</Reference>
    <Reference ReferenceType="HasModellingRule">i=78</Reference>
  </References>
</UAObject>
<UAObject NodeId="ns=1;i=5003" BrowseName="1:RoleClassLibs" ParentNodeId="ns=1;i=1005">
  <DisplayName>RoleClassLibs</DisplayName>
  <References>
    <Reference ReferenceType="HasTypeDefinition">i=61</Reference>
    <Reference ReferenceType="HasModellingRule">i=78</Reference>
    <Reference ReferenceType="HasComponent" IsForward="false">ns=1;i=1005</Reference>
  </References>
</UAObject>
```

Bild 5.19 *Beispiel-OPC UA XML*

Auch AutomationML und die darin enthaltene Semantik kann durch das Mittel der Companion Specifications in die OPC-UA Welt integriert werden [Autom.kongress1]. Hierfür werden in der Companion Specification [CompSpec] bzw. der DIN SPEC 16 592 [DIN SPEC] Regeln definiert, wie diese Integration im konkreten Fall umgesetzt wird. Beispielsweise gibt es ein Mapping zwischen AutomationML-Elementen und OPC-UA-XML-Elementen (Bild 5.20). Neben Elementen und Attributen wird auch das Mapping der Relationen zwischen diesen vorgegeben. So wird beispielsweise der Relationstyp «RefBaseClassPath» zwischen 2 SystemUnitClasses in OPC UA XML abgebildet auf eine HasSubtype Relation zwischen 2 OPC UA ObjectTypes. Auch Relationen zu Elementen, die in AutomationML «extern» sind, in OPC UA aber im Adressraum existieren, werden behandelt. Eine Gerätebeschreibung, die in AutomationML per ExternalInterface als «Blob» gelinkt wird, erhält nach dem Mapping eine Relation vom Typ HasAMLUAReference, die direkt auf den entsprechenden Einstiegsknoten in die Gerätebeschreibung zeigt.

AML	OPC Unified Architecture
InternalElement	Object
SystemUnitClass	ObjectType
RoleClass	ObjectType
InterfaceClass	ObjectType
Attribute	Variable
ExternalInterface	Object

Bild 5.20 *Element mapping AutomationML zu OPC UA* XML [DIN SPEC]

Dadurch können OPC-UA-Server-Adressraummodelle, basierend auf AutomationML, aufgebaut werden und die Semantik, die in AutomationML beschrieben wird, kann in OPC UA im laufenden Betrieb genutzt werden.

Für den Fall, dass im so aufgebauten Modell auch Gerätebeschreibungen und deren Konfiguration enthalten sind, können kommunizierende Elemente oder Attribute einen «Zeiger» auf ihr Kommunikationselemente in der externen Welt, z.B. OPC UA Nodes in einem entfernten OPC UA Server, verweisen (siehe [BPR]). Das Konzept der so genannten DataVariables ist nicht nur für OPC UA einsetzbar, sondern auch der Zugriff über andere Kommunikationsstandards lässt sich damit beschreiben. So können die Konfigurationsdaten und Parameter, um eine OPC-UA-Kommunikation aufzubauen, system-unabhängig beschrieben und ausgetauscht werden. Beide Seiten profitieren also davon. Die Beschreibung dieser entfernten Kommunikationselemente kann beispielsweise im Rahmen eines PLUGandWORK genutzt werden, um die Ankopplung eines aggregierenden Servers an alle unterlagerten Server per OPC UA Client ohne manuellen Eingriff aufzubauen.

Es besteht die Einschränkung, dass eine Verbindung zu jedem unterlagerten OPC UA Server nur «anonym» möglich ist, d.h. ohne Login und Verschlüsselung. Es gibt jedoch viele OPC UA Server, die ein Login benötigen, bei dem zumindest das Passwort verschlüsselt werden muss. Dieselbe Problematik gilt auch allgemein für Endpunkte, die Verschlüsselungen erfordern. Eine Lösung wäre hier die Erweiterung eines AutomationML-Modelles mit für die Verschlüsselung relevanten Daten und die Erweiterung des open62541-Codes um Selbst-Zertifizierung, diverse Verschlüsselungen und entsprechende Parameterübergaben. Der generelle Vorteil wäre, dass ein generierter OPC UA Server sich auch über Login auf einen unterlagerten Server verbindet, konfigurierbar durch eine erweiterte Parameterübergabe beim Start – wie bei Angabe des eigenen Port.

5.4.3 Umsetzung

Für ein PLUGandWork werden beide Wege der Integration genutzt. Am Fraunhofer IOSB wurden in den vergangenen Jahren PLUGandWORK-Lösungen für den kommerziellen Einsatz und im Rahmen von Forschungsprojekten erzeugt und implementiert.

Zum einen wurde eine kommerzielle Lösung mit AutomationML OPC UA Mapping und einem aggregierenden OPC UA Server auf Basis des kommerziellen C++-Server-Toolkits für Windows von Unified Automation (siehe Abschnitt 4.1) geschaffen (Bild 5.21). Diese Lösung ist auch unter dem Stichwort PLUGandWORK-Cube (siehe [plug]) bekannt. Dieser kann automatisch seinen Adressraum mittels Informationsmodell (basierend auf dem AutomationML OPC UA XML Mapping [din spec]) aufbauen und bietet eine vereinheitlichte Kommunikation nach außen, also an überlagerte Systeme, (per OPC UA) an. Durch die Möglichkeit zur Einbindung mehrerer Kanäle, wie z.B. OPC UA, Siemens-S7-Protokoll oder ODBC, basierend auf dem AutomationML-DataVariable-Konzept [BPR], kann die Prozessankopplung auch über OPC UA hinaus realisiert werden, z.B. die Anbindung an mehrere Steuerungen unterschiedlichen Typs.

Zum anderen wurde für Forschungs- und Testzwecke das Mapping von AutomationML auf OPC UA XML [aml2ua] sowie darauf basierend eine Generierung eines open62541-basierten, in C verfassten OPC UA Servers (siehe Abschnitt 4.1.1) für Windows- als auch Linux-basierte Systeme auf einer webbasierten Plattform umgesetzt.

Eine weitere Herausforderung ist die Erweiterung zur «System-Generierung». In einer Menge von AutomationML-Beschreibungen wird ein «Master» festgelegt, der ausgesuchte AutomationML-Files referenziert, für diese jeweils einen UA Server generiert und zusätzlich als aggregierten Server umfasst. Eine Lösung ist die Erweiterung des bestehenden AML2UA-Tools um Konfigurator- und Generier-Komponenten. Ein Vorteil wäre die Zusammenfassung von OPC UA Servern zu «Hierarchie-» oder «Cluster-» Servern durch Auswahl bestehender AutomationML-Beschreibungen. Dieser Vorgang könnte iterativ fortgesetzt werden zu UA Servern «höherer» Stufen mit möglichen Funktionserweiterungen.

Die nächste Herausforderung ist das Change Management. Bei allen automatischen Generierungen ergeben sich zwei grundsätzliche, wenn auch ähnliche, Probleme: (1) Was ist bei einer Deltagenerierung eines AutomationML-Files zu berücksichtigen? (2) Wie lassen sich in der Zwischenzeit durch den Endanwender eingearbeitete Änderungen in einem Server bei einer Neugenerierung berücksichtigen? Eine Deltagenerierung muss grundsätzlich 3 Fälle abdecken: Modifikation bestehender Einträge, Löschen bestehender Einträge und Hinzufügen neuer Einträge, zusätzlich sind natürlich auch Mischformen möglich. Gelingt es, die Mischformen aufzulösen und Operationen zu atomisieren, d.h. in Einzeloperationen aufzulösen, besteht die Chance, eine Änderung konsistent durchzuführen. Will man eine echte Deltagenerierung durchführen, ist die Kenntnis des letzten aktuellen Stands des AutomationML-Files nötig. Ein Vergleich der Stände ermöglicht eine explizite Beschreibung der atomaren Schritte im Vorfeld mit Angabe der Operationen durch den Anwender oder implizit durch das Tool selbst. Eine Delta-/Neugenerierung erfordert stets die Berücksichtigung von Änderungen durch den Anwender, die er in einem Server vorgenommen hat. Die Art der Berücksichtigung ist stark vom jeweiligen Kontext abhängig und wirkt sich damit in unterschiedlicher Komplexität aus.

Weiterhin erscheint ein Ausbau der Komponenten zur Erzeugung von zusätzlichen Verwaltungsschalen zur Erweiterung von AutomationML-Beschreibungen und OPC UA Informationsmodellen gemäß der noch zu erweiternden Spezifikation auf https://www.plattform-i40.de/I40/Redaktion/DE/Downloads/Publikation/2018-verwaltungsschale-im-detail.html möglich. Prinzipiell wäre es auch denkbar, die generierten ablauffähigen Server für verschiedene OS vorzuhalten, d.h. die Generierung mit weitern SDKs zu ermöglichen, da einige generierte Zwischenergebnisse (bestehendes Mehrstufenkonzept) allgemein gültig sind und weiter verwendet werden können.

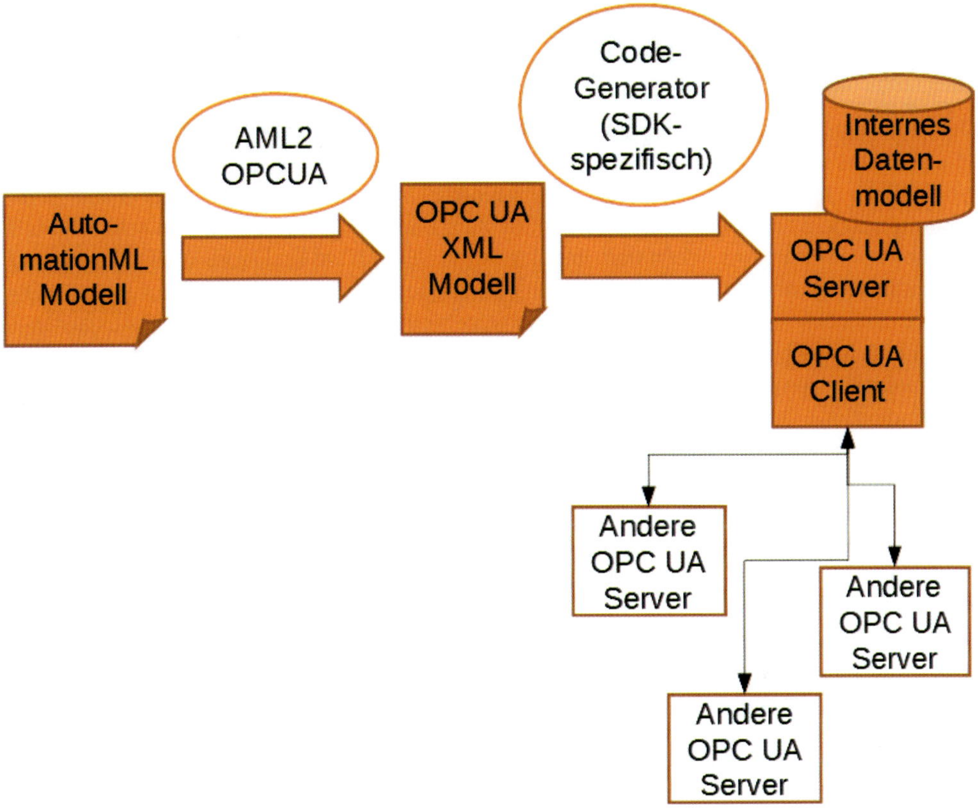

Bild 5.21 *Ablauf bis zum aggregierenden PLUGandWORK OPC UA Server*

In Kürze

PLUGandWORK ist einer der zukünftigen Anwendungsfälle, die sich mit der Technologie OPC UA realisieren lassen. Hierbei wird nicht mehr nur ein einfacher Kommunikationszugriff benötigt, sondern eine Vielzahl der OPC-UA-Eigenschaften, die diese Technologie so einzigartig machen. Ein aggregierender PLUGandWORK-Server (siehe Abschnitt 2.1) kann zum einen die (nicht einheitlichen) Informationsmodelle der unterlagerten OPC UA Server vereinheitlichen, bietet zum anderen aber auch einen standardisierten Zugriff auf die Informationen und Funktionen (Daten und Dienste) der Komponente, der für eine Umsetzung von Industrie-4.0-Systemen dringend benötigt wird.

5.5 Agiles Service Engineering unter Beachtung von Plattformfähigkeiten

Durch die Digitalisierung der industriellen Produktion treten zunehmend Produkt-Service-Systeme in den Vordergrund. Dies bedeutet, dass die werttragenden Elemente in einem Unternehmen (sog. Assets) zusammen mit den dazu angebotenen Diensten (Services) als Verbund über deren gesamten Lebenszyklus betrachtet werden müssen. Dadurch gewinnt schon im Konstruktions- und Entwicklungsprozess neben dem Engineering von Produkten und Produktionsanlagen auch das Engineering von dazu passenden Services an Bedeutung. Beim Service-Engineering müssen sowohl die funktionalen als auch die nicht-funktionalen Anforderungen (Echtzeit, Ausfallsicherheit, Benutzbarkeit, ...) der Anwender aus unterschiedlichen Disziplinen mit den Fähigkeiten von sich entwickelnden Dienstplattformen in Einklang gebracht werden.

Allerdings werden Plattformfähigkeiten zumeist von Software-Entwicklern und Software-Architekten beschrieben und passen daher begrifflich und formal zumeist nicht mit der Sprache der Anwender zusammen. Dieser Abschnitt beschreibt, wie diese sowohl sprachliche als auch oft konzeptionelle «Lücke» mithilfe der agilen Serviceanalyse- und Designmethodik SERVUS geschlossen werden kann.

SERVUS steht für eine «Design Methodology for Information Systems based upon Geospatial **Serv**ice-oriented Architectures and the Modeling of **Us**e cases and Capabilities as Resources».

Grundlagen der SERVUS-Methodik sind «user stories» und davon abgeleitete semi-strukturierte Anwendungsfälle (Use cases) [2]. SERVUS erlaubt deren Erfassung, Ablage und Vernetzung in einer Web-basierten Kollaborationsumgebung. Damit können sie innerhalb einer Fach-Community oder eines Projektteams strukturiert, miteinander verlinkt, recherchiert, Schritt für Schritt verfeinert und dann in der Entwurfsphase auf Plattformfähigkeiten abgebildet werden. Diese können abstrakt als technologieunabhängige Fähigkeiten oder konkret als Technologien (z.B. OPC UA) spezifiziert sein. SERVUS wurde schon in zahlreichen kollaborativen und interdisziplinären Software-Entwicklungsprojekten erfolgreich eingesetzt [4].

5.5.1 Motivation

Beim Engineering von Anwendungen im entstehenden Industrial Internet of Things (IIoT) müssen die funktionalen und nicht-funktionalen Anforderungen von IT-Anwendern (zumeist aus den Disziplinen des Maschinenbaus und / oder der Elektro- und Automatisierungstechnik bzw. des Fabrik- und Anlagenbaus) mit den Fähigkeiten von sich entwickelnden Plattformen gemäß IIoT-Referenzarchitekturen in Einklang gebracht werden. Dabei ist zu beachten, dass es mehrere IIoT-Referenzarchitekturen geben wird [1; 3], u.a. wird in der Industrie-4.0-Community an Referenzarchitekturen zur Umsetzung des Referenzarchitekturmodells Industrie 4.0 (RAMI 4.0) gearbeitet. OPC UA spielt als einer der offiziell empfohlenen Standards zusammen mit den jeweiligen Companion Standards eine bedeutende Rolle.

Die Fähigkeiten von IIoT-Serviceplattform werden zumeist von Software-Entwicklern und Architekten beschrieben, strukturiert und formalisiert. Es ist abzusehen, dass diese Fähigkeitsbeschreibungen begrifflich und formal zumeist nicht mit der Sprache der Anwender zusammenpassen, was den Übergang von der Anforderungsanalyse zum Systementwurf erschwert. Die SERVUS-Methodik versucht durch wohldefinierte Analyse- und Entwurfsartefakte einen einheitlichen Ansatz zu definieren, um diesen Übergang zu erleichtern.

5.5.2 Stand der Technik

Service-orientierte Analyse und Design

Mit dem Aufkommen von Service-orientierten Architekturen (SoA) wurden in den letzten Jahren in der Literatur auch zahlreiche Methoden für die **S**ervice-**o**rientierte **A**nalyse und **D**esign (SoAD) vorgeschlagen. Umfangreiche Übersichten und Bewertungen finden sich in [10] und [11]. Wie in Bild 5.22 illustriert, kann man die SoAD-Methoden in zwei wesentliche Klassen einteilen [12]:

- MDA-to-SoA: Erweiterung und / oder Anpassung der modellgetriebenen Architektur (Model-driven Architecture, MDA) auf Service-orientierte Umgebungen. Beispiel dafür ist die IBM Methodology for **S**ervice-**o**riented **M**odeling and **A**rchitecture (SoMA) [13].
- BPM-to-SoA: Geschäftsprozessorientierte Methoden (**B**usiness **P**rocess **M**odeling, BPM), die mit der Modellierung von Geschäftsprozessen in dedizierten BPM-Sprachen (z.B. OASIS **B**usiness **P**rocess **M**odeling **N**otation, BPMN, oder **B**usiness **P**rocess **E**xecution Language, BPEL) beginnen und dann auf die Service-Ebene abbilden (Composite services).

Die hauptsächlichen Defizite der bestehenden Methoden betreffen die folgenden Punkte:

- Der Anwender muss seine Anforderungen in formalen Sprachen der Systemarchitekten formulieren, die seiner Welt zumeist fremd sind. Dadurch leiden die Akzeptanz und die Nachvollziehbarkeit (*traceability* [15]) und es entstehen oft Inkonsistenzen zwischen den Anforderungen und dem Systemmodell.
- Es werden keine Randbedingungen von bestehenden oder entstehenden Referenzmodellen beachtet, was gerade bei IIoT-Anwendungen (wie z.B. in der Industrie 4.0) sehr wichtig ist.
- Es besteht zumeist die grundsätzliche Annahme, dass ein System frei von bestehenden Fähigkeiten einer Serviceplattform entwickelt werden kann. In den aufkommenden IIoT-Anwendungen ist genau dies nicht der Fall. Produkt-Service-Systeme müssen sich in bestehende oder sich entwickelnde IIoT-Service-Landschaften eines Unternehmens oder Unternehmensverbundes integrieren.

Dieser Abschnitt beschreibt, wie Anwenderanforderungen so formuliert werden können, dass sie verständlich und nachvollziehbar analysiert und dokumentiert werden können und auf die Fähigkeiten von Plattformen und deren Technologien (wie z.B. OPC UA) abbildbar sind.

5.5.3 Standpunkte und Sichten auf eine Systemarchitektur

Service Engineering muss auch immer Architekturaspekte berücksichtigen. Daher sollen zunächst diese beleuchtet werden. Als Grundstruktur für die übersichtliche Darstellung der unterschiedlichen Aspekte einer Systemarchitektur werden zumeist Referenzmodelle verwendet. Als Standardbeispiel soll zunächst das ISO-Referenzmodell für die verteilte, offene Informationsverarbeitung (ISO RM-ODP [5]) betrachtet werden. Nach dem ISO RM-ODP wird die verteilte System- und Software-Architektur von fünf unterschiedlichen Standpunkten (engl.: *viewpoint*) aus in Augenschein genommen. Die Standpunkte bilden allerdings nur einen strukturellen Rahmen, der für eine konkrete Architekturbeschreibung passend interpretiert werden muss. Für eine auf ISO RM-ODP basierende Architekturbeschreibung wird folgende Interpretation angewandt:

- Anwenderstandpunkt (Enterprise Viewpoint): Sicht der behördlichen und ggf. externen Anwender, Randbedingungen in Form von Anwendungsfällen als Ergebnis der Anforderungsanalyse

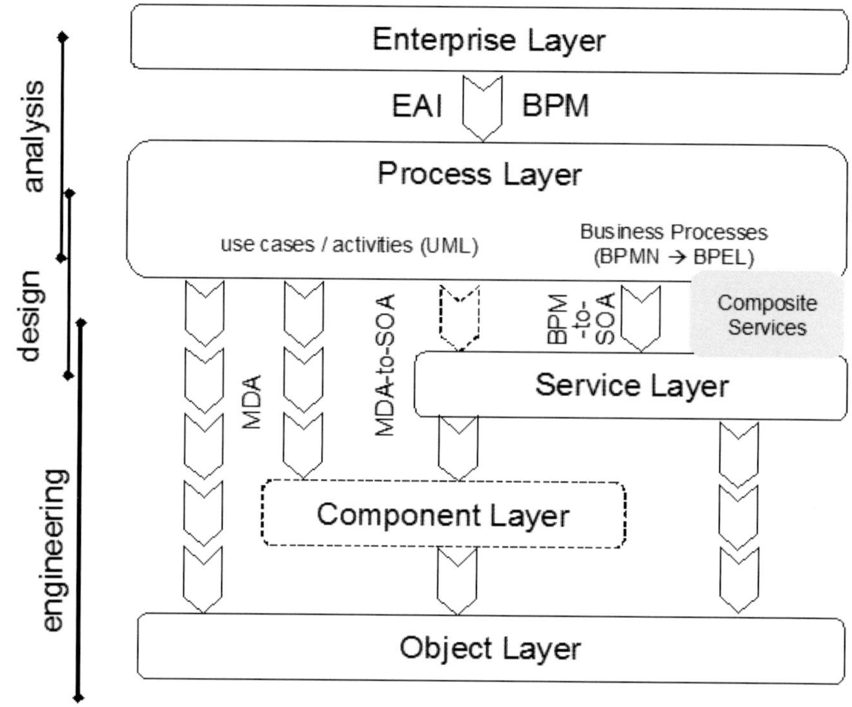

Bild 5.22 *Grundlegende Kategorisierung von SoAD-Methoden*

- Informationsstandpunkt (Information Viewpoint): hauptsächliche Informationsobjekte und deren Verknüpfungen auf konzeptioneller Ebene in Form eines fachlichen Informationsmodells
- Dienstestandpunkt (Computational Viewpoint – oftmals, insbesondere in serviceorientierten Architekturen (SoA), auch als Service Viewpoint interpretiert, vgl. [2]): Grundfunktionen und deren Zusammenwirken auf konzeptioneller Ebene in Form von Funktionen und Diensten
- Technologischer Standpunkt (Technology Viewpoint): technologische Grundlagen und verwendete Standards
- Engineering-Standpunkt (Engineering Viewpoint): technische Realisierung (Engineering) im Sinne einer Implementierungsarchitektur, d.h. die Abbildung der konzeptionellen Ebene auf die verwendete Technologie

Der grundsätzliche Vorschlag von ISO RM-ODP, Architekturbeschreibungen nach verschiedenen Standpunkten zu strukturieren, hat sich allgemein durchgesetzt, auch wenn die einzelnen Standpunkte oft unterschiedlich zugeschnitten und benannt sind. Für Industrie 4.0 oder allgemein Anwendungen des industriellen Internets sind die Strukturierungsvorschläge des Referenzarchitekturmodells Industrie 4.0 (RAMI 4.0) [8] und der Referenzarchitektur (IIRA) des **I**ndustrial **I**nternet **C**onsortium (IIC) [9] relevant (vgl. Bild 5.23).

Das RAMI 4.0 verwendet folgende Unterteilung (in der RAMI-4.0-Spezifikation als «Layer» und «Schicht» bezeichnet) mit den beschriebenen Beschreibungsaspekten:

- Geschäftsschicht (Business Layer): u.a. Abbildung der Geschäftsmodelle und der sich daraus ergebenden Gesamtprozesse

- Funktionsschicht (Functional Layer): u.a. Laufzeit- und Modellierungsumgebung (Plattform) für Funktionen (Dienste) zur Unterstützung von Geschäftsprozessen
- Informationsschicht (Information Layer): u.a. Laufzeitumgebung für die Ereignis(vor)-verarbeitung, Gewinnung und konsistente Integration verschiedener Daten, Bereitstellung strukturierter Daten über Dienstschnittstellen
- Kommunikationsschicht (Communication Layer): u.a. Vereinheitlichung der Kommunikation unter Verwendung eines einheitlichen Datenformats
- Integrationsschicht (Integration Layer): u.a. technische Integration und Bereitstellung der rechnergestützten Informationsverarbeitung der Gegenstandsschicht (Assets)
- Gegenstandsschicht (Asset Layer): repräsentiert Aspekte der Realität, z.B. physikalische Elemente wie Linearachsen, Blechteile, Dokumente, aber auch Ideen. Sie schließt auch den Menschen mit ein, der über die Integrationsschicht an die virtuelle Welt angebunden wird.

Die IIRA unterscheidet folgende Standpunkte:

- Business Viewpoint: u.a. Identifikation der Interessensvertreter (*stakeholder*) mit ihren Geschäftsvisionen, Werten und Zielen
- Usage Viewpoint: u.a. Aspekte der Systembenutzung in Form von Aktivitätssequenzen
- Functional Viewpoint: u.a. funktionale Komponenten und ihre Beziehungen, Interaktionen und Schnittstellen untereinander und gegenüber externen Systemkomponenten zur Unterstützung der Systemaktivitäten (vgl. Usage Viewpoint)
- Implementation Viewpoint: betrachtet u.a. die technologischen Aspekte zur Implementierung der funktionalen Komponenten, ihrer Kommunikation und ihres Lebenszyklusmanagements

Durch verschiedene IIoT-/Industrie-4.0-Projekte und die verstärkte Zusammenarbeit zwischen Industrie 4.0 und dem IIC ist zu erwarten, dass eine Abbildung der IIRA-Standpunkte auf die RAMI-4.0-Architekturaspekte genauer beschrieben werden wird.

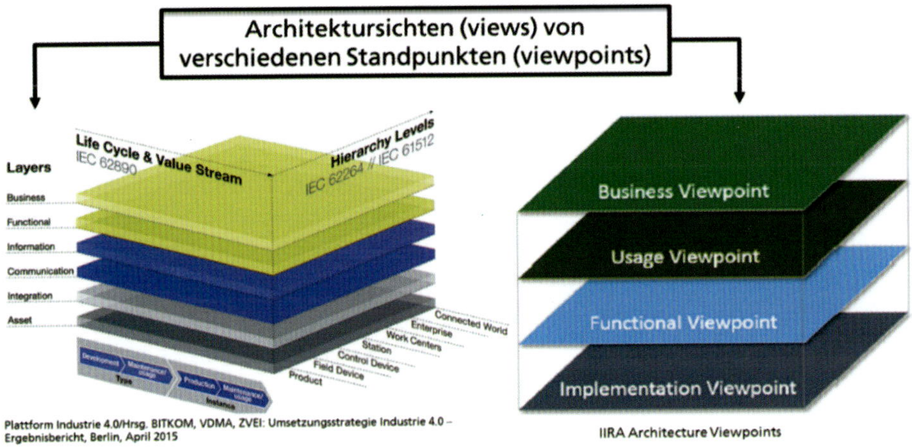

Bild 5.23 *RAMI-4.0- und IIRA-Architektursichten*

Beim Service Engineering geht es darum, wie die fachlichen Anforderungen aus Sicht eines Fachexperten (beschrieben im RM-ODP Enterprise Viewpoint, in der RAMI-4.0-Geschäftsschicht oder in den IIRA Business und Usage Viewpoints) mit den Fähigkeiten einer Plattform (beschrieben in den RM-ODP Information und Computational Viewpoints, der RAMI-4.0-Funktions- und -Informationsschicht oder dem IIRA Functional Viewpoint) in Einklang gebracht werden können. Es geht letztlich um die Abbildung von Anforderungen auf Dienst- und Informationsressourcen einer IIoT-Plattform. Dies ist eine generelle Fragestellung, die sich zunächst unabhängig von der verwendeten Technologie stellt und umgesetzt werden muss (vgl. Bild 5.24). Ist die Plattform durch den Einsatz der OPC-UA-Technologie oder einem OPC-UA-Profil definiert, kann dann in einem weiteren Entwurfsschritt von den technologieunabhängigen Fähigkeiten einer Plattform auf die OPC-UA-Technologie abgebildet werden.

Es geht beim Service Engineering um die Frage, wie die Anforderungsanalyse, der abstrakte, d.h. technologieunabhängige Systementwurf, und der konkrete, d.h. technologieabhängige, Systementwurf agil miteinander verschränkt werden können.

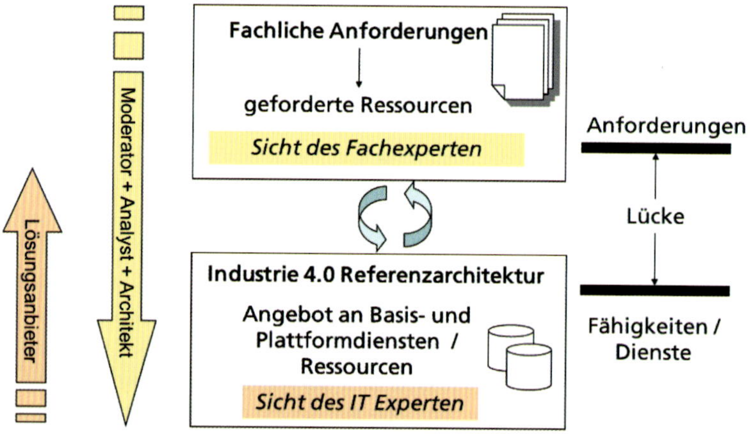

Bild 5.24 *Agile, serviceorientierte Anforderungsanalyse*

5.5.4 Die SERVUS-Methodik

Übersicht

Die hier beschriebene und vorgeschlagene SERVUS-Methodik wurde im Anwendungskontext von **g**eografischen **I**nformations**s**ystemen (GIS) vom Fraunhofer IOSB entwickelt, in zahlreichen kooperativen Projekten (auf Länder-, nationaler und EU-Ebene) eingesetzt und letztlich als Beispiel im Annex D des ISO-Standards 19 119:2016 [7] referenziert. Obwohl der Ursprung der Methodik in der Umwelt- und GIS-Domäne liegt [4], ist sie vom Ansatz her domänenunabhängig und überall dort einsetzbar, wo der Einsatz von Dienstplattformen zum Tragen kommt.

Konzeptionelle Grundlage der SERVUS-Methodik ist ein Meta-Modell, das die Artefakte eines Analyse- und Designprozess bestimmt (vgl. Bild 5.25):

- **U**ser **s**tories (US): beschreiben in kurzen Textsequenzen ausgewählte Situationen aus Sicht eines Systemanwenders. Sie dienen als Motivation zur Spezifikation von Anwendungsfällen (Use cases).
- **U**se **c**ases (UC): beschreiben aus Sicht einer Anwenderrolle einen definierten Ablauf bei der Nutzung des Systems mit einem definierten Zweck. Bei der SERVUS-Methodik enthalten sie

zudem die Liste der dazu notwendigen und erzeugten Informationsressourcen (Fach- und Ergebnisobjekte, I4.0-Komponenten).

- Requirements (REQ): beschreiben funktionale und nicht-funktionale Anforderungen an Plattformen inkl. derer Dienstqualitäten (Quality of Service).
- Capabilities (CAP): beschreiben bestehende oder geplante Fähigkeiten einer Plattform.
- Technologies (TECH): beschreiben bestehende oder zukünftige Technologien zur Implementierung von Plattformfähigkeiten. Technologien können auch zu Produkten kombiniert werden.

Alle Artefakte sind über Beziehungen (innerhalb einer Ebene und mit angrenzenden Ebenen) miteinander vernetzt. US motivieren UCs, UCs werden auf REQs abgebildet. Dadurch entsteht eine Menge von funktionalen und nicht-funktionalen Anforderungen, die einem klassischen Lastenheft entsprechen.

Die Abbildung von REQs auf CAPs entspricht weitestgehend dem Übergang vom Lastenheft auf ein Pflichtenheft. Deren Analyse ermöglicht die Erkennung von konzeptionellen Lücken im Gesamtsystem. Durch die datenbankbasierte Ablage und die iterative, agile Vorgehensweise können diese aber ohne großen Aufwand leicht und transparent behoben werden.

CAPs werden über einen Booleanschen Ausdruck auf TECHs abgebildet. Dadurch können Technologien und Produkte miteinander kombiniert werden zur Umsetzung von Fähigkeiten. Zudem ist es möglich, verschiedene Implementierungsalternativen und Architekturvarianten zu beschreiben.

Die Analyse der Abbildung von CAPs au TECHs ermöglicht einerseits die Erkennung von Technologielücken und andererseits die Ableitung und Dokumentation von zeitlichen Entwicklungs-Roadmaps. Man kann ableiten, welche Plattformfähigkeiten in welchem Zeitraum und mit welchen Technologien realisiert werden sollen.

Alle Artefakte werden in der kollaborativen SERVUS-Werkzeugumgebung (vgl. Bild 5.26) strukturiert abgelegt und Schritt für Schritt verfeinert. Recherchen und Auswertungen ermöglichen strategische Aussagen (z.B. Empfindlichkeit von Anforderungen und Plattformfähigkeiten gegenüber Änderungen bei den Anwendungsfällen) und visuelle Darstellungen des Beziehungsgeflechtes. Damit ist jederzeit eine Nachvollziehbarkeit von Design-Entscheidungen in beide Richtungen möglich:

- Welche Anwendungsfälle sind durch welche Plattformfähigkeiten realisierbar?
- Welche Plattformfähigkeiten werden durch welche Anwendungsfälle bedingt?

Das SERVUS-Werkzeug basiert auf einem Web-basierten Content- und Wissensmanagement-Werkzeug und kann daher «by design» auch in räumlich verteilten und organisationsübergreifenden Projekten eingesetzt werden. Ein integriertes Rollenkonzept ermöglicht die Umsetzung von Zugriffskontrollmaßnahmen.

Im IIoT werden generische Funktionsbausteine als höherwertige Plattformdienste in einer zukünftigen IIoT-Referenzarchitektur zur Verfügung stehen. Beispiele in der Industrie 4.0 sind Verzeichnisdienste, Suchdienste, Verwaltungsdienste für I4.0-Komponenten [8] und an der jeweiligen Wertschöpfungskette orientierte Planungs- und Betriebsunterstützungsdienste. Dazu kommen allgemeine generische Basisdienste zum Lesen und Schreiben von Informationen gemäß unterschiedlicher Architekturstile (**Re**presentational **S**tate **T**ransfer REST [6]) und Interaktionsmuster (z.B. request / reponse oder publish / subscribe) [16]. Ein Großteil davon ist direkt auf OPC-UA-Dienste abbildbar. Diese Plattformfähigkeiten können über das SERVUS-Werkzeug einerseits abstrakt (als CAPs) und andererseits konkret (als TECHs) abgelegt werden.

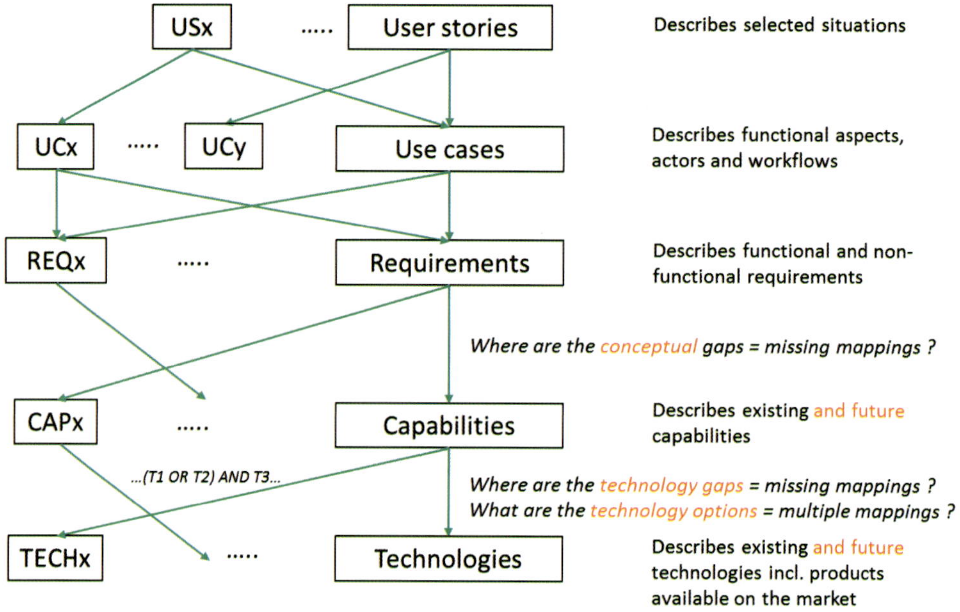

Bild 5.25 *Artefakte der SERVUS-Analyse und Entwurfsmethodik*

Ablauf bei der Erfassung von Anforderungen

Im Folgenden wird die Erfassung von Anforderungen über US und UC genauer betrachtet, da dies der Einstieg in die Methodik darstellt. Unabhängig von den oben beschriebenen Standpunkten der verschiedenen Referenzmodelle betrachtet die SERVUS-Methode folgende Aktivitäten für die agile, serviceorientierte Anforderungsanalyse (vgl. Bild 5.27):

- Planung des Projektes inkl. Erzeugung eines Projektrahmens zur Dokumentation der Anwendungsfälle
- Formalisierte textuelle Beschreibung der Anwendungsfälle (semi-formal)
- Nutzung eines grafischen Modellierungswerkzeugs (z.B. UML Enterprise Architect), um die verschiedenen Anwendungsfälle zu modellieren, dokumentieren, strukturieren und analysieren (formale Beschreibung)
- Besprechung der Anwendungsfälle mit den Nutzern
- Nach Abstimmung und Zustimmung im Projektteam: Erarbeitung des Informationsmodells inkl. der Beschreibung der geforderten (Informations-) Ressourcen und deren Basisoperationen (Lesen / Schreiben / Erzeugen / Löschen)

Zunächst werden in enger Abstimmung mit den Anwendern Beschreibungen von Anwendungsfällen erstellt, ggf. auch über den Zwischenschritt von rein textuell formulierten kurzen «Anwendererzählungen» (US). Der Systemanalyst überführt diese in eine semi-formale, tabellenorientierte Kurzbeschreibung sowie ggf. eine formale grafische Beschreibung unter Einbezug der geforderten Informationsobjekte, um nach Rückkopplung mit den Anwendern zu einem einheitlichen gemeinsamen Verständnis zu kommen. Der Einsatz eines Software-Werkzeugs führt zur Vereinheitlichung über die verschiedenen Anwendungsfälle hinweg zur Eliminierung von Inkonsistenzen sowie zu einer einheitlichen Modellierungstiefe.

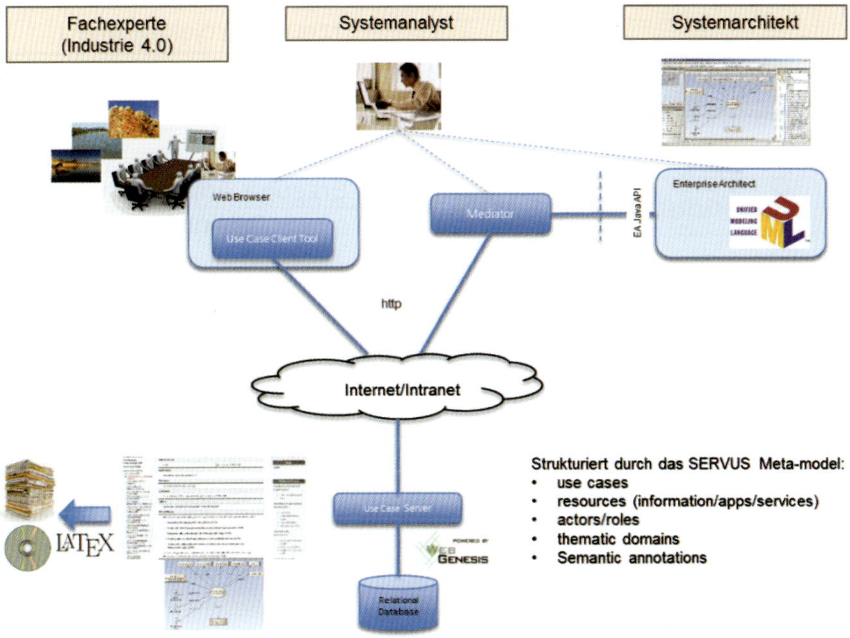

Bild 5.26 *Werkzeug zur Erfassung und Verwaltung von Anwendungsfällen*

Die Beschreibung der Anwendungsfälle (UC) als Basis für eine formale Modellierung wurde durch die Vorgabe einer einheitlichen Schablone vorstrukturiert. Dennoch sind Fälle hinsichtlich der Akteure, der Verarbeitungsschritte (Geschäftsprozessketten) sowie der Informationsobjekte, die verwendet werden oder neu entstehen, häufig nicht ausreichend bestimmt. Mit der formalen Modellierung wird eine präzisere informationstechnische Beschreibung erreicht, die jedoch allgemein verständlich bleibt, so dass deren Richtigkeit und Vollständigkeit mit den betroffenen Benutzern abgestimmt werden kann.

Für die formale Modellierung wird vorzugsweise die **U**nified **M**odeling **L**anguage (UML) eingesetzt. Bei der SERVUS-Methode stehen die Informationsobjekte (Fachobjekte, Ergebnisobjekte), deren Attribute sowie die Beziehungen zwischen ihnen im Mittelpunkt. Fachobjekte sind eindeutig identifizierbare Informationsressourcen mit einer eingeschränkten Zahl an unterstützten Operationen. Sie können entweder gelesen, verändert, erzeugt oder gelöscht werden, d.h., sie folgen den Prinzipien des REST-Architekturstils [6]. Interpretiert man diese Informationsressourcen im Sinne des RAMI 4.0 als I4.0-Komponente, können diese als Kernartefakte einer Industrie-4.0-Serviceplattform schon sehr früh in die Anforderungsanalyse eingebunden werden. Dies schafft interessante Möglichkeiten: Ein Anwendungsfall wird abgebildet auf eine Liste von geforderten I4.0-Komponenten, die wiederum strukturell und inhaltlich (semantisch) mit den angebotenen I4.0-Komponenten einer Industrie-4.0-Serviceplattform abgeglichen werden können. Ein zweiter Ansatz liegt darin, Anlässe, Bearbeiter und Anwendungsfälle (Geschäftsvorgänge oder Dienste) möglichst einheitlich zu strukturieren. Daher wird für jeden Anwendungsfall untersucht:

- Wer arbeitet mit dem Anwendungsfall? → Festlegung der Benutzerrollen
- Welches Ergebnis soll erreicht werden? → Festlegung der Ergebnisobjekte

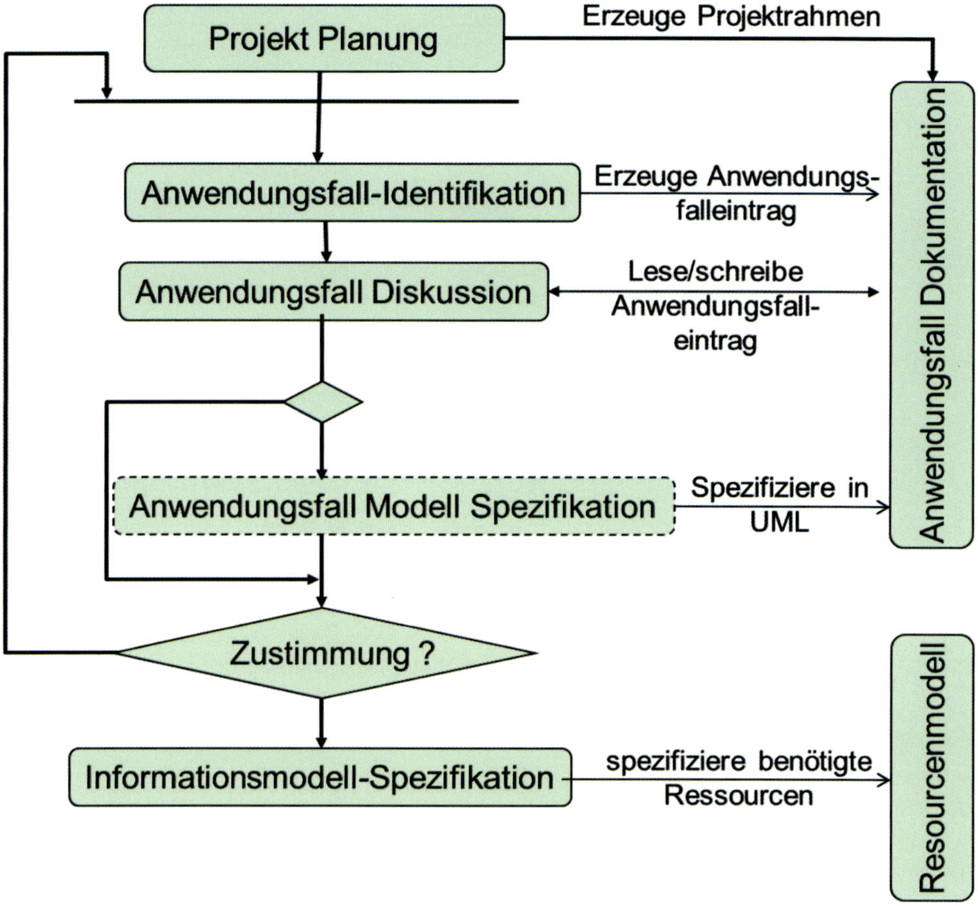

Bild 5.27 *SERVUS-Vorgehensweise zur Anforderungsanalyse*

- Wie soll dieses erreicht werden? → Festlegung der wesentlichen Arbeitsschritte
- Was wird dazu benötigt? → Festlegung der notwendigen Informationsobjekte

Die Anwendungsfälle können grafisch beschrieben werden (Bild 5.28) in einem Diagramm mit drei übereinander liegenden Ebenen:

- Der Anlass (*trigger*) (obere Ebene) ist das auslösende Ereignis für die Bearbeitung eines Anwendungsfalls – z.B. ein eingehender Auftrag, ein Störfall oder ein Termin.
- Der Anwendungsfall (mittlere Ebene) steht im Zentrum der Darstellung. Er beschreibt einen Geschäftsprozess oder einen Softwaredienst, der es ermöglicht, Teile des Vorgangs automatisiert oder gar vollautomatisch ablaufen zu lassen. Der Anwendungsfall wird von einem oder mehreren Bearbeitern bearbeitet.
- Der Bearbeiter (mittlere Ebene) bearbeitet einen Anwendungsfall, d.h., er führt den Geschäftsprozess durch.

- Fachobjekte (obere Ebene) werden zur Bearbeitung eines Anwendungsfalls benötigt und beschreiben als Informationsobjekte die Objekte der virtuellen oder realen Welt (Asset-Typen oder Instanzen), etwa Produktionsanlagen oder Pläne. Insbesondere können neue oder geänderte Fachobjekte Ergebnisse des Anwendungsfalls sein.
- Ergebnisobjekte (untere Ebene) werden bei der Bearbeitung des Anwendungsfalls erzeugt. Ergebnisse können neue Informationsobjekte sein.

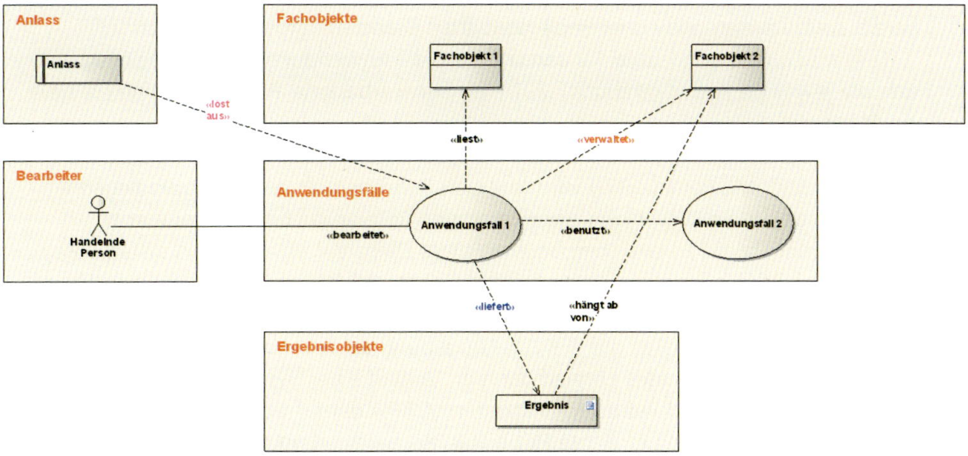

Bild 5.28 *SERVUS-Beschreibungsmethode für Anwendungsfälle*

Zwischen den Objekten können u.a. die folgenden Beziehungen bestehen:

- Als allgemeine Bezeichnung wird «hängt zusammen mit» verwendet mit Ausprägungen wie «löst aus», «hängt ab von», «hat Auswirkung auf» u.a.
- Beziehungen zwischen Bearbeiter und Anwendungsfall (Beziehung «bearbeitet»)
- Beziehungen zwischen Anwendungsfällen: Die Beziehung «benutzt» beschreibt die Verwendung einer gekapselten Teilfunktionalität. Dabei kann es sich um einen anderen Anwendungsfall handeln oder um einen neu zu entwickelnden generischen Anwendungsfall wie «Intelligente Suche», der als Dienst realisiert wird.
- Beziehung zwischen Anwendungsfall und Fachobjekt: Sie soll allgemein mit «verarbeitet» bezeichnet werden. In der Regel wird aber mit Präzisierungen gearbeitet, dies sind u.a. «liest», «verwaltet» oder auch «verwendet».
- Beziehung zwischen Anwendungsfall und Ergebnisobjekt (Beziehung «liefert»)

In Kürze

Die SERVUS-Methodik hat sich mit ihrer kollaborativen und semi-formalen Struktur der Analyse- und Entwurfsartefakte in zahlreichen Projekten bewährt. Sie wird vor allem immer dann erfolgreich eingesetzt, wenn in einem interdisziplinären Team gearbeitet wird, nicht «auf der grünen Wiese» neue Software-Anwendungen entworfen werden, sondern als Teil der Systemanforderungen auf eine generische Software-Plattform mit bereits spezifizierten und / oder implementierten Diensten aufgesetzt werden soll.

Dies wird auch bei Industrie 4.0 und anderen IIoT-Anwendungen der Fall sein, sobald sich die jeweilige Fach-Community auf eine Service-basierte Referenzarchitektur geeinigt hat.

OPC UA und die damit verbundenen Companion-Standards (z.B. für die Abbildung auf AutomationML gemäß [17]) wird in vielen Bereichen als eine der grundlegenden Technologien für die Umsetzung einer derartigen Referenzarchitektur angesehen.

Um Kompatibilität zu erreichen, müssen diese Dienste von vornherein systematisch beim Service-Engineering und beim Architekturentwurf berücksichtigt werden. Wenn auf OPC UA abgebildet werden soll, sollten die ausgewählten OPC-UA-Dienste (ggf. als Teil eines OPC-UA-Profils) in der SERVUS-Umgebung als Technologien erfasst und beschrieben werden. Use cases können dann im Verlauf eines Systementwurfs über Anforderungen (REQs) und Plattformfähigkeiten (CAPs) darauf abgebildet werden. Der große Vorteil ist die damit erreichte Flexibilität, Recherchierbarkeit, strukturierte Dokumentation und bijektive Rückverfolgbarkeit (*traceability*). Es kann begründet werden, weshalb ein bestimmter Dienst notwendig ist und ob es konzeptionelle oder technologische Alternativen dazu gibt.

Die SERVUS-Methodik wurde u.a. auch im Bitkom-Arbeitskreis Industrie 4.0 Interoperabilität verwendet und steht der Industrie 4.0 Community grundsätzlich als (mobile) Web-Anwendung zur strukturierten Ablage von Anwendungsfällen zur Verfügung. Sobald eine IIoT- bzw. I4.0-Referenzarchitektur mit spezifizierten Funktionalitäten definiert ist, können diese als Standardplattformprofile in der SERVUS-Umgebung eingelesen werden. Dies kann erfolgen auf abstrakter Ebene als technologieunabhängige Plattformfähigkeiten (CAPs) oder auf konkreter Ebene als Technologieoptionen (z.B. OPC-UA-Profile als TECH-Profile).

Aktuell laufende Arbeiten beziehen sich auf die systematische, strukturierte und durchgängige Behandlung von nicht-funktionalen Anforderungen wie z.B. IT-Sicherheit, Performanz und Verlässlichkeit und deren Abbildung auf Quality-of-Service(QoS)-Eigenschaften von Serviceplattformen sowie die iterative Abbildung auf Fähigkeiten von Service Plattformen gemäß den Referenzarchitekturmodellen IIRA und RAMI 4.0 [14]. Eine entscheidende Rolle spielt hierbei die Interpretation der Fachobjekte (Informationsressourcen) als geforderte und angebotene Industrie-4.0-Komponenten einer Serviceplattform. Zudem können Performanzaspekte mithilfe der verschiedenen Kommunikationsprofile für OPC UA betrachtet werden.

Sponsored Content

OPC UA wird fester Baustein innerhalb der HIMA Smart Safety Platform

Wenn es um Industrie 4.0 und Industrial Internet of Things geht, kommt den Themen Integration und Kommunikation eine hohe Bedeutung zu. Für die Zukunft wird das Kommunikationsprotokoll OPC UA ein fester Baustein innerhalb der HIMA Smart Safety Platform sein. Im Folgenden wollen wir die Gründe, die Vorteile und den Kundennutzen darstellen.

Ivo Hanspach, Director of Product Management Safety Systems bei HIMA Paul Hildebrandt GmbH
Bild © HIMA Paul Hildebrandt GmbH

Viele der bislang verwendeten konventionellen Protokolle sind oder werden bald veraltet sein. Hierzu zählen auf der Controller-Ebene z.B. Modbus RTU und auf der HMI-Ebene OPC DA und OPC A&E. Gerade OPC ist sehr wichtig für die Integration von großen Datenmengen für die Visualisierung. Hinsichtlich der für HIMA-Kunden wichtigen Punkte Redundanz, Datenintegrität, Security und Verbindungswiederherstellung gilt OPC aber als relativ schwach und nicht «Firewall/Router-friendly». Die für OPC benutzten Basistechnologien COM und DCOM sind mehr oder weniger bereits durch Microsoft abgekündigt und werden generell eher als «unsicher» angesehen. Ferner setzen die Konfigurationen von COM- und DCOM-Einstellungen spezielles PC-Fachwissen voraus.

OPC UA ist das favorisierte, zeitgemäße Protokoll

Hinsichtlich der Kundenanforderungen schließt OPC UA alle diese Lücken. OPC UA ist nicht nur ein Standard für den Datenaustausch von Produktionsdaten – er leistet darüber hinaus deutlich mehr. OPC UA wird von der NAMUR und den dort organisierten Unternehmen beispielsweise für die Umsetzung einer modularen Automation favorisiert. Das Protokoll erfüllt grundlegende Anforderungen an eine moderne Kommunikation und an ein geändertes Marktumfeld. Es ist daher nicht verwunderlich, dass sich HIMA-Kunden und die Industrie allgemein die Verwendung dieses zeitgemäßen Protokolls wünschen. HIMA arbeitet an OPC-UA-Lösungen und auch die gemeinsamen Initiativen von ZVEI und NAMUR hinsichtlich modularer Automation (MTP und NOA) setzen auf OPC UA als Kommunikationsprotokoll.

OPC UA bietet viele Vorteile

Für unsere Kunden ist die Modularisierung ein entscheidender Faktor für ihr Time-to-Market; hieraus ergeben sich andere Anforderungen an den Datenaustausch bzw. Informationsfluss. OPC UA ist mehr als ein reines Datenübertragungsprotokoll. Es ist vielmehr als objektorientiertes Protokoll zur Übertragung von Meta-Informationen entwickelt worden. Dies bringt eine Erleichterung in der Kommunikation mit sich, da Informationen und deren Informationsstrukturen statt nur «Rohdaten» übertragen werden. Im Vergleich zur klassischen OPC-Technologie können mit OPC UA Engineeringaufwände deutlich reduziert werden.

Nur eine Kommunikationsart für verschiedene Zwecke statt viele verschiedene Protokolle – dies bietet zusätzliche Vorteile: etwa Einsparungen bei der Wartung und weniger Anlagenstillstände aufgrund der geschaffenen Synergien. Ein weiterer Vorteil ist die Plattformunabhängigkeit von

OPC UA: Es ist portabel auf jedes Betriebssystem. Das Entfallen von Kommunikationsgrenzen – der Kunde kann über Anlagenstandorte hinweg etwa durch Cloud-Lösungen kommunizieren – erhöht die Produktivität. Es gilt daher als sehr wahrscheinlich, das OPC UA in wenigen Jahren den Großteil der derzeitigen klassischen OPC- und SCADA-Kommunikationstechnologien ersetzen wird. Die Kommunikation basierend auf OPC UA findet in der Prozessindustrie zunehmend Verbreitung. Als Nachfolger des gut etablierten OPC-Standards wird OPC UA zukünftig um die Eigenschaften Echtzeitfähigkeit und Safety erweitert werden.

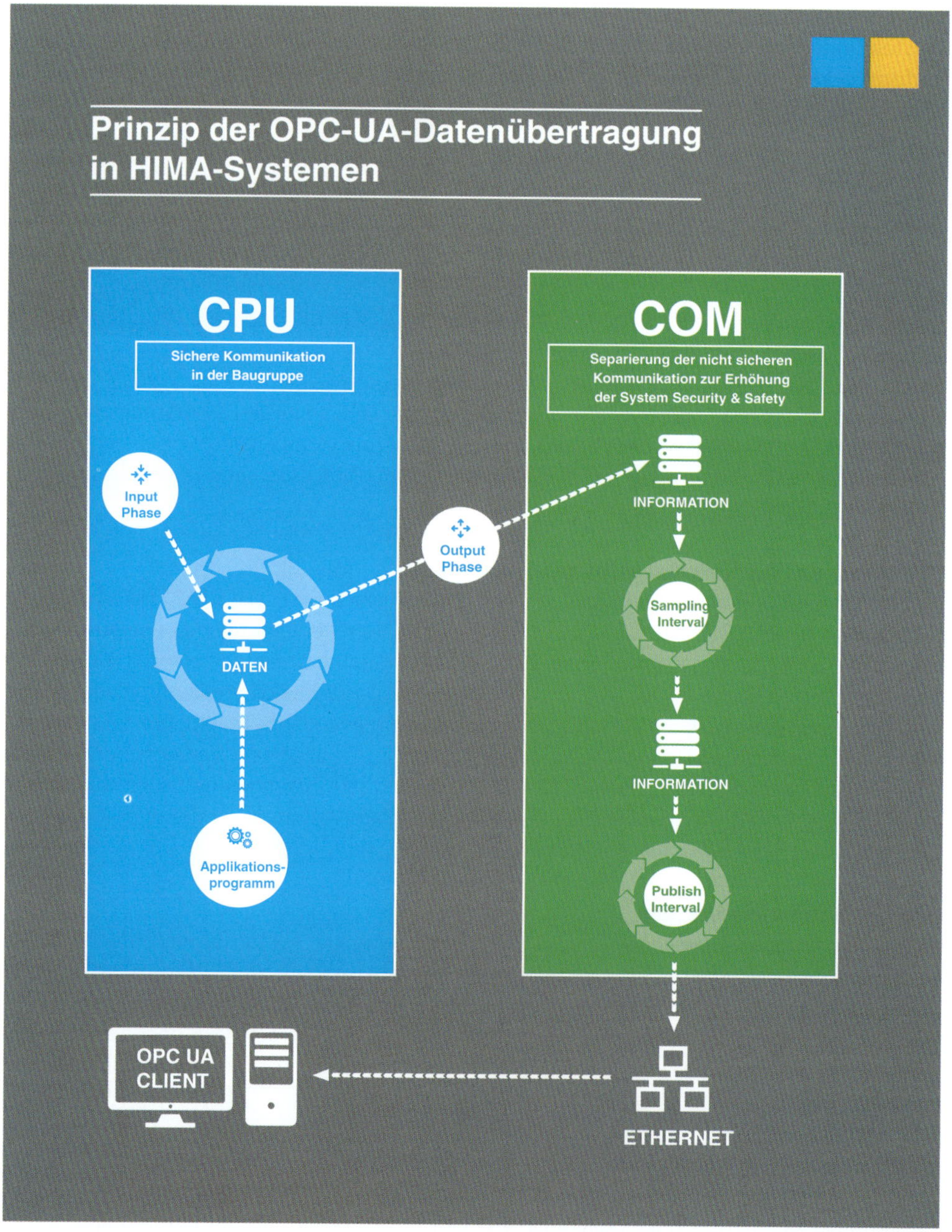

HIMA implementiert den OPC-UA-Standard aktuell in die eigene Controller-Firmware. Zukünftig sind alle programmierbaren HIMA-Systeme in der Lage, über OPC UA mit anderen Komponenten beim Kunden zu kommunizieren. Bei Neuinstallationen bietet sich die Nutzung von OPC UA heute schon an, da neben den implementierten Security-Funktionen auch eine Reihe weiterer Vorteile geboten werden. Auch beim Retrofit ist im Zusammenspiel mit der Anpassung an Industrie-4.0-Anforderungen eine Umstellung auf dieses Protokoll auf jeden Fall eine interessante Option. Auch in der Bahntechnik spielt OPC UA eine wichtige Rolle, zum Beispiel bei der Simulation von Gesamtsystemen und Simulationen für die Zertifizierung. HIMA wirkt aktiv an Themen wie z.B. MTP mit und ist in Normgremien vertreten, die derzeit an den Themen Echtzeitfähigkeit und Sicherheit von OPC UA arbeiten.

Bei OPC UA wurden beispielsweise Security-Funktionen bereits bei der Entwicklung mitgedacht. Das Besondere daran: Im Sinne der Security sind Authentifizierung, Autorisierung, Verschlüsselung und Datenintegrität bereits spezifiziert. Diese Plattform wurde ausführlich vom Bundesamt für Sicherheit in der Informationstechnik (BSI) geprüft und für geeignet befunden. Auch aus diesem Grund wurde OPC UA von der Plattform Industrie 4.0 als einer der grundlegenden Bausteine in die Spezifikation von Industrie 4.0 aufgenommen und wird bereits von vielen Herstellern unterstützt.

Fazit

Für HIMA ist OPC UA mehr als nur ein plattformunabhängiger Standard für den Datenaustausch, da er nicht nur die Übermittlung von Informationen ermöglicht, sondern auf wesentliche Kundenanforderungen eingeht. Das Protokoll erfüllt wichtige Anforderungen an eine moderne Kommunikation, die etwa bei der modularen Automation nötig ist. Zudem bietet OPC UA hinsichtlich der Eigenschaften Echtzeitfähigkeit, Safety und auch Security hervorragende Potenziale, die genutzt werden können. In der HIMA Smart Safety Platform wird OPC UA deshalb ein wichtiger Bestandteil sein.

ZUM UNTERNEHMEN

Die HIMA Gruppe ist der weltweit führende unabhängige Anbieter smarter Safety-Lösungen für die Industrie. Mit global mehr als 35 000 Installationen TÜV-zertifizierter Sicherheitssysteme gilt HIMA als Technologieführer der Branche. Die spezialisierten Ingenieure des Unternehmens entwickeln individuelle Lösungen, mit denen Kunden im digitalen Zeitalter die funktionale Sicherheit erhöhen, Cyber Security stärken und die Rentabilität ihrer Anlagen und Fabriken steigern. Seit mehr als 45 Jahren gilt HIMA als verlässlicher Partner der weltgrößten Unternehmen der Öl-, Gas-, Chemie- und energieerzeugenden Industrie. Sie alle vertrauen auf Lösungen, Services und Beratungsleistungen von HIMA, stellen so einen unterbrechungsfreien Betrieb ihrer Anlagen sicher und schützen ihre Wirtschaftsgüter, ihre Mitarbeiter und die Umwelt. Zum HIMA-Portfolio gehören smarte Safety-Lösungen, die Daten in geschäftsrelevante Informationen umwandeln und damit zu höherer Sicherheit und Anlagenverfügbarkeit beitragen. Darüber hinaus bietet HIMA umfassende Lösungen für die effiziente Kontrolle und das Monitoring von Turbomaschinen (TMC), Brennern und Kesseln (BMC) und Pipelines (PMC). In der globalen Bahnindustrie sind die CENELEC-zertifizierten SIL-4-Safety-Controller auf COTS-Basis von HIMA führend in puncto funktionaler und IT-Sicherheit sowie bei der Rentabilität. Das 1908 gegründete Familienunternehmen mit Hauptsitz in Brühl in Deutschland ist heute an mehr als 50 Standorten weltweit vertreten. Rund 800 Mitarbeiter erwirtschaften dabei einen Umsatz von 123 Millionen € (2017). Erfahren Sie mehr unter: www.hima.com

Abkürzungen

ADI	Analyzer Device Integration
AES	Advanced Encryption Standard
AIM	Automatische Identifikation, Datenerfassung und mobile Datenkommunikation
AMQP	IoT-Protokoll
API	Application Programming Interface
ARM	Advanced RISC Machines
ASIC	Application-specific integrated Circuit
BMV	Betriebsmittelvorschriften
BPEL	Business Process Execution Language
BPM	Business Process Modeling
BPMN	Business Process Modeling Notation
BSD	Berkeley Software Distribution
BSI	Bundesamt für Sicherheit in der Informationstechnik
CAQ	Computer Aided Quality Assurance
CNC	Computerized Numerical Control
CORBA	Common Object Request Broker Architecture
CPS	Cyber Physical Systems
CRM	Customer Relationship Management
CTT	Unified Architecture Compliance Test Tool / Conformance Test Tool
DCOM	Distributed Component Object Model
DA	Data Access
DI	Devices
DMZ	Demilitarisierte Zone
EDDL	Electronic Device Description Language
ERP	Enterprise Resource Planning
FAT	File Allocation Table
FB	Function Block
FC	Funktionen
FDI	Flash Data Integrator
FDT	Field Device Tool
FFT	Festo Field Device Tool
FIFO	First In First Out
FPGA	Field Programmable Gate Array
GDS	Global Discovery Server
GIS	Geografische Informationssysteme
GPU	Graphic Processing Unit
GUI	Graphical User Interface
HA	Historical Access
HAL	Hardware Abstraction Layer
HSM	Hardware-Security-Modul
HTTPS	HyperText Transfer Protocol Secure
I^2C	Inter-Integrated Circuit
IIC	Industrial Internet Consortium
IIoT	Industrial Internet of Things
IoT	Internet of Things; das Internet der Dinge

IP	Internet-Protokoll
ISA	Industry Standard Architecture
ISO	International Organization for Standardization
IT	Information Technology
lwIP	Lightweight IP
KPI	Key Performance Indicator
LH	Lastenheft
M2M	Machine-to-Machine
MDA	Model-driven Architecture
MES	Manufacturing Execution System
MII	Media Independent Interface
MIPS	Microprocessor without interlocked pipeline stages
MMU	Memory Management Unit
MQTT	IoT-Protokoll
OMAC	Organization for Machine Automation and Control
OMG	Object Management Group
OPC UA	OPC Unified Architecture
OSI	Open Systems Interconnection
OT	Operational Technology
PKI	Public Key Infsrastructure
PLC	Programmable Logic Controller (→ *SPS*)
PLL	Phase Locked Loop
POSIX	Portable Operating System Interface
QoS	Quality of Service
RAMI 4.0	Reference Architecture Model for Industry 4.0; Referenzarchitekturmodell Industrie 4.0
REST	Representational State Transfer
RFID	Radio-frequency Identification
RM-ODP	Reference Model of Open Distributed Processing
RTU	Remote Terminal Unit
SCRUM	(aus engl. *scrum* = das Gedränge) Bezeichnung für ein Vorgehensmodell des Projekt- und Produktmanagements
SDK	Software Development Kit
SERVUS	Design Methodology for Information Systems based upon Geospatial Service-oriented Architectures and the Modeling of Use cases and Capabilities as Resources
SHA	Secure Hash Algorithm
SiOME	Siemens OPC UA Modeling Editor
SoA	Service-oriented Architecture / Service-orientierte Architektur
SoAD	Service-orientierte Analyse und Design
SOAP	Simple Object Access Protocol
SOC	System-on-a-Chip
SoMA	Service-oriented Modeling and Architecture
SPI	Serial Peripheral Interface
SPS	Speicherprogrammierbare Steuerung
SSL	Secure Sockets Layer; alte Bezeichnung für Transport Layer Security
TCP	Transmission Control Protocol
TIA	Totally Integrated Automation
TLS	Transport Layer Security
TPM	Trusted Platform Module

TSN	Time-Sensitive Networking
UART	Universal Asynchronous Receiver Transmitter
UC	Use case
UDP	User Datagram Protocol
UDT	User-defined Datatypes
UML	Unified Modeling Language
US	User stories
VDMA	Verband Deutscher Maschinen- und Anlagenbau
XML	Extensible Markup Language

Lebensläufe

MScTech Jouni Aro
Jouni Aro ist CTO von Prosys und verantwortlich für die OPC- und OPC-UA-Produktentwicklung. Er ist außerdem der Haupt-Architekt der meisten Prosys-OPC-Produkte. Er schloss 1997 sein Studium der Informationstechnologie an der Helsinki University of Technology (Finnland) ab. 1996 trat er Prosys als Partner bei. Jouni Aro ist Vorsitzender des OPC-Komitees der Finish Society of Automation. Er ist aktives Mitglied verschiedener OPC-Foundation-Arbeitsgruppen und regelmäßig Sprecher bei den Veranstaltungen der OPC Foundation. Jouni Aro ist Mitglied des Standardisierungskomitees IEC TC 65/SC 65E/WG 8 (OPC UA).

Dipl.-Wirtsch.-Ing. Jan Bajorat
Jan Bajorat studierte Wirtschaftsingenieurwesen Elektro- und Informationstechnik an der Christian-Albrechts-Universität zu Kiel. Nach Positionen im Anlagenbau und Vertrieb innerhalb des Bereichs Digitale Fabrik bei der Siemens AG ist er seit 2014 als Produktmanager für die Themen OPC UA in der SIMATIC SPS und die Anbindung des Engineering Frameworks TIA-Portal an die Siemens-PLM-Software Teamcenter zuständig.

M.Sc. Christoph Berger
Christoph Berger studierte Elektrotechnik mit dem Schwerpunkt Automatisierungstechnik an der Hochschule Augsburg. Vorher war er in verschiedenen Positionen im Bereich der elektrischen Inbetriebnahme von Antriebs- und Steuerungstechnik im Maschinenbau aktiv. Seit seinem Abschluss des Studiums 2014 arbeitet er als wissenschaftlicher Mitarbeiter am Fraunhofer IGCV im Bereich der intelligenten Auftragsabwicklung und wirkte an diversen Forschungs- und Entwicklungsprojekten im Bereich Industrie 4.0 mit. Seit 2016 ist er als Geschäftsführer des Mittelstand-4.0-Kompetenzzentrums Augsburg mit den Schwerpunkten Arbeit 4.0, Logistik, Geschäftsmodelle und Produktionsautomatisierung tätig.

Dipl.-Ing. Reinhold Dix
Reinhold Dix studierte Energietechnik an der Elektrotechnischen Hochschule Temesvar (TH) (Rumänien). 1985 begann er zunächst als Softwareentwickler und ist seit 1991 freiberuflicher Senior Consultant des Fraunhofer-Instituts für Optronik, Systemtechnik und Bildauswertung, Karlsruhe. Seit 2005 ist er als Experte zum Thema OPC (UA) und Architekt eines OPC-Entwicklungsteams der Siemens AG im Bereich Factory Automation tätig. Seine Tätigkeitsschwerpunkte sind Mitarbeit an OPC-UA-Spezifikationen, OPC-UA-Schulungen für Anfänger und Fortgeschrittene, Entwicklung plattformunabhängiger OPC-UA-Entwicklungswerkzeuge, OPC-UA-basierter Systeme und Anwendungen.

Dr.-Ing. Dipl.-Inform. Sören Finster
Dr. Sören Finster studierte Informatik an der Universität Karlsruhe (TH). Im Jahr 2014 promovierte er am Karlsruher Institut für Technologie (KIT). Er nahm an zahlreichen Forschungsprojekten im Bereich sicherer und privatsphärengerechter Kommunikationsprotokolle teil. Seit Juli 2015 ist er bei der Wibu-Systems AG in Karlsruhe im Bereich Embedded Security tätig. Seine Arbeitsschwerpunkte umfassen die Gebiete Sicherheit für eingebettete Systeme, Industrie 4.0 und Internet of Things.

Dr.-Ing. Dipl.-Inform. Andreas Graf Gatterburg, geb. Gössling

Dr. Andreas Graf Gatterburg ist Träger eines Diploms in Informatik von der Westfälischen Wilhelms-Universität Münster und eines Doktor-Ingenieurs von der Fakultät Informatik der Technischen Universität Dresden. Von 2006 bis 2012 arbeitete er als wissenschaftlicher Mitarbeiter an der TU Dresden. Von 2012 bis 2016 war er bei der Firma Festo AG & Co. KG in Esslingen als Management Trainee und als Forschungsingenieur mit dem Schwerpunkt Datenaustausch in Industrieanwendungen tätig. Von 2016 bis 2018 war er Abteilungsleiter netIOT bei der Hilscher Gesellschaft für Systemautomation mbH in Hattersheim. Seit 2018 ist er Principal Technology Consultant bei Hilscher. Seine Forschungs- und Entwicklungsthemen umfassen unter anderem zeitsynchronisierte vernetzte Anwendungen, Feldbusse und Feldbus-Geräte-Beschreibungen, Datenaustausch-Standards in der Automation (speziell OPC UA und AutomationML) ebenso wie Architekturen von Automatisierungssystemen. Er ist erster Vorsitzender im Vorstand des AutomationML e.V., Mitglied im Steering Committee Field Level Communication der OPC Foundation und in verschiedenen Arbeitsgruppen der Plattform Industrie 4.0, des ZVEI und des VDI/VDE GMA vertreten.

Dr.-Ing. Dipl.-Inform. Christian Haas

Christian Haas schloss sein Studium der Informatik an der Universität Karlsruhe (TH) bzw. am Karlsruher Institut für Technologie (KIT) mit dem Abschluss Dipl.-Inform. 2008 ab. Anschließend war er als wissenschaftlicher Mitarbeiter am Karlsruher Institut für Technologie (KIT) am Lehrstuhl Telematik beschäftigt. Seine Promotion zum Dr.-Ing. hatte die «Evaluierung der Energie-Effizienz von Sicherheitsmechanismen in drahtlosen Sensornetzen» als Thema. Seit 2015 leitet Christian Haas die Gruppe «Sichere vernetzte Systeme» in der Abteilung «Informationsmanagement und Leittechnik» am Fraunhofer IOSB. Seine wissenschaftlichen Schwerpunkte umfassen die Konzeption und Entwicklung von IT-Sicherheitsmechanismen für industrielle Produktionssysteme, die Weiterentwicklung des IT-Sicherheitslabors für die industrielle Produktion am Fraunhofer IOSB sowie die Projektleitung und Mitarbeit in industriellen Entwicklungs- und Forschungsprojekten im Themengebiet IT-Sicherheit für industrielle Produktionsanlagen/kritische Infrastrukturen.

Dipl.-Inform. Robert Henßen

Robert Henßen studierte Informatik am Karlsruher Institut für Technologie (KIT). Seit 2011 ist er am Fraunhofer IOSB in der Abteilung Informationsmanagement und Leittechnik als wissenschaftlicher Mitarbeiter tätig. Seine Tätigkeitsschwerpunkte umfassen Anlagenmodellierung, Leitsysteme und AutomationML.

Dipl.-Ing. Stefan Hoppe

Stefan Hoppe studierte Elektrotechnik an der Technischen Universität Dortmund. 1995 startete er bei Beckhoff Automation GmbH zunächst als Softwareentwickler und später als Senior Produkt Manager für die Automatisierungssoftware TwinCAT. Seit 2009 wurde er von Microsoft jährlich neu mit dem MVP(Most Valuable Professional)-Award für Embedded Software ausgezeichnet. Seit 2010 war er als Präsident von OPC Europe innerhalb der OPC Foundation tätig. Im Jahr 2013 wurde er zum Vorstandsmitglied und 2014 zum Vizepräsident der OPC Foundation berufen.

Dipl.-Ing. Chris Paul Iatrou

Chris Paul Iatrou studierte Informationssystemtechnik an der Technischen Universität Dresden. Seit 2015 promoviert er an der Professur für Prozessleittechnik und Arbeitsgruppe Systemverfahrenstechnik und ist seitdem Mitentwickler des open62541 OPC UA Stacks. Als digitaler Schaltungstechniker begleitet er die Soft- und Hardwareweiterentwicklung eingebetteter Automatisierungs- und IoT-Plattformen in zahlreichen Projekten. Seine Forschungsschwerpunkte umfassen die semantische Interaktion heterogener Automatisierungskomponenten in Industrie-4.0-Anwendungen sowie die Evolution verteilter Automatisierungsarchitekturen im Umfeld der modularen Automation.

M.Sc. Mirco Masa

Mirco Masa machte 2001 seinen Abschluss (M.Sc.) in Telecommunication Engineering des Politecnico Milan (Italien). Er erhielt seinen Master der Informatik von CEFRIEL im September 2001. Seit 2002 arbeitet er bei CEFRIEL, aktuell als Leiter der Division Produktentwicklung und Engineering mit dem Ziel, Vision und Strategie für CEFRIELs Produkte zu definieren und Produktinnovationsprozesse zu koordinieren. Seit 2009 ist er außerdem verantwortlich für die Geschäftsentwicklung der größeren CEFRIEL-Partner in Nordamerika. Er hat mehr als 10 Jahre Erfahrung in Technologie-Innovations-Projekten mit internationalen Partnern, ist zertifizierter Projektmanager (Project Manager Professional – PMP®) seit 2010 und Pionier agiler Methoden (z.B. SCRUM-basierten Teams). Er arbeitet an digitalen Technologie-Lösungen für die industrielle Fertigung und ist in verschiedene nationale und europäische Aktivitäten zu den Themen Smart Manufacturing, Industrie 4.0 und Cyber Physical Systems involviert.

Dr.-Ing. Dipl.-Inform. Henning Mersch

Dr. Henning Mersch studierte in Bielefeld naturwissenschaftliche Informatik bis 2005. Im Bereich verteilter Systeme arbeitete er unter anderem am Forschungszentrum Jülich und wechselte 2007 zur RWTH Aachen an den Lehrstuhl für Prozessleittechnik, wo neben Forschungsprojekten auch die Promotion im Fokus stand. Heute arbeitet er bei Beckhoff Automation GmbH & Co. KG als Produktmanager für die Automatisierungslösung TwinCAT.

Dipl.-Wirtsch.-Inform. Daniel Pagnozzi

Daniel Pagnozzi kam über Stationen als Projektingenieur im Jahr 2005, Projektleiter MES-Systeme, Leiter der Logistik / OPEX Manager zum Senior Manager Global Operation Manufacturing im Jahr 2012. Von 2015 bis 2017 war er IT-Manager für Industrie-4.0-Konzepte bei Voith in München. Seit 2017 arbeitet Hr. Pagnozzi als Senior Manager im Smart-Manufacturing-Bereich für die MHP GmbH. Seine Arbeitsschwerpunkte liegen in den Bereichen innovativer IT-Lösungen im Automatisierungs- und Produktionsumfeld mit Schwerpunkt MES sowie nachhaltigem und agilen Projektmanagement.

Dipl.-Wirtsch.-Ing. Julius Pfrommer

Julius Pfrommer hält einen Doppelabschluss in Wirtschaftsingenieurwesen des Karlsruher Instituts für Technologie und der Grande Ecole Institut Polytechnique de Grenoble. Seine Diplomarbeit fertigte Herr Pfrommer am Automatic Control Laboratory der ETH Zürich an. Herr Pfrommer promoviert am Lehrstuhl für Interaktive Echtzeitsysteme in enger Kooperation mit dem Fraunhofer IOSB. Seine Arbeitsschwerpunkte umfassen Planungsverfahren zur flexiblen Produktionssteuerung, maschinelles Lernen und flexible Kommunikation in industriellen Anwendungen.

M.Sc. Martin Plank

Martin Plank absolvierte sein Mechatronikstudium an der Dualen Hochschule Baden-Württemberg in Stuttgart und spezialisierte sich daraufhin mit dem Masterstudiengang Eingebettete Systeme der Hochschule Pforzheim auf das Themenfeld der Digitalisierung. Heute ist er in der Forschungsabteilung der Festo AG & Co. KG tätig. In diesem Rahmen leitet er seit 2014 Forschungsprojekte im Bereich zukünftiger Produktionssysteme. Schwerpunkte dabei bilden Themen der industriellen Vernetzung und der Planung von Maßnahmen zur optimierten Energienutzung in Fabriken.

Dr.-Ing. Dipl.-Wirtsch.-Ing. Olaf Sauer
Dr. Olaf Sauer studierte an der Universität Karlsruhe Wirtschaftsingenieurwesen. Nach beruflichen Stationen am Fraunhofer IPK, bei Bombardier Transportation und in der METROPLAN-Gruppe leitete er von 2004 bis 2012 den Geschäftsbereich Leitsysteme am Fraunhofer IOSB, wo er jetzt Stellvertreter des Institutsleiters ist. Er ist Lehrbeauftragter am Karlsruher Institut für Technologie (KIT) und an der Universität Kassel, Vorsitzender des Fachbereichs Informationstechnik des VDI sowie Mitglied des Vorstandes der Wirtschaftsstiftung Südwest.

M.Sc. Nadia Scandelli
Nadia Scandelli machte 2004 ihren Abschluss (M.Sc.) in Telecommunication Engineering des Politecnico Milan (Italien). Seit Februar 2005 arbeitet sie bei CEFRIEL, aktuell als Senior Project Manager im Bereich Digitale Plattform und durchgängige IKT.

Sie ist verantwortlich für Industrie-4.0-Projekte und -Aktivitäten und unterstützt als Stellvertreterin den Leiter der Division DP bei der Koordination von 30 Personen, um Geschäftsziele zu erreichen und die Kompetenzen und das Wissen der Mitarbeiter weiterzuentwickeln. Sie war Lehrbeauftragte für das Thema Ethernet-Netzwerke. Ihre Expertise liegt in der Konzeption von Lösungen für die Smart Factory und Industrie 4.0. Sie ist Projektleiterin von internationalen und nationalen Projekten und treibt die Entwicklung innovativer Lösungen voran.

Dr.-Ing. Dipl.-Inform. Miriam Schleipen (* 1983)
Dr. Miriam Schleipen studierte an der Universität Karlsruhe (TH) – heute das Karlsruher Institut für Technologie (KIT) – von 2002 bis 2007 Informatik. Sie war als wissenschaftliche Mitarbeiterin von 2007 bis 2011 am KIT und promovierte dort zum Thema «Adaptivität und semantische Interoperabilität für Manufacturing-Execution-Systeme (MES)» im Jahr 2012.

Seit 2005 war sie am Fraunhofer IOSB (ehem. IITB) tätig und leitete dort von 2009 bis 2011 das Themenfeld «Engineering und Interoperabilität» und von 2012 bis 2016 die Gruppe «Leitsysteme und Anlagenmodellierung». Von 2016 bis 2017 war sie als leitender Wissenschaftler «Industrie 4.0 und Interoperabilität» am IOSB tätig. Sie befasste sich unter anderem mit der Entwicklung von Konzepten und Methoden zur Verbesserung und Automatisierung des Engineerings von Leitsystemen / Manufacturing Execution Systems (MES) und der Interoperabilität in der Produktion allgemein (Stichwort: Industrie 4.0, AutomationML und OPC UA) und war in diesem Bereich mit der Projektleitung und Mitarbeit in industriellen Entwicklungs- und Forschungsprojekten tätig.

Miriam Schleipen ist aktives Mitglied in nationalen und internationalen (Standardisierungs-) Gremien und mit mehr als 80 wissenschaftlichen Veröffentlichungen sowie zahlreichen Teilnahmen an Vorträgen und Podiumsdiskussionen als Fachexpertin für Industrie 4.0 anerkannt.

Seit 2017 ist sie als Software-Architektin bei der Siemens AG in der Division Digital Industry tätig.

Dipl.-Ing. Uwe Steinkrauss
Uwe Steinkrauss ist Mitbegründer der Firma Unified Automation und als Business Development Manager verantwortlich für Marketing und Vertrieb mit strategischer Ausrichtung auf weltweite Vermarktung und Verbreitung OPC-UA-fähiger Software. Als Experte für Softwaretest war er Initiator und Mitbegründer der Arbeitsgruppe für Compliance & Certification der OPC Foundation, und er unterstützt die OPC Foundation bei Marketingaktivitäten, Messen und Technologie-Events. Unter seiner Führung wurde Unified Automation zum Marktführer für OPC-UA-Entwicklungsbibliotheken verschiedenster Zielsysteme vom Embedded-Gerät über speicherprogrammierbare Steuerungen bis zu Firmenanwendungen. Uwe Steinkrauss hat einen Abschluss (Dipl.-Ing.) in Elektrotechnik von der Fachhochschule Osnabrück und einen Abschluss (BEng) in Electrical Engineering der University of Wales, Großbritannien.

Dr. rer. pol. Ljiljana Stojanovic

Ljiljana Stojanovic studierte an der Fakultät für Elektrotechnik, Universität Nis, Serbien (10 Semester) mit Abschluss als Dipl. Ing. / M.Sc.; danach Studium an der Fakultät für Elektrotechnik, Abteilung Informatik, Universität Nis, Serbien mit Abschluss Magister. Von 2001 bis 2004] Promotion an der Universität Karlsruhe (TH), Karlsruhe, Abschluss Dr.rer.pol.

MScTech Heikki Tahvanainen

Heikki Tahvanainen studierte Automatisierung, Steuerungstechnik und Softwaretechnologie an der Aalto University (Finnland) und graduierte 2016 als Master of Science (Technology). Nach seinem Studium arbeitet er seit 5 Jahren bei Prosys OPC als Softwareentwickler und Kundenbetreuer. Seine Arbeitsgebiete umfassen die OPC-UA-Produktentwicklung ebenso wie Vertriebsaktivitäten im Zusammenhang mit diesen Produkten.

M.Sc. John Traynor

John Traynor hält einen Bachelor in Wirtschaft und Finanzen des King's University College der Western University in London (Canada) und einen Master in Betriebswirtschaft der York University in Toronto. Er begann seine berufliche Laufbahn mit der Mitbegründung eines kanadischen Software-Unternehmens, das er im Nachgang verkaufte, um Positionen in der Management- und IT-Beratung zu bekleiden. Bevor er 2014 zu C-Labs kam, war er in leitenden Positionen bei Bsquare, Palm und Microsoft tätig, die sich mit mobilen und eingebetteten Softwaresystemen befassten.

Als Chief Operating Officer at C-Labs beaufsichtigt John Traynor die Geschäftsentwicklung, Marketing und das Produktmanagement für das IoT- Portfolio des Unternehmens.

Zusätzlich zu seiner Rolle bei C-Labs ist er als Berater und Vorstandsmitglied von verschiedenen Technologieunternehmen, Stiftungen und Non-Profit-Organisationen tätig.

Prof. Dr.-Ing. habil. Leon Urbas

Prof. Dr. Leon Urbas studierte bis 1993 Informationstechnik im Maschinenwesen an der TU Berlin. Über Stationen bei der degussa AG und der TU Berlin wurde er im Jahr 2006 auf die Professur für Prozessleittechnik an der Fakultät für Elektrotechnik und Informationstechnologie berufen und leitet seit 2015 die Arbeitsgruppe Systemverfahrenstechnik am Institut für Umwelt und Verfahrenstechnik.

Dr.-Ing. Dipl.-Inform. Thomas Usländer

Dr. Thomas Usländer erwarb 1987 einen Abschluss als Diplom-Informatiker an der Universität Karlsruhe und wurde 2010 am Karlsruher Institut für Technologie (KIT) als Dr.-Ing. promoviert. Er ist Leiter der Abteilung «Informationsmanagement und Leittechnik (ILT)» und Sprecher der Geschäftsfeldes «Automatisierung» am Fraunhofer IOSB. Seine Forschungsinteressen liegen in branchenspezifischen Referenzmodellen und dazu passenden agilen Service-orientierten Analyse- und Designmethoden, insbesondere für die Bereiche Industrial Internet of Things (IIoT), IT-Sicherheit, Industrie 4.0 und Umweltrisikomanagement. Er ist Mitglied im Expert Panel des Standardization Council Industrie 4.0 (SCI4.0), in den Industrie-4.0-Arbeitsgruppen der VDI/VDE-GMA und des BITKOM sowie Fraunhofer-Vertreter im Open Geospatial Consortium (OGC). Als Initiator und Editor der DIN SPEC 16 593 wurde er mit dem DIN-Innovationspreis 2017 ausgezeichnet.

Dipl.-Ing. (FH) Robert Winter

Robert Winter studierte Elektrotechnik mit Schwerpunkt Mikroelektronik an der Fachhochschule Regensburg. Nach dem Studium war er in verschiedenen Projekten innerhalb der Siemens AG im Industrie-Umfeld als Software-Entwickler und Projektleiter tätig.

Bei dem Thema OPC UA im Umfeld der Siemens S7-1500 PLCs war Herr Winter seit der ersten Stunde beteiligt. Zuerst als Projektleiter, später und bis heute betreut er als Produktmanager das Thema OPC UA in den SIMATIC SPS des Digital-Industry-Bereiches.

Literaturverzeichnis

Kapitel 1

[RAMI4.0] DIN SPEC 91 345:2016-04: *Referenzarchitekturmodell Industrie 4.0 (RAMI 4.0).*

https://www.beuth.de/de/technische-regel/din-spec-91345/250940128, 2016

[IEC62541] IEC 62 541: *OPC Unified Architecture.*

[ZVEII4.0] ZVEI: *Welche Kriterien müssen Industrie-4.0-Produkte erfüllen?*. https://www.zvei.org/fileadmin/user_upload/Presse_und_Medien/Publikationen/2016/November/Welche_Kriterien_muessen_Industrie-4.0-Produkte_erfuellen_/ZVEI-LF_Welche_Kriterien_muessen_I_4.0_Produkte_erfuellen_17.03.17.pdf

[BSI] BSI: *Sicherheitsanalyse Open Platform Communications Unified Architecture (OPC UA).* https://www.bsi.bund.de/SharedDocs/Downloads/DE/BSI/Publikationen/Studien/OPCUA/OPCUA.pdf

[TSN] *Time-Sensitive Networking(TSN), IEEE 802.1.*

Kapitel 2

[I40Statusreport] VDI Statusreport: *Industrie 4.0 Begriffe / Terms.* https://www.vdi.de/fileadmin/vdi_de/redakteur_dateien/gma_dateien/2017-04_GMA_-_Industrie_4.0_Begriffe-Terms_–_VDI-Statusreport_Internet.pdf, April 2017

[pubsub] OPC Unified Architecture Part 14: Pub Sub, https://opcfoundation.org/developer-tools/specifications-unified-architecture/part-14-pubsub/, February 2017

[Markets] https://opcfoundation.org/markets-collaboration/

[UACTT] https://opcfoundation.org/developer-tools/certification-test-tools/ua-compliance-test-tool-uactt/

[16592] DIN SPEC 16 592, Combining OPC Unified Architecture and Automation Markup Language, https://www.beuth.de/de/technische-regel/din-spec-16592/265597431

[AMLYoutube] https://www.youtube.com/user/AutomationML

[OPCFYoutube] https://www.youtube.com/user/TheOPCFoundation

[AMLUA] https://opcfoundation.org/markets-collaboration/automation-ml/

[AMLUA-IOSB] http://www.iosb.fraunhofer.de/?OPCUAAML

[AMLCompSpec] https://opcfoundation.org/developer-tools/specifications-unified-architecture/opc-unified-architecture-for-automationml/

[OPCF] http://opcfoundation.org/

[AMLeV] http://automationml.org/

[OPCCapab] http://wiki.opcfoundation.org/index.php/Main_Page

[Architektur] https://opcfoundation.org/wp-content/uploads/2013/04/OPC-UA-Base-Services-Architecture-300x136.png

[BSI] BSI: *Sicherheitsanalyse Open Platform Communications Unified Architecture (OPC UA).* https://www.bsi.bund.de/SharedDocs/Downloads/DE/BSI/Publikationen/Studien/OPCUA/OPCUA.pdf

[X509] ISO / IEC 95 94-8:2017: *Information technology – Open Systems Interconnection – The Directory – Part 8: Public-key and attribute certificate frameworks.*

[62541-2] IEC TR 62 541-2:2016: *OPC Unified Architecture – Part 2: Security Model.*

[ISA95CS] *Companion Specification OPC UA for ISA-95 Common Object Model.*

[Part 7] OPC UA Specification: Part 7 – Profiles

[Profile] http://opcfoundation-onlineapplications.org/profilereporting

[CERT] *OPC Certification Specification* – Release 1.1.pdf.

[Bene] https://opcfoundation.org/certification/overview-benefits/

[CTT] https://opcfoundation.org/developer-tools/certification-test-tools/ua-compliance-test-tool-uactt/

[Prod] https://opcfoundation.org/certified-products)

[UAPart1] IEC TR 62 541-1:2016: *OPC Unified Architecture – Part 1: Overview and concepts.*

[UAPart3] IEC 62 541-3:2015: *OPC Unified Architecture – Part 3: Address Space Model.*

[UAPart5] IEC 62 541-5:2015: *OPC Unified Architecture – Part 5: Information Model.*

[UAPart6] IEC 62 541-6:2015: *OPC Unified Architecture – Part 6: Mappings.*

[1] Petty, C.: *Gartner says worldwide Enterprise IT Spending to reach $2.7 trillion in 2012.* <www.gartner.com/newsroom/id/1824919> – 09.06.2015.

[2] Frank, H.; Riess, M.: Cyber-Physische Produktionssysteme. In: Gunther, R. et al. (Hrsg.): Intelligente Vernetzung in der Fabrik. Stuttgart: Fraunhofer Verlag 2015, S. 9-33. ISBN: 9783839609309.

[3] Trost, U.: *Big Data.* 2015. <http://www.mhp.com/fileadmin/mhp.de/as-sets/studien/MHPStudie_BIG-DATA.pdf> - 04.06.2015.

[4] Rehage, G.; Gausemeier, J.: Ontology-based Determination of Alternative CNC Ma-chines for a Flexible Resource Allocation. *Procedia CIRP* 31 (2015), S. 47–52.

[5] Hartmann, Ernst Andreas; Botthof, Alfons (Hrsg.): *Zukunft der Arbeit in Industrie 4.0.* Berlin, Heidelberg: Springer Vieweg Verlag, 2015. ISBN: 9783662459157.

[6] Meier, M.: *Verfahren zum emulationsgestützten MES-Engineering für die Photovoltaikindustrie.* Heimsheim: Jost-Jetter Verlag, 2011. ISBN: 978-3-939890-76-8.

[7] DIN SPEC 91 329 (2016): *Erweiterung des EPCIS-Ereignismodells um aggregierte Produktionsereignisse zur Verwendung in betrieblichen Informationssystemen.*

[8] König, H.: *Protocol engineering. Prinzip, Beschreibung und Entwicklung von Kommunikationsprotokollen.* 1. Aufl. Aufl. Stuttgart: B. G. Teubner Verlag, 2003. ISBN: 9783519004547.

[9] VDI-Richtlinie, V.D.I. 3694: *Lastenheft / Pflichtenheft für den Einsatz von Automatisierungssystemen.* 2008.

[10] Breiing A.; Knosala, R. (1997): *Bewerten technischer Systeme: Theoretische und methodische Grundlagen bewertungstechnischer Entscheidungshilfen.* Berlin Heidelberg: Springer Verlag.

[11] VDI 5600: *Manufacturing Execution Systeme*, 2016.

Kapitel 3

[1] PLCopen TC4 Communication. http://www.plcopen.org/pages/tc4_communication/

[2] OPC UA Information Model for IEC 61 131-3.

http://www.plcopen.org/pages/tc4_communication/forms/before_downloading.htm

[3] PLCopen OPC UA Client for IEC 61 131.3. http://www.plcopen.org/pages/tc4_communication/forms/before_downloading.htm

[4] EtherCAT Automation Protocol (EAP) – ETG 1005. https://www.ethercat.org/en/downloads/downloads_BB6D7FF18F2B47DDB3474168D50EE864.htm

[5] OPC UA Analyzer Device Integration (ADI) – http://wiki.opcfoundation.org/index.php/Analyzer_Device_Integration_(ADI)

[6] OPC UA AutoID Companion Specification. http://www.aim-d.de/

[7] Das Referenzarchitekturmodell RAMI 4.0 und die Industrie-4.0-Komponente.

http://www.zvei.org/Themen/Industrie40/Seiten/Das-Referenzarchitekturmodell-RAMI-40-und-die-Industrie-40-Komponente.aspx

[8] United States Bureau of Economic Analysis, Current-Cost Average Age at Yearend of Private Fixed Assets by Industry [Years], Table 3.9ESI. http://www.bea.gov/iTable/iTableHtml.cfm?reqid=10&step=3&isuri=1&1003=142.

Stand 15. März 2017

[9] IDG Enterprise Cloud Computing Survey, 2016. https://www.scribd.com/document/329518100/IDG-Enterprise-2016-Cloud-Computing-Survey. Stand 15. März 2017

[10] Noergaard, T., 2017. *Embedded Systems Architecture, Second Edition: A Comprehensive Guide for Engineers and Programmers*. Elsevier, ISBN: 9780123821966.

[11] Heath, S., 2002. *Embedded Systems Design*. Elsevier Science, ISBN: 9780080477565.

[12] Krauss, M.; Pötter, T.; Iatrou, C.; Urbas, L. and Klettner, C. (2016). *100% Wireless on Top*, atp edition 58, DOI: 10.17560/atp.v58i06.569, S. 50–65.

[13] Graube, M.; Pfeffer, J.; Ziegler, J. and Urbas, L. (2011). *Linked Data as integrating technology for industrial data*, , DOI: 10.1109/NBiS.2011.33, S. 162–167.

[14] Haller, S.; Karnouskos, S.; Schroth, C. (2009). In: Domingue, J.; Fensel, D.; Traverso, P. (Ed.), *The Internet of Things in an Enterprise Context*, Springer Berlin Heidelberg, ISBN: 978-3-642-00985-3.

[15] Holler, J.; Tsiatsis, V.; Mulligan, C.; Avesand, S.; Karnouskos, S. and Boyle, D., 2014. *From Machine-to-machine to the Internet of Things: Introduction to a New Age of Intelligence*. Academic Press, ISBN: 9780080994017.

[16] Klettner, C.; Tauchnitz, T.; Iatrou, C.; Urbas, L.; Diedrich, C.; Schröder, T.; Goßmann, D.; Banerjee, S.; Krauß, M.; Epple, U. and Nothdurft, L. (2017). *Namur Open Architecture, atp edition 59*. DOI: 10.17560/atp.v59i01-02.620, S. 20–37.

[17] Urbas, L., 2012. *Process Control Systems Engineering*. Deutscher Industrieverlag, ISBN: 9783835631984.

[18] Telekom, C. C. D. (2016). *Security on the industrial internet of things: How companies can defend themselves against cyber attacks*.

[19] Imtiaz, J. and Jasperneite, J. (2013). *Scalability of OPC UA down to the chip level enables «Internet of Things»*, DOI: S. 500–505.

[20] Shrestha, G. M.; Imtiaz, J. and Jasperneite, J. (2013). *An optimized OPC UA transport profile to bringing Bluetooth Low Energy Device into IP networks*. DOI: S. 1–5.

[21] Dunkels, A. (2003). *Full TCP/IP for 8-bit architectures*. DOI: 10.1145/1066116.1066118, S. 85–98.

[22] Godhankar, M. P. M.; Dattatraya, M. M. V.; Sayyad, S. (2015): *TINY TCP/IP PROTOCOL SUITE FOR EMBEDDED SYSTEMS WITH 32 BIT MICROCONTROLLER*, Indian Journal of Computer Science and Engineering 1, DOI: S. 158–165.

[23] Iatrou, C. P. and Urbas, L. (2016). *Efficient OPC UA binary encoding considerations for embedded devices*, , DOI: 10.1109/INDIN.2016.7819339, S. 1148–1153.

[24] Iatrou, C. P. and Urbas, L. (2016). *OPC UA hardware offloading engine as dedicated peripheral IP core*. DOI: 10.1109/WFCS.2016.7496520, S. 1–4.

Kapitel 4

[1] Cavalieri, S.; Cutuli, G. (2010, September): *Performance evaluation of OPC UA. In Emerging Technologies and Factory Automation (ETFA)*, 2010. IEEE Conference on (pp. 1–8). IEEE.

[2] Grüner, S.; Pfrommer, J.; Palm, F. (2016): RESTful industrial communication with OPC UA. *IEEE Transactions on Industrial Informatics, 12(5)*, 1832–1841.

[3] Payne, C. (2002). On the security of open source software. Information systems journal, 12(1), 61–78.

[4] Mahnke, W.; Leitner, S. H.; Damm, M. (2009): *OPC unified architecture*. Berlin: Springer Science & Business Media.

Kapitel 5

[VDI 5600-3] VDI-Richtlinie: VDI 5600 Blatt 3: *Fertigungsmanagementsysteme (Manufacturing Execution Systems – MES) – Logische Schnittstellen zur Maschinen- und Anlagensteuerung*.

[Begriffe] VDI Statusreport. Industrie 4.0 – Begriffe / Terms. https://www.vdi.de/fileadmin/vdi_de/redakteur_dateien/gma_dateien/2017-04_GMA_-_Industrie_4.0_Begriffe-Terms_-_VDI-Statusreport_Internet.pdf

[VDI] VDI 5600: *Fertigungsmanagementsysteme*. Richtlinienreihe VDI 5600, Blatt 1–6. Berlin: Beuth-Verlag.

[DIN SPEC] DIN SPEC 16592: 2016-12: *Combining OPC Unified Architecture and Automation Markup Language*. https://www.beuth.de/de/technische-regel/din-spec-16592/265597431, 2016.

[Autom.kongress1] Schleipen, M.; D'Agostino, N.; Damm, M.; Dogan, A.; Ewertz, C.; Gössling, A.; Henßen, R.; Holm, T., Hoppe, S.; Ladiges, J.; Lüder, A.; Schmidt, N.: Wilmes, R.: *Harmonisierung im Kontext Industrie 4.0 – AutomationML und OPC UA*.

[Autom.kongress2] Wally, B.; Schleipen, M.; Schmidt, N.; D'Agostino, N.; Henßen, R.; Hua, Y.: AutomationML auf höheren Automatisierungsebenen – Eine Auswahl relevanter Anwendungsfälle. Automatisierungskongress, Baden-Baden, Juni 2017.

[aml2ua] Fraunhofer IOSB: AutomationML-OPC UA-Konverter, https://aml2ua.iosb.fraunhofer.de/, Stand 31.3.2017.

[CompSpec] OPC Unified Architecture for AutomationML, OPC UA Companion Specification, https://opcfoundation.org/developer-tools/specifications-unified-architecture/opc-unified-architecture-for-automationml/, February, 2016.

[at] Schleipen, M.; Lüder, A.; Sauer, O.; Flatt, H.; Jasperneite, J.: Requirements and concept for Plug-and-Work. *at – Automatisierungstechnik 2015, Volume 63*, Issue 10, S. 790-820.

[BPR] Best practice recommendation, Data Variable. https://www.automationml.org/o.red/uploads/dateien/1494589220-BPR_007E_BPR_DataVariable_V1.0.0.zip

[plug] Fraunhofer IOSB: Plug-and-work, www.plugandwork.fraunhofer.de, Stand 31.3.17.

[1] Usländer, T. (Ed.): *Industrie 4.0 – Auf dem Weg zu einem Referenzmodell*. VDI Statusreport. VDI/VDE-Gesellschaft Mess- und Automatisierungstechnik, Düsseldorf, April 2014. http://www.vdi.de/industrie40.

[2] Usländer, T.: *Service-oriented Design of Environmental Information Systems*. PhD thesis of the Karlsruhe Institute of Technology (KIT), KIT Scientific Publishing. ISBN 978-3-86644-499-7, 2010.

[3] Usländer, T.; Epple, U.: Reference Model of Industrie 4.0 Service Architectures – Basic Concepts and Approach. at – Automatisierungstechnik, Special Issue: *Industrie 4.0* (Ed.: Beyerer/Jasperneite/Sauer), *Band 63, Heft 10*, Okt 2015.

[4] Usländer, T.; Batz, T.: Agile Service Engineering in the Industrial Internet of Things. *Future Internet 2018, 10, 100*; DOI:10.3390/610100100.

[5] ISO/IEC 10 746: *Reference Model of Open Distributed Processing (RM-ODP)*.

[6] Fielding, R.T.: *Architectural Styles and the Design of Network-Based Softwar.e Architectures*. Doctoral dissertation, University of California, Irvine, 2000.

[7] ISO 19 119:201:6 *Geographic Information – Services*.

[8] DIN SPEC 91 345: *Referenzarchitekturmodell Industrie 4.0 (RAMI 4.0)*, 2016.

[9] Industrial Internet Consortium (IIC): *The Industrial Internet Reference Architecture Technical Report*. 2016. http://www.iiconsortium.org/IIRA.htm

[10] Ricken; J., Petit; M.: *Characterization of Methods for Process-Oriented Engineering of SOA*. BPM 2008, ISBN 978-3-642-00327-1, pp. 621-632, 2008.

[11] Kohlborn, T.; Korthaus, A.; Chan, T.; Rosemann, M.: *Service Analysis – A Critical Assessment of the State of the Art*. ECIS 2009, Verona, Italy, 2009.

[12] Bieberstein, N.; Bose, S.; Fiammante, M.; Jones, K.; Shah, R.: *Service-Oriented Architecture (SOA) Compass – Business Value, Planning and Enterprise Roadmap. IBM Press developerWorks Series. ISBN 0-13-187002-5, 2006*.

[13] Arsanjani, A., et al.: SOMA: A method for developing service-oriented solutions. *IBM Systems Journal*, Vol. 47, No. 3, pp. 377–396, 2008.

[14] Usländer, T.: *Agile Service-oriented Analysis and Design for Industrial Internet Applications*. Proceedings of the CIRP-CMS 2016, Stuttgart, 2016.

[15] Favaro, J., et al.: *Next Generation Requirements Engineering*. DOI: 10.1002/j.2334-5837.2012.tb01349.x, 2014.

[16] DIN SPEC 16593-1:2018-04: *RM-SA - Referenzmodell für Industrie-4.0-Servicearchitekturen – Teil 1: Grundkonzepte einer interaktionsbasierten Architektur*. https://www.beuth.de/de/technische-regel/din-spec-16593-1/287632675.

[17] DIN SPEC 16592:2016: *Universelle Schnittstellen für die Automatisierung – OPC UA und AutomationML*.

Quellenverzeichnis der Bilder

Bilder 3.7 bis 3.16 Siemens AG, München

Bilder 4.1 bis 4.5 Unified Automation GmbH, 2017

Stichwortverzeichnis